Coisas extraordinárias acontecem

Quando *uma* mulher confia *em* Deus

SHEILA WALSH

COISAS EXTRAORDINÁRIAS
ACONTECEM

Quando *uma* mulher confia *em* Deus

Tradução de Markus Hediger

THOMAS NELSON
BRASIL®
Rio de Janeiro, 2023

Título original: *Beautiful Things Happen When a Woman Trusts God*

Publisher	*Omar de Souza*
Editores	*Aldo Menezes e Samuel Coto*
Coordenadora de produção	*Thalita Aragão Ramalho*
Produção editorial	*Anna Beatriz Seilhe e Luiz Antonio Werneck Maia*
Tradução	*Markus Hediger*
Copidesque	*Mariana Moura*
Revisão	*Francine Ferreira de Souza e Juliana Pitanga*
Capa	*Douglas Lucas*
Diagramação	*Julio Fado*

As citações bíblicas foram extraídas da *Nova Versão Internacional* (NVI), exceto quando especificado.

CIP-BRASIL. CATALOGAÇÃO NA PUBLICAÇÃO
SINDICATO NACIONAL DOS EDITORES DE LIVROS, RJ

W19c
Walsh, Sheila, 1956-
Coisas extraordinárias acontecem quando uma mulher confia em Deus / Sheila Walsh; tradução Markus Hediger. - 1. ed. - Rio de Janeiro: Thomas Nelson Brasil, 2014.
288 p.
Tradução de: Beautiful things happen when a woman trusts God
ISBN 978.85.7860.587-2
1. Cristãs - Vida espiritual. I. Título.
14-15423 CDD: 248.843
CDU: 27-584

Rua da Quitanda, 86, sala 218 — Centro
Rio de Janeiro — RJ — CEP 20091-005
Tel.: (21) 3175-1030
www.thomasnelson.com.br

Com amor, dedico este livro à memória de Jim Martin, de Ayr, na Escócia, por seu inabalável exemplo de confiança em Deus a cada dia de sua vida.

Sumário

Nota da autora

Quinze anos atrás, a vida como eu a conhecia chegou ao fim. Tudo que eu havia construído desabou, e fiquei soterrada sob as ruínas. Alguns amigos tentaram me tirar dos escombros, mas eu não tinha nenhum interesse em ser salva. Queria que me deixassem sozinha. Queria morrer.

Na mais escura das noites, veio o Filho de Deus. Naquele momento, ele não veio a mim como Salvador, Libertador ou Rei — veio como um Cordeiro que ficou ao meu lado durante longos e escuros dias e noites. Sua presença era profundamente consoladora. Permitiu que enterrasse meu rosto em sua lã e chorasse. Permitiu que deitasse minha cabeça ao lado da sua e dormisse.

Certo dia, ele se levantou. E eu me levantei com ele. Ele começou a se livrar dos escombros e alcançar a luz do dia. Eu não queria sair dali e implorei que ficasse comigo, mas ele continuou andando. Eu o segui. Jamais queria me separar dele.

Em plena luz do dia, a visão diante de mim era aterrorizante.

"Não consigo fazer isso", orei.

"*Eu sei*", respondeu Deus.

"Não quero fazer isso."

"*Eu sei.*"

"O que devo fazer?"

"*Apenas me siga.*"

"Para onde vamos?"

"*Para casa.*"

Introdução

Balançando-se nos braços de Deus

7 de julho de 1966. *O balanço.* Na minha infância, minha mãe costumava levar minha irmã, Frances, e eu para brincarmos no parquinho. Eu adorava ser empurrada no balanço por alguém em quem confiava. Sentia-me como se estivesse decolando, voando, longe das preocupações do mundo. Eu gritava: "Mais alto, mãe, mais alto!"

Lembro-me, porém, de um dia em que eu estava sozinha no parquinho com minha irmã. Durante algum tempo, Frances me empurrou no balanço, depois se cansou e sentou na grama. Um garoto, conhecido como valentão da vizinhança, se aproximou por trás de mim e assumiu a tarefa. Fiquei aterrorizada. Ele não estava dando um impulso mais forte do que o de minha irmã, mas eu não confiava nele. Gritei e gritei até que minha irmã mandou ele parar.

Toda a questão se reduzia a uma palavra de nove letras: confiança. Ela transformava o voo alto no balanço em uma experiência excitante, e, quando a confiança se ausentava, aquilo se transformava em um pesadelo. A pessoa atrás de mim fazia toda diferença do mundo. O coração por trás das mãos que empurravam o balanço mudava tudo.

19 de setembro de 1992. *O hospital.* Eu estava no meu carro, no estacionamento em frente a uma farmácia em Washington, D.C. Tinha em mãos a receita para um remédio contra depressão, mas eu não tinha certeza do que faria com aquilo. Toda manhã no hospital, eu fazia fila com outros pacientes para receber meus remédios num copinho descartável. Agora, eu estava por conta própria, e cabia a mim a decisão de tomar — ou não — o antidepressivo.

Ao receber alta naquela manhã, eu tive de responder a algumas perguntas de praxe.

— Você tem pensamentos suicidas?

— Não.

— Você tem uma consulta marcada com um médico de sua região quando voltar a Virginia Beach?

— Sim.

— Você está familiarizada com os sinais de uma piora em seu estado?

— Sim.

Assinei a papelada, e a moça da recepção devolveu as chaves do meu carro. Nada mais. A simplicidade desse gesto parecia incompatível com a grandiosidade que eu sentia. Durante as duas primeiras semanas da minha estadia de um mês no hospital, eu precisava assinar um documento para poder retirar meu secador de cabelo de um armário trancado; agora, estavam entregando as chaves de um carro em minhas mãos. Para o hospital, meu caso estava resolvido, e novos pacientes precisavam de atenção. Eu me senti um pouco ignorada no processo todo. Pensei em gritar: "Saibam que ainda sou louca. Vejo cachorros mortos andando por aí!" Mas pensei melhor e desisti.

Um vento gelado me pegou de surpresa quando saí do hospital e desci para o estacionamento. Era outubro e fazia muito frio. Um mês antes, eu teria ficado aterrorizada só de pensar em sair por aquela porta. Agora, senti-me muito vulnerável após deixar a segurança e o companheirismo que havia vivenciado ali.

Decidi passar a noite num hotel antes de enfrentar a viagem de três horas para Virginia Beach no dia seguinte. Minha única obrigação naquela noite era comprar os remédios numa farmácia. No carro, pensei: "O que farei se alguém me reconhecer e perguntar o que estou fazendo? O que direi se alguém me fizer uma pergunta inocente como: 'Você também teve faringite?' O que direi?"

A verdade era que eu ainda sentia vergonha por precisar de comprimidos para levar uma vida "normal". No início, eu havia resistido ao diagnóstico do psiquiatra no hospital.

— Não quero tomar nenhuma "pílula de felicidade" — disse eu.

O psiquiatra tratou minha ignorância com gentileza e se deu o tempo de me explicar que aquilo não era uma "pílula de felicidade", mas um remédio para ajudar meu cérebro a funcionar normalmente.

— Seu cérebro não está produzindo serotonina em quantidade suficiente, uma substância química essencial para o funcionamento adequado do órgão. É por isso que você está tendo dificuldades de pensar com lucidez e de dormir à noite.

Relutante, comecei a tomar a medicação e após poucos dias já consegui detectar uma diferença significativa. A coisa mais evidente era que eu havia parado de chorar o tempo todo! Comecei a sentir esperança, por menor e mais fraca que fosse. Talvez Deus estivesse realmente me mostrando um caminho para sair desse labirinto.

No entanto, uma coisa é entrar na fila com outros pacientes para receber a medicação; outra, completamente diferente, é ser jogada de volta no meio da população normal. Eu estava absolutamente ciente do estigma ainda associado a qualquer tipo de doença mental, e não tinha palavras, forças nem vontade de explicar por que eu estava precisando daquela pequena pílula azul.

"Não estou gostando disso, Senhor. Não é assim que imaginei minha vida", orei no meu carro.

No meu coração, ouvi sua resposta. *Eu sei, Sheila. Apenas me siga.*

4 de agosto de 2008. *A sala de espera.* A sala de espera parecia cuidadosamente projetada para enviar a mesma mensagem aos jovens e idosos: *Você está bem; isso é normal.* Em um canto da sala, havia brinquedos e livros infantis, uma mesa e quatro cadeiras para os pequeninos. No outro canto: um sofá e uma mesa de centro com revistas — desde esportivas até femininas com notícias sobre a moda mais recente apresentada por garotas ridiculamente magras. Mas um fato permanecia: tratava-se do consultório de um psiquiatra, e nenhuma plantinha ou revista conseguiria disfarçar isso.

Apertei um botão na parede ao lado do nome do médico, e uma luz vermelha começou a piscar. Creio que um dispositivo semelhante disparou dentro do consultório para informá-lo que o próximo paciente havia chegado. Enquanto esperava, tudo em que conseguia pensar era: "O que estou fazendo aqui?" Havia cumprido meu tempo e tomado todos os meus compridos. Por que eu estava de volta em mais um consultório com decoração reconfortante me preparando para mais uma consulta com um psiquiatra?

Uma porta se abriu e um homem com mais ou menos quarenta anos olhou para mim.

— Sheila? — perguntou.

Entrei pela porta aberta, passei por outras portas fechadas até chegar ao consultório. Ele perguntou se eu desejava beber alguma coisa. Mas eu lhe disse que estava bem.

— Então, o que a trouxe aqui hoje? — perguntou com gentileza.

Quase ri. Queria dizer: "Quanto tempo você tem para mim?", mas eu sabia a resposta. Cinquenta minutos eram o máximo que ele poderia dedicar a mim. Fui diretamente ao assunto:

— É meio que uma longa história — falei. — Basta que você me imagine como uma criança que adorava brincar no balanço até o dia em que descobriu que não é seguro.

— Balanço? — perguntou ele.

— Bem, creio que isso seja apenas o ponto de partida. O que quero dizer é que descobri que a vida não é segura.

Você confia em mim?

Agora, vejo esses momentos como pequenas cenas na minha mente. Ainda vislumbro o parquinho da minha infância e os velhos e enferrujados balanços, também me lembro do medo que senti naquele dia. Aquele medo foi o prelúdio de momentos maiores da vida, em que achava que ele literalmente me devoraria.

A verdade é que esses momentos e sentimentos sempre têm girado em torno da mesma coisa, e posso reduzi-los a uma única pergunta, não de um médico, mas de Deus, meu Pai: *Sheila, você confia em mim?*

Respondi "sim" muitas vezes, apenas para descobrir que a pergunta é muito maior do que jamais imaginara.

O tema deste livro é confiança: como é difícil confiar, como aprendemos a confiar, como podemos viver com confiança e como nossas vidas são transformadas por ela. Este livro fala sobre como a confiança transforma pesadelos em momentos excitantes quando conseguimos nos convencer completamente da confiabilidade daquele que mantém nossas vidas em movimento. Fala sobre como a confiança é o maior presente que podemos dar ao nosso Pai — um presente de beleza imensurável.

O resto da minha história

Quinze anos atrás, escrevi o livro *Honestly* [Honestamente] para contar a história da minha jornada como apresentadora de TV e cantora na ala de confinamento no hospital psiquiátrico onde batalhei contra uma depressão paralisante. Para alguém que passara a vida tentando desesperadamente fazer a coisa certa, ser a pessoa certa, foi uma experiência aterrorizante encontrar-me num hospital psiquiátrico. No pior momento da minha vida, quando tudo que havia feito algum sentido para mim tinha desaparecido, Jesus me chamou para ficar ao seu lado.

Aprender a começar de novo não é fácil. Tive de reaprender a ser filha e irmã, esposa e mãe e amiga. Assim como uma criança aprende a caminhar caindo e se levantando novamente, eu tive de aprender que cada queda era um presente; e cada ferida, um sinal de que eu estava viva e indo em frente. O livro *Honestly* contou o início dessa jornada.

Agora, 15 anos depois, gostaria de contar o restante da minha história.

O que me surpreendeu ao longo do caminho é que eu havia pensado que essa história era exclusivamente minha.

Não é. Sou apenas uma entre milhares de outras pessoas que Jesus chamou e continua a chamar de volta para a fé e para longe do medo e da paralisia pela dúvida em direção à libertação pela confiança.

Tenho um pressentimento de que, ao segurar este livro nas mãos, você não tem certeza se quer saber como foi essa jornada. Talvez tema que o medo possa se apoderar de você. Quanto a esse medo, que conheço tão bem, posso dizer que aprender a confiar muda tudo; não importa quão dolorosa seja a transformação — você não se arrependerá de nenhum momento vivido, de nenhuma lágrima derramada ou de qualquer medo que tenha enfrentado ao longo do caminho.

Porque, quando você é chamada e libertada desse medo paralisante, não volta para o cotidiano de antes. Você se maravilhará com aquilo que Deus tem para você. Um mundo de maravilhas arrebatadoras está à espera se você confiar em Deus com tudo que você tem e com tudo que é. Você descobrirá que é uma pessoa livre!

Eu jamais teria imaginado como essa jornada seria para mim. Dê uma olhada.

No outono de 1992, Jesus me chamou para segui-lo numa trilha que me levaria para fora das ruínas da minha vida antiga, passando de apresentadora de *talkshow* para paciente numa ala psiquiátrica. Isso foi um choque violento, mas foi apenas o início. Desde então, aprendi que Jesus quer que eu confie nele de forma tão completa que já não questiono mais nada que ele coloca em minhas mãos ou no caminho que escolheu para a minha vida.

Dez pessoas me mostraram isso de formas significativas e poderosas, e você as conhecerá ao longo deste livro. Sempre que me deparava com um obstáculo ou entrava num território desconhecido da minha vida, um desses homens e mulheres estava esperando por mim para ensinar o que eu precisava aprender antes de continuar em meu caminho. Talvez você reconheça os nomes de algumas dessas pessoas, mas suas histórias certamente a surpreenderão. Elas me ensinaram não só que é seguro se balançar nos braços de Deus, mas que coisas extraordinárias acontecem quando confiamos nele.

A profetisa Ana me ensinou que, às vezes, precisamos esperar uma vida inteira até que um sonho nosso se cumpra, e parte desse presente é a pessoa em quem nos transformamos durante a espera. Quando esperamos e confiamos na presença de Deus, nos tornamo mais semelhantes a Cristo, e isso é lindo.

Durante algum tempo, fiquei como Maria e Marta. Eu havia visto suas lágrimas quando Lázaro, o irmão delas, morreu, mas o que me cativou foi ver a confusão e a dor que elas sentiam diante da demora de Jesus em chegar até elas. Reconheci esses sentimentos. Você já esteve num ponto semelhante, precisando que Deus fizesse algo, mas sentindo que ele não a estava ouvindo? Maria e Marta aprenderam como a confiança pode nos levar a lugares escuros onde tudo parece indicar que Deus não está fazendo nada — e isso nunca é verdade. A história delas — talvez mais do que qualquer outra — me deu a coragem de permanecer firme mesmo quando tudo parecia estar perdido. Deus sempre está por perto, e nunca estamos perdidos.

E temos o apóstolo Paulo, um homem que tinha certeza absoluta de que estava certo quando estava completamente errado. Paulo se dedicou passionalmente à erradicação de uma nova seita dos eleitos de Deus, chamada "o Caminho", para então descobrir que estava perseguindo o Cordeiro de Deus. Paulo foi lançado na escuridão de uma cegueira física que durou dias, mas imagino que a escuridão interior foi muito pior. No fim, tornou-se um homem da graça, e sua mensagem para nós diz que não há nada de bom em nenhum de nós além de Cristo. Se alguma vez você já tomou uma decisão muito ruim e que parece levá-la à ruína total, volte-se para Paulo. Quando você sair desse lugar escuro, será uma mulher diferente, uma mulher que ama Deus com uma paixão que jamais acreditou ser possível.

Talvez você seja a mais quietinha de sua turma de amigas, aquela que não espera até que peçam sua ajuda. Você se antecipa e faz o trabalho, confia que Deus fará uso de todos os seus esforços para cumprir o seu propósito, mas às vezes você se pergunta se sua vida faz alguma diferença. Tabita foi uma dessas mulheres que servia silenciosamente ao longo de toda a vida — e então, de repente, morreu. Sua morte foi um choque para seus amigos, que, um após o outro, contaram a Pedro o que ela havia feito por eles, como permeara suas vidas com amor e serviço. Não tenho certeza se Tabita se achava bonita, mas as pessoas que conviviam com ela certamente a viam assim.

Creio que eu seja mais parecida com Gideão do que com Tabita. Em certos momentos da minha vida, senti que Deus estava me chamando para lugares aos quais eu não queria ir porque achava que outros fariam um trabalho melhor do que eu. A esta altura da minha vida, eu finalmente começo a entender: sempre haverá pessoas capazes de executar uma tarefa melhor do que eu, mas Deus escolhe cada uma de nós para nos mostrar o que ele é capaz de fazer. Escolhi o título *Coisas extraordinárias acontecem quando uma mulher confia em Deus* porque vejo isso em minha própria vida — como Deus escolheu uma garotinha medrosa e a chamou para que o seguisse e visse para onde ele estava indo.

Depois, encontraremos José. Eu achava que conhecia sua história, mas havia tanta coisa que eu não sabia. Para mim, o maior presente que a história de José nos dá é ver que, quando aprendemos a confiar em Deus, podemos dispensar outros de suas obrigações. Quanto mais acreditarmos que Deus está no controle, mais conseguimos perdoar os outros pela dor que nos causaram. Isso é incrível! A amargura em nossos corações apaga a beleza de Cristo. Mas abrir mão dela nos traz paz — e podemos abrir mão dela porque sabemos que, independentemente do mal pretendido por outros, Deus trabalha para o bem. Essa lição pode transformar nossas vidas para sempre. Você consegue ver a beleza que Deus opera em nós quando confiamos nele?

E se você for uma mulher que decepcionou Deus repetidas vezes e tudo que você consegue pensar neste momento é que todos esses relatos, além de virem tarde demais, não bastam? Você se sentirá encorajada pela história de Sansão. Sansão era um homem que tinha tudo. Fora escolhido por Deus, criado por pais que confiavam em Deus e chamado para ser um líder — e estragou tudo por conta da paixão por uma mulher. Esse foi seu maior fracasso, mas ele fez outras escolhas ruins ao longo do caminho. No final de sua vida, ao se ver diante da humilhação pública causada por suas escolhas, ele estendeu a mão a Deus mais uma vez e Deus o aceitou. Ele nos mostra como nunca é tarde demais para voltar a confiar. Mesmo se restar apenas um último respiro em seu corpo, Deus pode transformá-lo em algo lindo.

Talvez você tenha dificuldade de confiar abertamente em Deus em razão do lugar que ocupa em sua comunidade ou em seu escritório. Você gostaria de ser uma luz num lugar escuro, mas teme que isso possa lhe custar caro demais. Nicodemos relutou com isso. Ele queria ter certeza de que Jesus era quem dizia ser, por isso, foi falar com ele — na escuridão da noite, quando sua conversa não chamaria a atenção de ninguém. Por fim, descobriu o que o missionário mártir Jim Elliot também descobriu e que sua esposa, Elisabeth, compartilhou em *The Shadow of the Almighty*: "Não é tolo aquele que dá o que não pode guardar para ganhar aquilo que não pode perder."

Uma das vidas mais cativantes que analisaremos é a de Abraão. Ele é o único que a Bíblia chama de "amigo de Deus". Que descrição maravilhosa! Para mim, essa história é muito encorajadora, pois nos mostra a progressão da confiança. Abraão não começou sua carreira como homem de confiança — no início deu pequenos passos de confiança, caía e levantava para então dar o passo seguinte. Sua vida se tornou linda ao longo do caminho.

Esses, então, serão seus companheiros de viagem. Espero que você se encontre e se reconheça nas páginas deste livro. Sobretudo, porém, confio e oro para que, à medida que você aprenda a confiar em Deus cada vez mais, coisas lindas aconteçam em sua vida e por meio dela.

CAPÍTULO 1

Por que você tem tanto medo?

A beleza da coragem

"Confiar em Deus é algo que precisa ser iniciado
a cada dia, como se nada tivesse sido feito até então."
— *C.S. Lewis*

"Deus faz dessas coisas ao homem, duas ou três vezes, para recuperar
sua alma da cova, a fim de que refulja sobre ele a luz da vida"
—*Jó 33:29-30*

De volta a Virginia Beach após receber alta do hospital psiquiátrico, comecei a fazer terapia — no início, três vezes por semana. O nome do terapeuta era Frank Gripka. Esse cavalheiro benevolente, gracioso e grisalho teve um impacto profundo na minha vida, um impacto que sinto até hoje. Uma das coisas mais poderosas que ele me disse foi: "Sheila, Jesus não veio para tirá-la da dor da vida; ele veio para viver *em você* por meio dela."

Essa afirmação já valia meses de terapia.

Comecei a entender que minhas orações haviam se concentrado em sobreviver a esses tempos difíceis e em reencontrar qualquer tipo de normalidade. Queria que essa perturbação passasse. Queria me sentir melhor, queria voltar a ser feliz. Eu havia orado para que Jesus me "consertasse", de forma que as outras pessoas não viessem a descobrir a verdade sobre a minha história. Não queria ser a garota com o tipo de problemas que fazia as pessoas cochichar pelas costas.

Mas o dr. Gripka estava me mostrando que essa vida "normal", bonita, controlada seria superficial.

Aos poucos comecei a aceitar a verdade segundo a qual não cabia mais a mim controlar minha vida. Eu pertencia a Cristo, e ele queria viver sua vida por meio de mim — por meio dos dias bons, mas também dos dias difíceis. Essa nova compreensão me deu a coragem de fazer o que mais temia: dar ouvidos àquilo que outras pessoas-chave em minha vida tinham a dizer sobre mim. Eu não queria isso. Não queria que as pessoas vissem todas as minhas dúvidas, medos e imperfeições desagradáveis. Queria correr para longe e começar uma vida nova em algum lugar onde ninguém me conhecesse, onde pudesse ser apenas a garota com um gato e um sotaque engraçado, a garota sem passado.

Por quanto tempo você pretende continuar a fugir?

Foi quando Steve Lorenz, um de meus amigos mais próximos, me desafiou. Ainda me lembro daquele dia. Eu estava muito agitada por causa de um telefonema que acabara de receber. A pessoa — alguém que eu conhecia — me dissera ao telefone que havia ouvido de uma fonte confiável que eu havia largado meu emprego e agora estava fugindo de qualquer um que pudesse ter qualquer influência sobre minha vida. Fiquei magoada porque quem disse isso não me perguntou o que estava acontecendo e simplesmente acreditou na suposição de outra pessoa. Eu queria que minha vida e a da pessoa que me ligara significasse alguma coisa — ao menos o bastante para merecer o benefício da dúvida. Não importa que houvesse alguma verdade naquilo que ouvira ao telefone. Eu simplesmente me fechei. Senti-me fisicamente fraca demais para lidar com qualquer tipo de crítica. Em pânico, quase incapacitada de respirar, liguei para Steve.

— Sheila — perguntou ele — até quando você pretende fugir? Quando vai parar e reconhecer que Deus está com você? Por que tem tanto medo daquilo que as outras pessoas pensam sobre você?

Sim, por quê? É verdade que eu havia construído minha segurança em torno daquilo que as pessoas pensavam. Eu não podia negar: meus atos diziam a Steve e a mim que eu acreditava que, se a pessoa ao telefone me considerasse estranha, isso tinha de ser verdade.

Steve reafirmou o que dr. Gripka dissera: eu estava sendo chamada para ficar parada por alguns instantes, confiante de que Jesus estava comigo. Não havia nada que precisasse temer — nem mesmo a verdade. Steve também me lembrou de que fugir das coisas das quais eu tinha medo não as faria desaparecer. Eu precisava sentir e encarar o medo. Precisava saber que não estava sozinha.

Naquela noite, li a verdade sobre isso no livro de Isaías — mais uma daquelas promessas maravilhosas sobre o Rei vindouro: "Não quebrará o caniço rachado, e não apagará o pavio fumegante" (Isaías 42:3).

Seja como for, estou encrencada

Certamente, eu estava me sentindo muito machucada e no fundo do poço. Eu achava que havia pessoas próximas de mim que, com muito prazer, apagariam minha chama. Fato é que, nos dias anteriores a minha internação no hospital psiquiátrico, eu havia tentado descobrir como o diagnóstico de depressão seria visto e descobri que doenças mentais são um tema muito controverso em muitas áreas da igreja. Nem todos reconhecem a depressão clínica como doença; antes, a veem como falta de fé, entrega à fraqueza ou indicação de algum pecado secreto. Durante os últimos cinco anos, eu havia trabalhado com algumas pessoas que considerava amigas, apenas para descobrir que, quando mais precisei delas, elas não só se distanciaram, mas também me trataram de forma desdenhosa. Um dos membros da equipe chegou a dizer a meu chefe, o dr. Pat Robertson, que me considerava uma mentirosa patológica e que eu estava inventando tudo para conquistar simpatia e atenção.

Não encontro as palavras para descrever o quanto me senti traída e magoada. Eu já não estava bem, não dormia nem comia direito e me sentia terrivelmente triste. Perguntei-me se eles estavam certos. *Era possível eu estar imaginando essa doença para não ser um adulto responsável?* Essa agonia foi a gota d'água que me levou a procurar ajuda.

Certo dia, eu estava sentada no escritório do dr. Robertson e disse: "Não sei mais o que é verdade ou não. Se aqueles que estão me atacando estiverem certos, eu preciso de ajuda. Se aquilo que estou experimentando for autêntico, eu também preciso de ajuda. Seja como for, estou encrencada."

Quando voltei para Virginia Beach após um mês no hospital, o dr. Robertson gentilmente se ofereceu para procurar um emprego para mim na CBN até eu me sentir forte o bastante para voltar ao ar, mas eu sabia que não era a melhor opção para mim naquele momento. Eu precisava processar muitas coisas. Queria entender por que tinha tanto medo do que os outros pensavam a meu respeito. Precisava resolver a raiva e a mágoa que sentia em relação àqueles que haviam me traído.

Queria descobrir também por que eu, desde que conseguia me lembrar, sempre vivera na expectativa de que o pior aconteceria.

Talvez você conheça esse sentimento. É um invasor traiçoeiro que começa a sussurrar em nosso ouvido assim que começamos a sentir alguma esperança. Eu tinha medo de ser feliz porque acreditava que, no exato momento em que encontrasse a felicidade, sofreria um baque.

Encarando meu medo

Passei muito tempo com aqueles que eu acreditava ter decepcionado e com aqueles que eu acreditava terem me traído. O entendimento renovado de que Deus conhecia minha história e me amava me capacitou a abrir-me aos conselhos dos outros. Em cada reunião concentrei-me em ouvir para não ter de me defender. Simplesmente ouvia o que a pessoa sentada à minha frente estava dizendo e tentava me colocar em seu lugar.

Fiquei fascinada pelo poder de ouvir; tornou-se um exercício muito revelador, que continuo a praticar ainda hoje. Descobri que quando assumo uma postura defensiva, eu me torno surda; mas quando abro meu coração, consigo ouvir claramente.

Mesmo assim, nem todos os encontros terminaram da forma como eu esperava. Muitas lágrimas foram derramadas. No fim de muitos deles, sentia-me triste, mas não destruída. Você pode achar estranho que uma mulher adulta se sinta tão ameaçada pela opinião dos outros. A verdade é que havia em mim uma criança ferida que, às vezes, ainda queria ocupar o centro do palco. Estava aprendendo a levar essa parte de mim aos pés de Jesus para que fosse amada e curada de sua vergonha.

Apesar de dar oportunidade a todos que acreditavam ter de me dizer alguma coisa, não permiti que um João, Pedro ou Maria qualquer descarregasse suas preferências ou crenças pessoais em mim. As pessoas com as quais me reuni eram aquelas com quem eu tinha relacionamentos verdadeiros; integridade exigia prestação de contas. Foi uma jornada muito purificadora. Eu me sentia bem quando assumia a responsabilidade por minhas escolhas e por minha vida. Após várias semanas de aconselhamento e conversas, eu sabia que chegara a hora de dar o próximo passo. Eu sabia que não queria retornar aos holofotes, por isso comecei a perguntar a Deus que rumo tomar.

> *Durante muito tempo tenho tentado estar sempre um passo à frente do tempo. No entanto, lá no fundo, uma velha canção canta para minha alma e me diz que não preciso ter medo das coisas que me assombram. Encarando-as, por fim, serei livre.*
>
> 26 DE JANEIRO DE 1993

Novos começos

Enquanto pedia orientação a Deus, senti-me atraída a participar de um seminário. Eu me candidatei a um programa de mestrado do Fuller Seminary, no sul da Califórnia, e fui aceita. Poucas semanas depois, na primavera de 1993, coloquei tudo que queria levar comigo em meu carro branco e parti numa viagem de 4.400km de Virginia Beach para o sul da Califórnia.

Adoro dirigir e aproveitei cada momento daquela viagem. Não estava com pressa. Passei uma noite com meus amigos Bill e Gloria Gaither no estado de Indiana e dei-me ao luxo de atravessar as Montanhas Rochosas, no Colorado. Até passei uma noite em Las Vegas. (Uma noite parecia ser o suficiente para alguém que havia sido criada como batista.)

Nunca me esquecerei do momento em que vi o Pacífico pela primeira vez. Lágrimas escorriam pelo meu rosto, e eu sabia que, pelo menos naquele momento, estava em casa. Eu havia sido criada à beira-mar, e ele sempre me deu a sensação de estar em casa. Para mim, o mar tem algo muito reconfortante. Seja o lindo Pacífico, acariciado pelo sol, ou o Atlântico, selvagem com sua cor verde e cinza — a beleza e a vastidão dos oceanos me comovem profundamente.

Eu amava a Califórnia: o clima, a paisagem e a água. Eu morava o mais próximo possível da praia, o que significa que, se você estivesse em minha varanda num dia claro e tivesse binóculos potentes, você conseguiria ver o sol mergulhar no oceano. Eu amava meu apartamento em Laguna Niguel, lá estava tudo que significava algo para mim: bons livros, música, fotos da família, cartazes em preto e branco de Londres e Paris.

Eu também tinha uma gata que se chamava Abigail. Sempre que a observava limpar as patas e lamber o pelo, eu via a mim mesma. Após atravessar um período de tanta escuridão, meu pequeno santuário em Laguna Niguel parecia ser o lugar ideal para lamber minhas feridas e me recuperar. Rapidamente, eu me adaptei a meu novo apartamento e à minha vida como seminarista, e as semanas logo se tornaram meses.

Tudo parecia calmo na minha nova frente ocidental. Eu teria ficado muito feliz se tudo tivesse permanecido daquele jeito, mas uma mudança pairava no ar. Eu não a percebi até o momento em que ela me pegou de surpresa.

CAPÍTULO 2

Uma porta aberta

A beleza do quebrantamento

"Suponho que, quando acordarmos em 1° de janeiro,
o mundo será o mesmo. Mas há um lembrete da ressurreição no
início de cada Ano-Novo, de cada década nova. É por isso que também
gosto do nascer do sol, da segunda-feira e de novas temporadas.
Deus parece estar dizendo: 'Comigo, você pode sempre recomeçar.'"

—*Ada Lum*

"Esqueçam o que se foi; não vivam no passado. Vejam, estou
fazendo uma coisa nova! Ela já está surgindo! Vocês não o percebem?
Até no deserto vou abrir um caminho e riachos no ermo."

— *Isaías 43:18-19*

Numa manhã ensolarada eu estava sentada em minha varanda com uma xícara de café, Abigail estava deitada em meu colo e eu estava com a Bíblia na mão, lendo o livro do profeta Isaías. Uma passagem me deu tanto consolo que marquei os versículos:

> Não tema, pois eu o resgatei; eu o chamei pelo nome; você é meu. Quando você atravessar as águas, eu estarei com você; e, quando você atravessar os rios, eles não o encobrirão. Quando você andar através do fogo, você não se queimará; as chamas não o deixarão em brasas. Pois eu sou o SENHOR, o seu Deus, o Santo de Israel, o seu Salvador (Isaías 43:1-3).

Quando continuei minha leitura, me deparei com alguns versículos dos quais eu não conseguia passar. Eu os li e reli, e a cada leitura algo no texto me cativava, algo que parecia ser mais profundo do que aquilo que se revelava a minha compreensão imediata:

> Esqueçam o que se foi; não vivam no passado. Vejam, estou fazendo uma coisa nova! Ela já está surgindo! Vocês não o percebem? Até no deserto vou abrir um caminho e riachos no ermo (Isaías 43:18-19).

No início, eu olhava para as novidades óbvias na minha vida. Estava morando num lugar novo. Eu era uma caloura no seminário. Eu acabara de conhecer Barry, um homem maravilhoso, e estávamos namorando. Mas nenhuma dessas realidades parecia ter o peso daquilo que Deus estava tentando me dizer. Assim, marquei esses versículos, anotei a data — 5 de março de 1993 — e me dediquei aos afazeres do dia.

O ano seguinte trouxe muitas descobertas. Fiquei surpresa e feliz ao descobrir que ainda era capaz de aprender coisas novas. Uma vez que um dos efeitos colaterais da depressão pode ser a perda da memória de curto prazo, eu temia que não seria capaz de me lembrar daquilo que estava aprendendo em minha primeira disciplina do Fuller Seminary.

Então encontrei um grande amigo em Barry. À medida que nossa amizade crescia e se transformava em algo mais profundo, eu comecei a me perguntar se eu não era frágil demais para me envolver em um relacionamento sério. Até então jamais havia permitido me sentir frágil — queria me ver como uma mulher forte, como uma pessoa na qual os outros pudessem se apoiar. Mas naquele momento eu estava aprendendo coisas sobre mim mesma que desmascaravam essa crença. Estava descobrindo que minha única força consistia em seguir Jesus, em confiar nele e em me apoiar nele. Assim, após uma série de idas e vindas com Barry, tornou-se claro para mim que ele era um homem bom, e meu amor por ele começou a crescer. O que realmente importava para mim era que eu e ele estávamos no mesmo caminho e que estávamos seguindo o mesmo Pastor. Ambos experimentaram quebrantamento e cura. Isso parecia ser a marca de cada novo relacionamento que eu construía.

Parte de aprender a confiar em Deus era aprender a confiar que ele me guiaria e me ajudaria a permanecer numa trilha não necessariamente fácil, mas segura. Durante os primeiros 36 anos da minha vida, eu havia avançado incessantemente, certa de que sabia o que estava fazendo. Agora, sentia-me como uma criança. Precisava aprender a dar um passo de cada vez; e, como uma criança que olha para a mãe para assegurar-se de que estava fazendo tudo corretamente, eu fixei meu olhar em meu Pai celestial. Sabia que ele me pegaria se eu caísse.

Tornou-se claro para mim que muitas das amizades e muitos dos relacionamentos que eu havia formado no passado se baseavam naquilo que eu acreditava poder oferecer a alguém. Agora, meu coração estava sintonizado em encontrar pessoas que seguiam o mesmo Pastor em simples confiança.

Um dos momentos de que mais gosto daquela época é a dádiva de minha amizade com Frank e Marlene Rice. Marlene recebera meu número de telefone de um amigo em comum e me ligou para me convidar para um almoço. A partir daquele primeiro encontro, eu soube que seríamos amigos para o resto da vida. Marlene é engraçada, carinhosa e um pouco excêntrica. Ela tem paixão por compartilhar o amor de Cristo em qualquer oportunidade. Na época, Marlene trabalhava com uma organização chamada *Open Doors* [Portas Abertas] com o Irmão Andrew, uma organização que dá apoio à liberdade religiosa no mundo inteiro. Gostei do fato de ela ser profundamente espiritual, sem querer julgar as pessoas. E não sabia que Deus estava prestes a usá-la a fim de abrir uma porta para uma nova vida ressurrecta.

A última opção

O telefone tocou no momento em que estava saindo de casa para ir ao seminário. Quase deixei que a secretária eletrônica atendesse à ligação, mas já que toda a minha família vive na Escócia e na Inglaterra, nunca perdia a oportunidade de ouvir a voz de um de meus parentes. Era Marlene.

— Sheila, preciso que você me faça um favor — disse ela.

— Claro. É só falar.

— Preciso que você dê uma palestra numa reunião de mulheres no *country club* em Palm Springs neste sábado.

— Antes enfiaria minha cabeça num liquidificador! — respondi, rindo.

— Sheila, preciso muito que você faça isso para mim. — insistiu.

— Marlene, você sabe que eu não faço esse tipo de coisa — objetei.

— Eu sei disso, mas estou desesperada.

— Peça a outra pessoa. Você conhece muitas mulheres que são palestrantes talentosas. Fui cantora e apresentadora de *talkshows*, mas não sou oradora — nunca fui e nunca serei. Muito obrigada e amém!

— Tudo bem. O negócio é o seguinte. Já perguntei a todas que conheço. Você é minha última opção.

Sinceramente, essa foi a única razão pela qual aceitei fazer aquilo. Em outras palavras, ninguém podia esperar muito da última opção, podia?

O sábado foi se aproximando, e eu estava com muita raiva de mim mesma por ter concordado em falar naquele evento. Você já fez algo parecido? Você concorda em fazer algo sem pensar em todas as consequências e então, de repente, se dá conta e começa a orar pelo retorno iminente de Cristo.

Dei uma olhada em meu vestuário escasso e suspirei. Havia deixado em Virginia Beach todas as roupas acumuladas durante os cinco anos de presença televisiva; e não possuía nada adequado para um almoço no *country club* de Palm Springs.

Por fim, optei por uma saia-calça e uma blusa de seda. Eu me vesti e me arrastei até o meu carro. A viagem do meu apartamento até Palm Springs era de mais ou menos uma hora, e fiquei reclamando durante toda a viagem: "Não tenho nada a dizer! O que tenho em comum com essas mulheres? Por que, Senhor, não me impediste? Isso não te deixará muito orgulhoso, sabes disso, não é?"

Senhor, isso não é engraçado!

Quando cheguei à entrada do clube, passando por lindas palmeiras, vi mulheres muito bem-vestidas entregando as chaves de seus carros a jovens em casacos vermelhos.

— Céus! Senhor, isso não é engraçado. Não faço ideia do que estou fazendo aqui! — exclamei.

Ouvi uma voz no meu coração. *Eu sei o que estou fazendo. Siga-me.*

No lobby, fui recebida por um comitê de recepção muito gentil. Senti uma forte vontade de me apresentar como: "Bom dia. Algumas pessoas me chamam de Sheila, mas vocês podem me chamar de última opção." Mas resisti. Após um almoço que parecia delicioso, mas que eu estava nervosa demais para comer, a presidente me apresentou. Obviamente, ela não estava a par dessa história de "última opção". Falou sobre meus anos na BBC em Londres, falou sobre meus livros, minha música e meus anos como apresentadora do *The 700 Club*. Pude sentir o nível de expectativa aumentando naquela sala. Em proporção direta, fui ficando cada vez menor na minha cadeira. Queria ser engolida pelo chão.

Lentamente, caminhei até o púlpito. Meu coração queria explodir no peito. Subi os cinco degraus que me levavam ao pódio. Fechei os olhos por um momento e senti duas coisas: em primeiro lugar, senti-me insuportavelmente inadequada; em segundo lugar, estava profundamente ciente da presença de Cristo. Ouvi-o dizer ao meu coração: *Simplesmente diga a verdade*. Foi o que fiz.

Contei a essa sala cheia de senhoras que alguns meses antes eu estive confinada num hospital psiquiátrico. Contei a essas mulheres que, durante anos, eu havia tentado me esconder por trás da maquiagem perfeita. Contei-lhes que descobrira que o ministério cristão público era o lugar perfeito para se esconder, pois ninguém questiona suas motivações e ninguém pergunta se seu impulso de fazer mais e mais provém de um chamado ou de uma ferida, da paixão ou do pânico. Que eu acreditava que, se não estivermos dispostas ou capazes de lidar com as dores da vida, acabaremos encontrando um esconderijo; pode ser numa garrafa de uísque ou na cama de um estranho, num lar perfeito ou numa aparência perfeita, mas não estamos livres. Que eu chegara ao ponto onde a dor de permanecer a mesma era maior do que a dor da mudança, mesmo sem saber que tipo de mudança me esperava. Contei-lhes que Jesus Cristo havia me resgatado e que a minha vida agora consistia em segui-lo, um passo por vez.

De repente me dei conta do silêncio que dominava aquela sala. Nenhuma colher se mexia na xícara de café, ninguém vasculhava a bolsa à procura do celular. Olhei para a multidão e comecei a observar aqueles rostos. Uma mulher na primeira fileira estava chorando, lágrimas escorriam pelo rosto. Mais ao fundo, uma mulher escondia o rosto nas mãos.

Eu não sabia o que fazer. Na verdade, não compreendia o que estava acontecendo. Na minha experiência, minha história fazia as pessoas se afastarem gentilmente. No máximo, acreditava que aquilo que eu havia experimentado representava exclusivamente a minha história e que nenhuma outra pessoa seria capaz de se identificar com ela.

Quando terminei, não sabia bem o que fazer. Foi a primeira vez que falei para um grupo de mulheres. Então, eu disse apenas: "Bem, é mais ou menos isso. Não estou com pressa de ir para outro lugar, por isso, ficarei por aqui caso alguém queira falar comigo."

Quando o quebrantamento torna-se uma ponte

Uma por uma, as mulheres vieram falar comigo e começaram a contar suas histórias. Fiquei surpresa com a transparência que tomou conta do lugar. Às lágrimas, as mulheres falaram comigo sobre seu vício em álcool e remédios, seus casos amorosos, sua depressão e ansiedade. Era como se, por um momento, houvesse um entendimento mútuo de que não havia nada de errado em ser humano, em ter feridas, em ser autêntico e falar sobre isso.

Fiquei chocada — não pelo que as mulheres estavam dizendo, mas porque eu sempre havia acreditado que as pessoas queriam que eu fosse perfeita a fim de ajudá-las. Se eu procurasse ajuda, pensava, perderia minha utilidade. De repente, comecei a perceber que o meu quebrantamento era uma ponte muito maior e mais larga para os outros do que minha pretensa sanidade jamais havia sido.

Quando reflito sobre isso agora, quase não consigo acreditar que antigamente eu pensava e vivia daquele jeito. A mentalidade da perfeição carrega um tipo de arrogância pervertida. Eu não queria ser arrogante. Não compreendia que eu havia ocupado um lugar que cabe exclusivamente a Cristo. Mas a verdade é que tudo que tenho a oferecer a outra pessoa é uma vida entregue a Cristo para que sua beleza e graça transpareçam em meu quebrantamento. Eram palavras que teriam soado lindas num hino de adoração, mas agora conheci sua verdade e a liberdade que vem desse entendimento — eu não sou as boas novas!

Eu havia me lamentado e reclamado durante toda a viagem até aquele almoço. Na volta, chorei o tempo todo. "Tu sabias que isso aconteceria", eu sussurrei para Deus, guardando a experiência daquelas poucas horas num lugar muito querido do meu coração.

E depois?

Meu coração estava se abrindo também de outras maneiras. Em dezembro de 1994, Barry e eu nos casamos — um casamento lindo na St. Matthew's Lutheran Church em Charleston, na Carolina do Sul. Visto que minha família ainda vive no Reino Unido, fazia sentido realizar o casamento na cidade em que os pais de Barry moravam.

Após o casamento, atravessamos o país mais uma vez, de volta à Costa Oeste e à Laguna Niguel, onde alugamos uma casa e vivemos um tranquilo primeiro ano de união. Barry era diretor de programação num canal de televisão no sul da Califórnia, e eu continuava estudando no Fuller Seminary. Não fazia ideia do que faria quando me formasse, mas tinha certeza de que não queria voltar para os holofotes. Pensava muito naquele dia em Palm Desert e o via como um momento de graça concedido à última opção. Sentia uma gratidão profunda por ter sido usada por Deus de modo tão inesperado, naquele dia, e acabei me abrindo cada vez mais a qualquer que fosse o caminho pelo qual Deus me levaria.

Quase todos os dias eu lia minha Bíblia até retornar àquela passagem em Isaías para ver se ela ainda ardia com a mesma intensidade. Sua chama continuava forte como sempre.

Certa manhã, perguntei ao Senhor: "Devo fazer alguma coisa a respeito disso?" Ouvi a resposta em meu coração: "*Não. Apenas me siga.*"

Agora, a vida brota

Algum tempo depois, recebi a carta de um amigo me perguntando se eu estaria disposta a cantar numa pequena conferência missionária que ele iria realizar na cidade de Anaheim, na Califórnia. Respondi agradecendo pelo convite, mas lhe disse que por enquanto não cantaria em público. De fato, eu acreditava que essa parte de minha vida pertencia ao passado.

Meu amigo insistiu. Ele trabalha com missionários em países "fechados" — onde você poderia ser preso ou perder a vida por pregar o evangelho. Em sua segunda carta, ele disse que entendia, mas perguntou se eu reconsideraria se fosse para lhe fazer um favor.

Como você já deve ter percebido, eu não sei lidar muito bem com situações desse tipo.

Naquela noite, eu me apresentei e me lembro de ter cantado apenas algumas músicas.

Duas semanas depois recebi a carta de uma mulher que trabalha com o marido num país islâmico. Ela disse que, durante o longo voo de volta, Deus havia falado com ela sobre minha vida e que lhe dera 12 coisas para me dizer. Algumas dessas coisas não faziam nenhum sentido para mim, mas enquanto lia sua carta tive uma sensação muito forte da presença de Deus. Sabia que ele estava falando comigo. Terminei a ler a carta de joelhos.

Há 13 anos essa carta tem me acompanhado, e a compartilhei apenas com Barry e meus amigos mais próximos. Agora, quero compartilhá-la com você. Ao lê-la, por favor, lembre-se de que essas palavras maravilhosas me alcançaram num momento em que minha vida parecia um grande fracasso em inúmeros aspectos. Acreditava ter decepcionado o Senhor e seu povo; contemplava o futuro sem qualquer noção de que, em algum momento, voltaria a ser capaz de servir ao Senhor por meio da palavra ou da música. Muitos de meus amigos ainda não entendiam por que eu estava tomando remédios contra depressão. Não estava me sentindo muito forte. Eu me encontrava num lugar tranquilo, longe da vida que costumara levar. Deus então enviou palavras para meu coração machucado que me fizeram soluçar de tanto chorar enquanto as lia:

> Querida Sheila,
>
> No dia 5 de março de 1996, naquela noite de domingo, quando você estava nos servindo por com suas canções, o Senhor me deu estas palavras de encorajamento para que as enviasse a você:

1. A beleza do Senhor está forte e vibrante em você. Sua unção e aprovação sobre sua vida é muito evidente.
2. Seus anos de sofrimento liberam a fragrância de Deus, e o cheiro é maravilhoso. A plenitude do caráter de Deus em seu caráter é forte, mas silencioso.
3. Você passou anos de sua vida com pessoas que talvez foram um espinho em seu coração, mas sua confiança no amor de Deus fez seu coração crescer cada vez mais e ficar cada vez mais sensível às necessidades de seu povo.
4. O Senhor está preparando uma mesa para você, uma mesa de novidades. Há algo novo vindo para sua vida. O Senhor lhe dará novas canções, e um novo uniforme está sendo feito para você. O período de exercícios acabou, e chegou a hora de você ser promovida.
5. Um novo livro se abriu em sua vida. Um novo versículo foi escrito em seu coração. Você recebeu uma nova fragrância e um novo estilo. Um novo coração, novos olhos. De repente, você será capaz de ver a vida de forma diferente. Você se verá como uma pessoa nova, transformada para a glória, movida pela santidade de Deus, revestida em justiça para cantar a mensagem da liberdade.
6. O Senhor tem protegido seu coração durante todos esses anos. Seu coração nas mãos do Rei tem sido protegido como uma criança no ventre da mãe.
7. O Senhor está dizendo: Vem, minha filha, quero lhe dar novas rosas sem espinhos. Intensificarei sua fragrância sem derrubá-la de novo. Providenciarei o conforto e a paz pela qual você tem ansiado há tantos anos. Concentre-se apenas em Provérbios 3, medite sobre minhas palavras sempre, pois da riqueza delas em você fluirão as águas da vida para as vidas das pessoas.
8. Fique atenta às distrações que podem cruzar seu caminho, pois o inimigo tentará roubar o colar de turquesa que eu lhe dei há muitos anos. Permaneça transparente e simples, pois o Senhor ama as pessoas de coração simples.

9. Eu a trouxe para águas calmas, diz o Senhor. Venha, beba e satisfaça sua alma com essa nova tranquilidade e acostume-se com a nova paz que eu trouxe para sua vida.
10. Seu filho goza de uma proteção especial. O Senhor guardará o coração dele como você guarda o próprio coração. Eu providenciarei para ele, diz o Senhor. Eu o protegerei e o guardarei.
11. Trarei novas mulheres para a sua vida. Você será um instrumento de amor em seus ouvidos. Eu lhe darei oportunidades para servir a mulheres em escala mundial. Você surgirá desse treinamento como a rainha Ester.
12. Seu ministério florescerá em vitória durante os anos vindouros, e seu corpo se rejuvenescerá e terá a força para fazer o que o Senhor planejou para sua vida.

Li e reli essa carta, querendo agradecer à mulher que a escreveu. Nunca havíamos nos visto antes, ela nada sabia da minha vida, e não havia endereço no envelope, apenas uma assinatura na carta. Nunca consegui entrar em contato com essa mulher para dizer-lhe o que sua carta significou e ainda significa, até hoje, para mim. Mas ela foi um vaso obediente nas mãos de Deus — mesmo que, na época, algumas coisas que ela disse não tenham feito sentido para mim.

O primeiro mistério foi o que ela compartilhou no quarto item. A linguagem me parecia estranha: "um novo uniforme está sendo feito para você. O período de exercícios acabou, e chegou a hora de você ser promovida." Essas imagens pareciam mais adequadas a um homem. Não consegui entender o que isso significava para mim, assim, guardei as palavras no meu coração para refletir sobre elas mais tarde.

O décimo item também chamou minha atenção, pois me deixava ainda mais confusa: "Seu filho goza de uma proteção especial."

Meu filho?

Não tínhamos filhos. Barry e eu estávamos casados havia apenas três meses, e eu não estava grávida. Não fazia ideia do que isso poderia significar e achava até que a possibilidade de eu ter um filho era bastante ousada. Na minha idade, era bem possível que eu já não poderia mais ter um filho — Barry e eu havíamos falado sobre isso antes de nos comprometermos um com o outro.

"Será que, em algum momento, adotaríamos uma criança?", perguntei-me.

A essa altura, apenas Deus sabia.

Um ano depois

Engravidei. No dia em que fui fazer a primeira ultrassonografia, Barry e eu estávamos muito agitados e animados. Tínhamos certeza de que eu estava grávida de uma menina e até já havíamos escolhido o nome: Alexandra. Quando o técnico nos disse que estávamos esperando um menino, Barry fez uma dança que apenas os homens conhecem desde os primórdios dos tempos. Também fiquei animada, adorei a ideia de ter um menino.

No entanto, nossa alegria durou pouco. Na semana seguinte, nossa médica nos ligou para dizer que tinha certeza de que havia algo errado com nosso filho. Perguntou-me se eu concordaria em fazer uma amniocentese. No início me recusei. Enfrentaríamos qualquer coisa quando o nosso filho nascesse.

A doutora insistiu e pediu que repensasse minha decisão. Como você já tem quarenta anos, ela disse, seria bom sabermos agora com que estamos lidando.

Então, concordei.

Não sei se alguma vez você já fez esse procedimento, mas para mim foi muito difícil. Uma semana antes, eu estive naquele mesmo consultório, sentada à mesma mesa, fixando meus olhos na tela para captar o primeiro sinal do nosso bebê. Agora, a enfermeira estava observando a tela para garantir que a longa agulha usada para extrair o fluído amniótico não o machucasse. Barry observava o procedimento com lágrimas escorrendo pelo rosto.

Cinco dias depois nossos medos foram confirmados. Disseram-nos que tudo indicava que nosso filho nasceria com uma séria deficiência.

Que tipo de novo começo é este?

As semanas e os meses seguintes foram uma montanha-russa emocional. Em alguns dias, eu me sentia forte e cheia de esperança; em outros, me sentia confusa e amedrontada. Percebi que nem todos os novos começos seriam do tipo que eu teria escolhido. Precisava aprofundar-me cada vez mais na Palavra de Deus e em meu próprio coração para encontrar um lugar de paz e descanso. Eu queria saber: que tipo de confiança é necessária quando as coisas se tornarem concretas?
Li e reli aquela carta que recebera da mulher que me ouvira cantar no ano anterior, e a instrução de fixar meu coração em Provérbios 3 prendeu minha atenção. Conhecia os versículos 5 e 6 desde a minha adolescência:

> Confie no SENHOR de todo o seu coração e não se apoie em seu próprio entendimento; reconheça o SENHOR em todos os seus caminhos, e ele endireitará as suas veredas.

As palavras que, no passado, tinham me dado tanto consolo agora pareciam incertas. O que significava deixar de lado meu próprio entendimento? Eu não podia fazer de conta que não sabia o que eu sabia.

Comecei a estudar todos os comentários bíblicos que consegui achar e encontrei muitas dicas práticas. Com uma visão renovada, eu me vi no olho de um furacão. Os ventos podiam aumentar ou diminuir de intensidade, e Deus queria que eu confiasse nele sem fazer de conta que tudo estava bem. Eu precisava decidir em que me apoiaria. Eu podia me apoiar naquilo que os médicos e meus próprios pensamentos me diziam ou podia me apoiar em Cristo, firme como uma sequoia, que não cede para nenhum dos lados.

Foi assim que eu aprendi a confiar: decidi repetidas vezes que me apoiaria nele. Essa escolha não era do tipo que deve ser feita apenas uma vez, e sim uma decisão que eu precisava tomar sempre que um novo vento ameaçava me derrubar. Comecei a pedir a Deus que me mostrasse como podia reconhecê-lo em cada área da minha vida. Isso incluía as coisas em que decidia pensar, como gastava meu tempo e meu dinheiro, como eu tratava os outros. Conscientemente, depositei cada área da minha vida aos pés de Cristo e a ofereci a ele mais uma vez. Decidi que nada seria pequeno ou insignificante demais e convidei o Espírito Santo a apontar as coisas que eu precisava lhe entregar.

Durante as semanas e os meses de monitoramento do feto, eu me apoiava na promessa de Deus de que ele protegeria meu bebê. Eu não sabia o que isso significava exatamente, mas guardei essa promessa em meu coração. Nos dias mais difíceis, em meio às lágrimas pelo pequeno ser que crescia dentro de mim, eu me imaginava me apoiando em Cristo e sendo segurada por ele.

Quando a gravidez estava se aproximando do seu fim, minha médica me ligou com mais notícias.

Ela me disse que no dia em que havia recebido os resultados da minha amniocentese, recebera também os resultados de outra paciente da minha idade. Os resultados daquela mulher haviam sido erroneamente colocados na minha pasta; e os meus, na dela. Nada jamais esteve errado com nosso bebê.

Senti um alívio enorme por um instante, mas então parei e percebi que alguma mulher que eu jamais havia visto receberia um telefonema bem diferente. Não havia nada que eu pudesse fazer além de orar pedindo que Cristo estivesse com ela assim como estivera comigo.

Comecei a compreender com uma clareza muito maior que, se eu tentasse me apoiar em meu entendimento daquilo que estava acontecendo ao meu redor, estaria encrencada, pois algumas coisas simplesmente não fazem sentido. Eu sabia que poderia ter passado os últimos seis meses me consumindo pela ansiedade em virtude de uma situação sobre a qual não tinha nenhum controle. Mas, quando confiava no Senhor, ele estava sempre presente, com toda sua força e seu amor, merecedor da minha confiança.

Aprender a confiar estava transformando minha vida — não repentinamente, mas dia após dia.

No entanto, eu ainda tinha muitas perguntas em relação a algumas coisas naquela carta que recebera da mulher que me ouvira cantar.

Mais do que caçarolas

Uma das coisas que me deixou perplexa foram as palavras dessa mulher sobre "seu ministério" e "oportunidades para servir a mulheres em escala mundial".

Oportunidades para servir a mulheres parecia algo muito distante da realidade em que vivera grande parte da minha vida. Na faculdade, meus melhores amigos haviam sido garotos — creio que o motivo seria poder ficar na companhia deles sem que futucassem meu passado ou fizessem perguntas profundas e emocionais. Depois, passei anos fazendo turnês com uma banda exclusivamente masculina, de forma que havia me acostumado a levar uma vida bastante solitária. Eu tinha algumas amigas, como Marlene, mas a ideia de servir a grandes grupos de mulheres me deixava insegura. Eu tinha uma imagem de como seria essa função, e as filhas de Billy Graham pareciam muito mais adequadas para exercê-la do que eu. Quando pensava no tipo de mulher que ministrava a outras mulheres, eu a imaginava jogando tênis ou golfe, tomando café e trocando receitas com as amigas entre muitas risadas. Eu sabia que isso não era para mim, que eu não me encaixaria. As coisas das quais eu ria não pareciam engraçadas para mais ninguém!

Mas, quando me dispus a analisar mais de perto por que eu reagia de tal forma a esse potencial chamado, vi que o que temia era o tipo de intimidade e sinceridade que esse trabalho poderia exigir de mim. Eu ainda estava lambendo as feridas da traição de meus amigos. A coisa mais surpreendente para mim foi que, quando parei para ouvir e falar com muitos desses amigos e colegas antes de sair de Virginia Beach, eles me contaram que se sentiam como se não me conhecessem.

Uma colega com quem eu trabalhara durante os cinco anos em que fui apresentadora me disse:

— Ninguém acreditava que a conhecia bem o suficiente para perguntar o que estava acontecendo, por isso, tínhamos de adivinhar.

Em parte, eu evidentemente me sentia alienada por escolha própria. Mas por quê? Eu não sabia, e essa nova jornada estava se tornando muito desagradável.

"Senhor, queria poder esquecer partes da minha vida."

"*Eu sei.*"

"É difícil sentir-se vulnerável."

"*Eu sei.*"

"Quando é que essa jornada termina?"

"*Apenas me siga.*"

CAPÍTULO 3

O desejo de fazer parte

A beleza da transparência

"A ansiedade tem utilidade, pois nos estimula a buscar com um anseio mais profundo aquela paz completa e inexpugnável."

—*Agostinho de Hipona*

"Você mandou embora de mãos vazias as viúvas e quebrou a força dos órfãos. Por isso está cercado de armadilhas e o perigo repentino o apavora."

—*Jó 22:9-10*

Quando meu filho Christian ainda era bem pequeno, uma das coisas que ele adorava era invadir a sala gritando "Ta-dá!" no volume máximo. Ele adorava se apresentar — e não importava se estava com sua roupa mais bonita ou apenas de fraldas. Jamais passou por nossa cabeça que nem sempre estaríamos animadíssimos em vê-lo.

Essa imagem continua vívida em minha mente. Parte da exuberância de Christian era sua personalidade, mas me pergunto se não é toda criança que vem ao mundo com um "Ta-dá" que Deus lhe deu. Se esse for o caso, o que apaga essa confiança alegre em nós e a substitui por uma vontade de se esconder?

Em algumas pessoas, esse grito pode ser calado por um único evento; em outras, parece ser levado embora ao longo dos anos pelo gotejar constante da vergonha e da dúvida. Para mim, a necessidade de descobrir por que eu temia ser conhecida se transformou em um muro que eu precisava derrubar a fim de avançar naquilo que Deus queria para mim.

O que é que me dá tanto medo?

Hoje, um dos presentes mais preciosos na minha vida são os relacionamentos próximos que tenho com meus amigos mais queridos. Por que, então, passei tantos anos mantendo distantes as pessoas que tentavam me conhecer? Perguntei-me especificamente:

- O que eu temo que as pessoas possam descobrir sobre mim?
- Por que mantenho as pessoas a distância?
- Por que acredito que, se eu deixar as pessoas verem meu interior, elas se sentirão decepcionadas e se afastarão?
- Por que tenho tanto medo de ser rejeitada a ponto de sair do jogo antes mesmo de alguém ter a chance de votar pela minha saída?

Essas perguntas a incomodam também? Você também se sente como se não fizesse parte? Você acredita que se as pessoas soubessem tudo a seu respeito elas a rejeitariam? Há partes de sua vida que você enterrou porque se envergonha delas?

Uma coisa que continua a me surpreender é o quanto tantas das nossas lutas são comuns. Ainda tendo a acreditar que quando lido com uma emoção muito negativa eu sou a única que se sente assim.

Isso não é verdade.

Vi isso de novo recentemente numa conferência da organização Women of Faith [Mulheres de Fé]. Durante os últimos 13 anos tenho sido parte de uma equipe de mulheres que viaja pelo país inteiro em trinta fins de semana ao longo do ano. Na sexta-feira, as palestrantes, musicistas e atrizes fazem uma reunião de uma hora na coxia após o jantar para compartilhar as novidades e orar umas pelas outras. No verão de 2008, eu enfrentei dificuldades em uma das cidades. Eu estava cansada e sentindo falta do meu marido e filho. Sentia-me culpada por perder o jogo de futebol de Christian no dia seguinte e não parava de ouvir a frase "Você é uma mãe ruim" em minha cabeça. Era um daqueles momentos em que me sentia inadequada em todas as áreas da minha vida. Meus nervos estavam à flor da pele, e eu acreditava não ter nada a oferecer. Então, fiz uma oração: "Pai, sinto-me tão vazia. Sinto como não tivesse nada a te oferecer. Às vezes, acho até que estou no lugar errado."

Após a nossa oração, dois membros da equipe — grandes amigas minhas — me contaram que já haviam sentido o mesmo em várias ocasiões.

Tenho viajado e conversado com essas duas amigas em conferências da Women of Faith há quase 12 anos. Considero-as muito talentosas e graciosas (e são) — e sob a superfície essas duas mulheres confrontavam as mesmas dúvidas que, por vezes, me assombravam. Eu estava chocada.

Naquela noite, lembrei-me das palavras do dr. Gripka: "Jesus não veio para ajudá-la a atravessar a dor da vida; ele veio para viver em você por meio dela."

Comecei a entender que se mantivermos nossos medos e nossas feridas na escura noite da solidão, eles nunca terão a chance de se curar; mas, quando compartilhamos nossa dor, convidamos os outros a sair de sua escuridão para a luz de Cristo, que cura e dá esperança. É verdade que feridas recentes precisam ser cobertas e protegidas de infecções; também é verdade que, se nunca forem expostas à luz e ao ar fresco, elas não podem sarar.

Descobri que a cura e a esperança vêm não apenas quando lido com minha verdade, mas também quando compartilho meus medos secretos com outros para que eles também possam encarar os seus. Penso nas palavras do apóstolo Paulo à igreja na Galácia: "Levem os fardos pesados uns dos outros e, assim, cumpram a lei de Cristo" (Gálatas 6:2).

Uma ilustração poderosa

Durante o mês que passei no hospital, fiquei ouvindo o tempo todo a mesma coisa sobre mim mesma das pessoas em minha volta: que era difícil me conhecer. Aquilo me deixou muito confusa, pois sempre tinha me visto como uma pessoa amigável.

Quando contei isso a meu conselheiro, ele explicou que ser amigável e ser vulnerável, transparente e permitir que outros entrem em áreas onde nos sentimos frágeis eram coisas bem diferentes.

Certa manhã, durante uma aula de artesanato, cada um de nós recebeu argila com a instrução de modelar algo que se parecesse com a nossa vida. Eu não fazia ideia do que fazer com a argila; não tenho o dom da escultura. Mas a qualidade artística não estava em pauta, por isso, continuei brincando com a argila. Até que tive uma ideia: uma figura pequena com braços muito longos dentro de um círculo. Em volta do círculo havia um muro. Os braços da figura eram longos o bastante para que pudesse alcançar e tocar as pessoas fora do círculo, mas ninguém pulava o muro para alcançar e tocar a figura.

Estudei meu trabalho durante muito tempo. "Isso corresponde muito bem", percebi, "ao compromisso, que tinha quando criança, de sempre ser útil para Deus a fim de que ele me amasse."

À medida que eu avançava nessa jornada seguindo o Pastor, ele começou a retirar camada após camada, permitindo-me ver os lugares que eu havia mantido na escuridão. Isso foi um processo muito doloroso, mas hoje sei como foi necessário. Uma das realidades muitas vezes desagradáveis da vida é que Deus nos projetou para vivermos em integridade, saúde e comunidade, e as partes de nossa história que enterramos continuarão a nos assombrar até lidarmos com elas. Descobri que, quando convidava meu Pai a mostrar-me o que eu estava escondendo, ele estava justamente à espera de fazer aquilo.

Hoje identifico a razão pela qual eu senti a necessidade de esconder algumas coisas por tanto tempo. Falarei disso de maneira breve aqui, e depois analisaremos as possíveis razões de você se sentir morta ou anestesiada no interior.

O quarto agora está em silêncio
E toda raiva se acalmou
Mas lá no fundo as vozes atacam a garotinha
Mandam-na calar a boca
Dizem-lhe que está sozinha
Dizem-lhe que ninguém compreende o pavor em sua casa
Ela vê o rosto dele
O rosto que ama
Agora está distorcido pela raiva
Ela está encurralada
Não tem para onde correr
É o palco da vida
E em algumas noites, quando ela se deita
Ele invade sua cabeça
E a assedia até ela perder o fôlego
A cama não é refúgio
Ela se pergunta o que fez
Por que seu pai a odeia tanto

Ela tenta ser a melhor possível
E faz tudo que sabe
Ela anda como se estivesse caminhando sobre cacos de vidro
E ora para que Deus lhe mande alguém que ouça sua minguada voz.

5 DE OUTUBRO DE 1992

Procurando um amor paternal

Uma lesão que meu pai sofreu no cérebro e sua subsequente morte me deixaram muito traumatizada quando eu era criança. (Escrevi sobre isso em mais detalhes em *Honestly* e, mais recentemente, em *Let Go* [Liberte-se].) O dano cerebral fez o comportamento do meu pai se tornar errático e confuso, mas crianças de quatro ou cinco anos de idade não têm capacidade de entender que a conduta de um adulto pode não ter nada a ver com a própria pessoa. O pensamento natural de uma criança é: "Se minha mãe ou meu pai se irritar comigo e me atacar, é porque fiz algo errado. Devo merecer isso." Afinal, o adulto é a figura de autoridade em quem ela confia.

Meu pai não tinha controle sobre seu comportamento, e eu tirei todas as conclusões erradas. Quando parecia me odiar, uma profunda sensação de vergonha enchia minha alma. "Se meu próprio pai acha que eu não tenho valor, então devo realmente não valer nada. Se me esforçar mais para me comportar, para ser uma menina boa, talvez consiga apaziguar a raiva de meu pai."

É claro que nada disso funcionou. Quando meu pai morreu, alguns meses depois, fiquei com uma montanha de perguntas não respondidas.

Talvez você se pergunte (com todo direito): "Por que ela não perguntou à mãe?"

Existem perguntas que uma criança simplesmente não faz porque a resposta pode destruir o pouquinho que sobrou dela. No meu caso, acrescente o senso de profunda lealdade que eu nutria pelo meu pai e minha convicção de ter merecido o que ele fizera comigo.

Assim, quando me converti ao cristianismo aos 11 anos, transferi todo meu esforço e empenho, que estavam focados em meu pai, agora já falecido, para Deus, meu novo Pai. Estava determinada a conquistar seu amor, mas eu sempre achava que não estava fazendo o bastante. Eu sabia apenas que queria que ele me amasse o suficiente para cobrir tudo aquilo que meu pai via em mim. Minha lógica infantil era que, se eu trabalhasse o bastante para Deus, o bem compensaria o mal... mas sempre achava que a balança pendia para o lado desfavorável a mim. Nada que eu fazia parecia alcançar a profundeza da inadequabilidade que eu sentia. Quando uma criança acredita que existe algo em seu íntimo que a torna inaceitável, ela fará de tudo para se esconder.

E quanto a você?

Há muitas razões pelas quais sentimos vergonha, e o mesmo parece valer para a maneira como reagimos a isso. Se acreditarmos que existe algo lá no fundo de nós que outros rejeitariam, nos refreamos ou simplesmente desistimos da vida. Isso pode gerar depressão, vícios, amargura e desespero. Essa não é a vida que Cristo quis quando morreu por você! Acostumamo-nos a viver da forma como vivemos há tanto tempo que, às vezes, pode ser difícil expressar o que sentimos.

Hoje em dia, quando viajo nos fins de semana para falar em conferências da Women of Faith, costumo ficar na escuridão do fundo e observo a plateia. No início, parece que estou olhando para um mar de rostos, mas após 13 anos de palestras nessas conferências para quase 5 milhões de mulheres, conheço meu público. Sei que por trás dos sorrisos e da maquiagem se escondem mulheres que se odeiam, que são consumidas pelo ódio, estão perdidas em seu desespero, relutam com sua fé e se veem presas a vícios ou casos amorosos. Compartilhamos um desespero silencioso. Aprendemos a esconder nossas lutas tão bem que, às vezes, esquecemos que elas existem.

Se apenas as nossas histórias se mostrassem no exterior das nossas vidas e as vestíssemos como joias, encontraríamos cura e esperança mais cedo.

Sinto uma profunda gratidão por Deus ser nosso Redentor, e ele fará o que for necessário para mostrar-nos o que é verdadeiro. Às vezes, ele usa um momento inesperado para nos mostrar o quanto ainda sofremos sob todas as nossas camadas de proteção — um momento como aquele que vivenciei recentemente graças ao Twitter.

O mundo maravilhoso do Twitter

Se você tivesse me perguntado algo sobre o Twitter um ano atrás, eu não teria tido ideia do que você estava falando. Hoje estou por dentro. Twitter é uma rede social de mensagens gratuita que permite às pessoas se conectarem em tempo real por meio de seus telefones ou computadores. Você escolhe pessoas cujas mensagens você deseja seguir, e elas escolhem você também.

Por exemplo, enquanto escrevo este capítulo, mais de duas mil pessoas seguem minhas atualizações no Twitter. A pergunta que aparece no topo da tela de seu telefone ou computador é simples: "O que você está fazendo?" Você tem espaço para escrever uma resposta com 140 caracteres. Eu posso escrever: "Indo para a escola para pegar o Christian." Ou: "Ouvindo o novo CD de Steven Curtis Chapman." Essa breve informação é, então, repassada para todos os meus seguidores. (Não sigo todos que me seguem — sou seguidora de apenas umas cem pessoas que são amigas ou colegas. Seguir mais pessoas seria demais para mim.)

Durante a temporada de futebol americano, o Twitter fica muito animado. Sou uma grande fã do esporte e torço pelos Dallas Cowboys e pelos Tennessee Titans. Vários de meus amigos, em todo o país, também adoram futebol, assim, durante os jogos, nossas atualizações no Twitter — ou "tweets" — cruzam o país:

Você viu essa interceptação?
O árbitro é cego?
Não desanime; lembre-se, somos um time que vence no tempo extra.

O fato de algo como o Twitter ter se propagado tão rapidamente e ser usado por tantas pessoas, sem dúvida, nos diz algo sobre nossa cultura. Creio que seja porque a nossa geração se sente mais desconectada do que as gerações anteriores. As famílias se espalham por vários estados — ou, como no meu caso, pelo mundo inteiro —, e então uma simples ferramenta on-line como o Twitter traz o mundo inteiro de volta para nosso próprio lar.

É claro que o Twitter não serve para todos. É o tipo de rede social on-line que ou você ama ou odeia. Eu amo! Adoro saber onde meus amigos estão e o que estão fazendo. Gosto de imaginar Marilyn Meberg sentada à mesa trabalhando ou Patsy Clairmont ao lado de uma grande fogueira tomando chá. Gosto de manter-me informada sobre todos os desenvolvimentos das gêmeas de Natalie Grant, Gracie e Bella, por meio das fotografias que ela publica no Twitter (essas fotos são chamadas de twitpics). Às vezes, o Twitter pode ser também uma tremenda ferramenta de oração. Em janeiro de 2009, por exemplo, juntei-me a Max Lucado em oração quando a nação celebrou a posse de nosso 44° presidente. Mais de duzentos mil cristãos se conectaram naquela manhã pelo Twitter.

Normalmente, as atualizações no Twitter de meus amigos me fazem rir. Mas, recentemente, um tweet me acertou como um tiro no coração. Minha reação a essa doce mensagem foi confusa e me alertou sobre algo mais profundo acontecendo em meu interior.

A dor do passado

Essa mensagem específica veio de Gail Hyatt. Gail e Mike Hyatt são amigos muito queridos, e Mike é presidente e CEO da editora Thomas Nelson. Eu havia curtido todas as suas atualizações no Twitter sobre o casamento iminente de sua filha Megan; o dia do casamento finalmente chegou e foi um sucesso. Na manhã seguinte, Gail enviou uma mensagem que refletia sobre o casamento:

> Momento mais emocionante: Joel vindo para encontrar Megan enquanto Mike a levava para o altar. Mike colocando a mão dela sobre a de Joel. Visão poderosa.[1]

Quando li essa doce reflexão de uma mãe orgulhosa e uma esposa grata, sentei-me no chão, e as lágrimas escorreram pelo meu rosto. Não fazia ideia do que estava acontecendo comigo, mas ao longo dos últimos anos aprendi que, quando reajo com tanta intensidade a algo, é porque as raízes vão fundo. Gosto de fazer caminhadas para refletir, assim coloquei a coleira em Belle e Tink, nossos dois cachorros da raça *bichon*, e comecei a caminhar naquele dia frio e tempestuoso. Enquanto caminhava, orei:

"Senhor, não sei por que o tweet de Gail provocou tamanha tristeza em mim"

"*Mas eu sei*", ouvi o Senhor responder em meu coração.

"Por que um momento tão lindo provocaria sentimentos de tanta solidão?"

"*Você nunca está sozinha.*"

"Às vezes me sinto como se estivesse."

"*Eu sei.*"

"Quando me sinto assim, o que mais quero fazer é fugir e me esconder."

"*Apenas confie em mim.*"

O desejo enorme de pertencer a algo ou a alguém

Enquanto orava e relia o tweet de Gail sobre o casamento de Megan, Deus começou a falar comigo e a mostrar-me a verdade sobre minha reação. Enquanto imaginava Joel entrando na igreja para esperar a noiva, eu via Mike tomando a mão de Megan e colocando-a na mão de Joel. Pensei em como Mike e Gail haviam criado essa maravilhosa mulher e como agora estavam confiando sua filha a um homem que conheciam e amavam, sabendo que ele cuidaria dela com muito carinho.

Meu coração doeu quando percebi: nunca tive o sentimento de realmente pertencer a algo ou alguém.

Essa palavra ressoou e ecoou em meu íntimo: *Pertencer. Pertencer. Pertencer.*

Parei e refleti sobre isso durante alguns momentos. Olhei para minha vida atual e pensei em tudo que tenho: Barry, um marido que me ama e com quem tenho o prazer de dividir a criação de meu filho, Christian. Certamente pertenço a eles, e muito, mesmo assim... A dor que sentia e a palavra que atribuía a ela era real.

Refleti mais sobre a origem da dor e reconheci que ela vinha de uma ferida antiga, algo que havia escondido durante muito tempo.

Bem, feridas antigas não vão simplesmente embora quando as ignoramos. Feridas antigas têm uma memória. Podemos enterrá-las por um tempo, mas em algum momento elas emergem para que lidemos com elas; se a ferida provir da infância, ela pode vir acompanhada de uma emoção e uma lógica muito poderosas, mesmo se for uma lógica distorcida pela perspectiva de uma criança.

Você já sentiu isso alguma vez? Talvez você tenha ouvido uma música ou assistido a uma cena num filme e, de repente, foi tomada por sentimentos desproporcionais àquilo que estava acontecendo em sua volta? Creio que momentos assim, apesar de dolorosos, são dádivas que nos mostram partes de nosso coração que continuam danificadas — para que possamos levá-las até Cristo a fim de que ele as cure. Essas partes danificadas foram soterradas há muito tempo, e tentamos mantê-las confinadas em algum túmulo interior.

Quando examino minha reação à reflexão carinhosa de Gail, parece haver uma desconexão. O que senti naquela manhã quando li seu texto foi um anseio profundo que conheço desde minha infância: o anseio por ser amada e valorizada e pela sensação de pertencimento. Mas minha conduta desmente esse anseio. Certamente eu queria ser amada. Não escolheria viver de modo tão defensivo. No entanto, emoções são tudo menos lógicas, e as feridas seguem suas próprias leis. Se suas feridas lhe disserem que você não pertence a ninguém, você dificilmente pedirá ajuda — seu medo de ser rejeitada novamente é grande demais, e dessa vez a ferida seria mais profunda ainda.

Pertencer

Ao longo dos últimos meses, passei a reconhecer que um dos gritos mais desesperados do coração é seu desejo por pertencimento. Queremos saber se, caso não aparecêssemos, as pessoas sentiriam nossa falta.

É interessante que, no relato da criação em Gênesis, a primeira coisa que Deus diz *não* ser boa é o fato de Adão estar sozinho: "Não é bom que o homem esteja só; farei para ele alguém que o auxilie e lhe corresponda" (Gênesis 2:18). A necessidade mais profunda do ser humano foi satisfeita, e Adão e Eva se tornaram uma só carne. A tragédia é que, se você continuar sua leitura até o capítulo 3, uma vez que Adão e Eva pecam, essa unidade se perde, e eles se escondem de Deus. Adão e Eva perderam essa dádiva preciosa de uma união até então reservada à Trindade. Nós também a perdemos.

Existe algo dentro de nós que foi feito para conhecer e ser conhecido; mas quando o pecado, o medo e a insegurança entraram em cena, a aposta se tornou muito alta. Quando nos machucamos, nós nos distanciamos e cobrimos nossa ferida. Nós nos escondemos como Adão e Eva. E somos muito bons nisso.

Dê mais uma olhada

Imagine uma linda igreja. Sua estrutura é do tipo tradicional, e a luz do sol invade o espaço pelas janelas de vidro colorido. A igreja está cheia, o coral está cantando a música de encerramento e o pastor estuda suas anotações, analisando criticamente a eficácia de sua mensagem. Ele suspira fundo. Você observa a congregação. Estão presentes pessoas de todo tipo, altura e idade. Algumas delas parecem estar ouvindo o coral; uma ou duas estão mexendo na bolsa, procurando um bombom ou uma bala, as chaves do carro, um lenço. Um homem está dormindo. Uma criança está engatinhando entre os bancos, procurando um brinquedo perdido.

De repente, a luz parece mudar, e todo o cenário se transforma.

Em vez de ver o exterior de cada homem, mulher e criança, você vê os fardos que cada um carrega. Você vê as feridas e as cicatrizes que tentam esconder com tanto esforço. Você vê a verdade, e ela é chocante. Você fica ainda mais alarmada quando percebe que o culto está encerrado e todo mundo pretende voltar para casa daquele jeito.

Uma parte sua quer gritar: "Não saiam ainda! Não levem esses fardos de volta para casa! Fiquem mais um pouco e deixem que Jesus cure todas essas feridas."

Mas ninguém consegue ouvi-la. Dentro de instantes, a igreja está vazia.

Acredito que isso acontece todo domingo nas igrejas espalhadas por todo o país. Não chegamos a ver essa imagem, mas Deus a vê a cada momento de cada dia. Creio que parte do problema é que esquecemos que existe uma maneira melhor de viver. Algumas feridas são tão profundas que já se transformaram em parte daquilo que somos.

Uma oferta

Agora, volte para aquela igreja. O coral emudeceu. Enquanto os cantores descem do palco, eles ouvem uma voz. Não é a voz do pastor, que às vezes muda um pouco com as reviravoltas da vida. Trata-se de uma voz forte e passional que faz uma oferta simples.

"Se alguém tem sede, venha a mim e beba. Quem crer em mim, como diz a Escritura, do seu interior fluirão rios de água viva" (João 7:37-38).

As palavras ecoam pela igreja, mas ninguém se volta para ver a pessoa que falou. As pessoas pegam suas bolsas e jaquetas, suas Bíblias e hinários, e saem da igreja como costumam fazer.

Observando a cena, você não acredita no que vê. Você quer dizer: "Sabem quem acaba de falar com vocês? Por que não correm para o altar e se jogam aos pés dele?"

Sejamos sinceros: Isso acontece todo dia, toda semana. Acontece com você e comigo. Por que, então, não corremos até o altar e nos prostramos aos pés de Jesus? Por que resistimos ao chamado de Jesus para a vida — para a vida verdadeira? Creio que nossa vida nos ensinou que ninguém virá para nos resgatar, por isso, paramos de sonhar.

A oferta de Cristo é de tirar o fôlego para aqueles que reconhecem que estão sedentos, pois é mais pura e mais satisfatória do que qualquer outra coisa que possamos encontrar neste planeta. Veja bem o que Jesus oferece: "Se *alguém* tem sede, venha a mim." Essa oferta não vale apenas para aqueles que têm a vida sob controle, cujos filhos são alunos exemplares e cujos maridos sabem usar a lava-louças. Não se trata de uma oferta exclusiva para aqueles que fizeram escolhas boas durante toda a vida. É um convite que se dirige a qualquer um que finalmente alcançou o ponto em que se cansou de fazer de conta de que tudo está bem. É um convite que Jesus estende a você e a mim.

É aterrorizante sair de seu esconderijo após ter passado anos escondido, mas a alternativa é continuar na solidão. Deus sabe tudo sobre você e a ama. Você confiará a ele seu passado e o seguirá?

Se sua resposta for "sim", você estará assumindo um risco. E se você decidir que deseja confiar em Deus com tudo que há em você e nada acontecer? E se não houver um relâmpago que ilumina alguma página da Bíblia com instruções claras para você? E se você estiver disposta, mas continuar apegada à espera?

Foi nesse ponto que encontrei minha primeira amiga em minha jornada para a confiança, uma amiga que tinha muito a me ensinar. Seu nome é Ana.

CAPÍTULO 4

Um sonho destruído se transforma em uma vida linda

A beleza de esperar e estar presente

"Jamais um homem caiu sob o peso do dia. É quando acrescentamos o peso de amanhã ao de hoje que o fardo se torna pesado demais para um homem. Jamais assuma tamanho fardo. Se você o sente, lembre-se pelo menos do seguinte: é culpa sua, não de Deus. Ele implora para que você confie seu futuro a ele, cuide apenas do presente."

— *George MacDonald*

"Estava ali a profetisa Ana, filha de Fanuel, da tribo de Aser. Era muito idosa; havia vivido com seu marido sete anos depois de se casar e então permanecera viúva até a idade de oitenta e quatro anos. Nunca deixava o templo: adorava a Deus jejuando e orando dia e noite. Tendo chegado ali naquele exato momento, deu graças a Deus e falava a respeito do menino a todos os que esperavam a redenção de Jerusalém."

— *Lucas 2:36-38*

Uma das lições mais difíceis para o meu filho é aprender a ter paciência. Se Christian precisar de mais de dez minutos para dominar algo, ele se considera um fracasso. Tentei ajudá-lo a compreender que pouquíssimas pessoas nascem neste mundo com a capacidade de dominar intuitivamente todas as disciplinas. A maioria das pessoas, mesmo as que têm um dom, trabalha muito para desenvolver seu dom ou aperfeiçoá-lo. Ele não se impressiona muito com isso.

A primeira aventura do meu filho no campo da paciência veio no mundo dos esportes — do futebol, mais especificamente.

Eu fui criada na Escócia, um país louco pelo futebol. Amo esse esporte — bem, talvez não tanto quanto Kenny Dalglish, um dos maiores jogadores da Escócia. Numa entrevista, perguntaram a Dalglish:

— Você acha que o futebol está se transformando em religião na Escócia?

— Ah, não, é bem mais importante do que isso.

Por isso, quando o primeiro time de futebol de Christian se formou, fiquei muito animada com tudo: o jogo, os gols e os jogadores — um grupo bem interessante de garotos. Alguns estavam lá porque amavam o esporte e já tinham alguma experiência no campo. Outros, como Christian, eram novatos, mas estavam ávidos para aprender. Um ou dois estavam ali porque seus pais achavam que deveriam praticar o esporte. Um dos garotos passava a maior parte do tempo fazendo buracos no campo e caçando vermes... Uma posição no futebol que eu ainda não conhecia.

Obviamente, este e alguns outros garotos não tinham vontade nem habilidade para jogar futebol.

Barry e eu, juntamente com os outros pais, nos sentamos na arquibancada para assistir ao primeiro treino. Eu achava que tudo havia transcorrido bem, e nem mesmo o colecionador de vermes foi para casa de mãos vazias.

— Quero parar de jogar. — Foram as primeiras palavras de Christian ao entrar no carro. Perguntei-lhe por quê. — Porque sou péssimo.

— Querido, esse foi o primeiro treino. O que esperava? — perguntei.

— Esperava ser capaz de jogar futebol.

— Christian, você precisa aprender primeiro, e isso leva tempo.

— Bem, isso é irritante — falou ele depois de refletir.

Desde então, Christian tem perseverado — e se tornou um bom jogador de futebol.

Mas aí começou a temporada de futebol americano.

A frustração de Christian consigo mesmo cresceu ainda mais. E como podia culpá-lo? Futebol americano é um jogo desafiador por muitas razões. A primeira vez que vi meu garoto vestindo suas enormes ombreiras e seu capacete, não sabia se devia rir ou chorar. Fiquei aterrorizada imaginando como montanhas de masculinidade se lançariam contra ele.

O conselho que Barry deu a Christian foi: "Se você vir um cara enorme correndo em sua direção, se agache e o derrube."

Meu conselho foi: "Se você vir um cara enorme correndo em sua direção, corra e se esconda atrás de uma árvore."

E, dentro de pouco tempo, Christian se convenceu de que jamais houve um jogador de futebol americano pior do que ele. Após a primeira partida, ele quis desistir. Mas seu pai e eu dissemos não, ele precisava dar uma chance ao esporte.

Ele levou a maior parte da temporada para se convencer de que realmente estava aprendendo algo. A primeira vez que conseguiu derrubar outro garoto, ficou entusiasmado: "Você me viu, mãe? Mergulhei, agarrei e o joguei no chão!"

"Puxa", pensei, "não é isso que toda mãe deseja ouvir?"

Depois veio o basquete. Tenho certeza de que você já consegue perceber o padrão. Após uma partida decepcionante, na qual o time de Christian sofreu uma derrota significativa, ele decidiu que não jogaria mais basquete.

Pedi-lhe que tentasse descobrir o que estava sentindo — por que queria desistir? Estava envergonhado? Não gostava do jogo?

— Só acho que jamais serei bom o suficiente. Por que, então, continuar tentando? Pense bem, mãe: nunca serei como Michael Jordan. — respondeu após pensar sobre isso.

Disse-lhe que eu concordava com sua última afirmação; não, porém, com a primeira. E então contei alguns fatos que ele não conhecia:

- Michael Jordan foi expulso de seu time de basquete do ensino médio.
- 23 editoras rejeitaram o primeiro livro do dr. Seuss. A 24ª editora o aceitou e vendeu 6 milhões de cópias.
- Em seu primeiro ano de existência, uma empresa chamada Coca--Cola vendeu apenas quatrocentas garrafas.
- Um poeta de 28 anos teve seus poemas rejeitados pela revista *Atlantic Monthly*, que alegava não ter espaço para esse tipo de poesia. Sou grata pelo fato de Robert Frost não ter desistido.
- Johnny amava futebol americano e queria jogar no Notre Dame; mas lhe disseram que ele era baixinho demais, por isso, atuou num time menor. Escolhido na nona rodada do *draft* (processo de alocação de jogadores nos Estados Unidos), assinou contrato com os Pittsburgh Steelers, que logo o demitiram, e então ele passou a trabalhar em construção civil. Mas continuou tentando até o Baltimore Colts lhe oferecer um contrato. Em 1957, Johnny Unitas foi escolhido o jogador mais valioso e no ano seguinte levou os Colts à conquista do campeonato da NFL.[2]

Quando ouve histórias assim, de pessoas que perseguem um sonho ou uma visão que lhes foi dada por Deus, você se pergunta se essas pessoas nasceram com um senso de persistência maior do que outras? Talvez você se veja neste momento esperando pelo cumprimento de algo que acredita ter recebido como promessa de Deus anos atrás.

O que fazer durante os anos de espera? Como confiar em Deus diante da ausência de sinais físicos e palpáveis para encorajá-la? Você está pensando em suspender sua vida enquanto espera, dedicando-se a nada para não correr o perigo de perder seu momento?

Não acredito que Deus quer que façamos uma pausa ou desistamos. Creio que Deus quer que entremos no jogo da vida para vivermos cada dia como se fosse o único que viveremos por meio de sua graça. Se Deus semeou um sonho ou uma visão em nosso íntimo, não perderemos a chance de realizá-lo. Esse sonho se desdobrará em seu tempo e de maneira perfeita se estivermos preparadas e alertas — e creio que não existe uma mulher na Bíblia que demonstre isso com uma beleza maior do que a profetisa Ana.

Um sonho interrompido

A história de Ana começa com um trecho difícil no caminho de sua vida. Ela nos é apresentada em Lucas 2:36-37. Está velha, pobre e sozinha.

A Bíblia nos diz que ela foi viúva durante a maior parte da vida. Desfrutou de seu casamento durante apenas sete anos, quando seu marido morreu. Nos dias de Ana, era comum que moças se casassem aos 13 anos, e Ana fora viúva durante 84 anos (ou tinha essa idade nesse momento da história) — portanto, podemos supor que seu marido morreu quando ela tinha mais ou menos vinte anos.

Imagine-se muito jovem, ansiosa para construir um lar e uma família, e de repente tudo muda. Morrem com seu marido o sonho de ter filhos ou de envelhecer com ele. Morrem as esperanças de um lar bonito. Morre também o sustento material.

Nos dias de Ana, não havia pensão do estado para uma viúva, e, a não ser que a família providenciasse alguma ajuda, as viúvas eram condenadas a viver uma vida de pobreza. Até mesmo o apóstolo Paulo aborda a tristeza dessa questão em sua primeira epístola a Timóteo, aconselhando as viúvas jovens a se casarem novamente para que não tenham de passar de casa em casa à procura de um lar (1Timóteo 5:13-14).

Na situação de Ana, teria sido muito fácil dizer: "Que droga. Sonhei ser uma esposa e mãe. Esperava ter um lar. Todas as regras parecem ter mudado. Desisto!"

Lucas nos conta, porém, que Ana era uma profetisa e que nunca deixou o templo.

Ao chamar Ana de profetisa, Lucas nos informa que ela desempenhava um papel especial ao falar em nome do Senhor. No Antigo Testamento, apenas cinco mulheres são identificadas como profetisas. Miriam, a irmã de Moisés, que liderou todas as mulheres de Israel num hino de louvor após a fuga do Egito. Débora, a única mulher entre os juízes, que governou com o coração de uma mãe antes de Israel receber um rei (Juízes 5:7). E outras três mulheres, das quais sabemos muito pouco: Hulda, Noadia (chamada de profetisa falsa) e a esposa de Isaías.

Será que Ana cantou louvores à bondade de Deus — como o fizera Miriam? Será que falou com o coração de mãe — como o fizera Débora?

Sabemos que Ana dedicou toda sua vida ao estudo da Palavra de Deus e a compartilhá-la com outras mulheres que vinham ao templo. No que dizia respeito à fé, ela nunca a abandonou — mesmo diante de uma vida que sussurrava em seus ouvidos: *Isso é realmente o que você quer? Você acha que, como viúva pobre e solteira, tem a capacidade de encorajar outras mulheres a amarem o Senhor?*

Esses sussurros existiam, pois Ana era da tribo de Aser (Lucas 2:36), um grupo que havia abandonado seu Deus.

Quem sou eu?

Alguma vez, você já olhou para sua família, se perguntou de onde veio e duvidou que Deus pudesse usá-la? "Por que ele me escalou em seu time?", você se pergunta, como um jogador de futebol à procura de vermes na beira do campo. *Eu não tenho experiência nem habilidades. Eu nem sei se quero participar do jogo.* E se você nem sequer têm pais que gostem do jogo?

Ana poderia ter decidido pensar assim, já que seus antepassados eram da tribo de Aser, uma das dez que haviam se separado do reino de Israel após o reinado de Salomão e se mudado para o norte. Imagine sua despedida, após testemunharem todos os milagres de Deus em suas vidas: a fuga do Egito do Faraó, a divisão do mar Vermelho, o recebimento dos Dez Mandamentos, a bênção do maná a cada manhã, as batalhas vencidas, a ascensão de um rei, a construção do templo. Vivenciaram tudo isso e mesmo assim não confiaram mais em Deus.

Assim, as dez tribos do norte, chamadas de Israel, se rebelaram contra Deus, se recusaram a reconhecer o neto de Davi como o rei escolhido de Deus e nomearam sua própria dinastia de reis corruptos. Enquanto isso, as duas tribos do sul, chamadas de Judá, permaneceram fiéis aos caminhos de Deus.

No Reino do Norte, ainda havia algumas pessoas que honravam a Deus e o adoravam na cidade de Jerusalém, sete vezes por ano, por ocasião das festas. Jerusalém ficava no Reino do Sul e, segundo a lei, era o único lugar onde os sacerdotes de Deus podiam oferecer sacrifícios. A viagem desse grupo remanescente de crentes, porém, custou-lhe tudo que tinha — essas pessoas tiveram de deixar para trás todas as suas terras e seus bens.

Isso deve ter sido muito difícil. Da mesma forma, é difícil abrir mão de seu lar e de suas expectativas, escolher a pobreza e a dor para adorar a Deus e esperar o Messias.

As pessoas esperaram muito tempo. Setecentos anos antes do nascimento de Cristo, as dez tribos do norte foram capturadas e levadas em cativeiro por um povo estrangeiro. Poucos voltaram para casa.

Mas a graça de Deus não tem limites, não em termos de tempo, nem de distância.

E assim, quando a família de Ana da tribo de Aser voltou para Jerusalém, ela deixou tudo o que tinha para trás para adorar a Deus; como o resto dos fiéis, ela esperou o novo Messias, o Rei que iria libertá-los novamente da escravidão e da pobreza. E Deus, conhecido por gostar de ficar com os marginalizados, escolheu dentre essas pessoas aquela que tinha perdido ainda mais — Ana, a viúva pobre — para ver o Messias com seus próprios olhos.

Um momento escolhido por Deus

A Escritura diz que Ana nunca saiu do templo. Isso também pode soar estranho se você imaginar uma mulher acampando na igreja durante 84 anos. No entanto, havia quartos no pátio do templo (Lucas 2:36-38); Ana era uma mulher tão piedosa que recebeu a autorização para morar em um dos quartinhos. Sempre à espera, sempre alerta, serviu a Deus dia e noite; no templo ela jejuava, orava e compartilhava a Palavra de Deus com outras mulheres.

Imagino-a orando com toda fé ao longo daqueles anos, como ela deve ter pedido a Deus que enviasse o Messias. Mas será que ela imaginava que seria uma das apenas duas pessoas no templo que um dia se encontrariam, face a face, com o bebê Jesus?

Oito dias após seu nascimento, a mãe e o pai levaram Jesus para o templo de Jerusalém. Conforme o costume judaico, o bebê precisava ser apresentado e oferecido a Deus para que o abençoasse e para fazer o sacrifício necessário.

Mas milhares de pessoas entravam e saíam do enorme templo a toda hora. Construído pelos exilados que haviam retornado da Babilônia, o templo foi então reconstruído por Herodes, o Grande, rei da Judeia, como tentativa de melhorar sua relação com a grande população de judeus que vivia na Judeia. A obra foi iniciada 18 anos antes do nascimento de Jesus e continuada por 65 anos após seu nascimento.

Como alguém poderia ter planejado estar no lugar certo na hora certa para ver Jesus?

Simeão pode não ter planejado os detalhes daquele encontro, mas assim como Ana esperou e orou por ele durante toda a sua vida. Era um homem de Deus que recebera dele a promessa de que não morreria antes de ver o Messias com os próprios olhos. Quando Maria e José entraram no templo, Simeão viu seu filho e imediatamente o reconheceu como o Messias. Simeão tomou o bebê Jesus nos braços, proclamando uma linda bênção:

> Ó Soberano, como prometeste, agora podes despedir em paz o teu servo. Pois os meus olhos já viram a tua salvação, que preparaste à vista de todos os povos:

luz para revelação aos gentios e para a glória de Israel, teu povo (Lucas 2:29-32).

E, nesse exato momento, Ana entra em cena. A viúva pobre e idosa, que durante toda a vida dera tanto e recebera tão pouco — a mulher maravilhosa, que esperou e permaneceu alerta, é abençoada em sua vida e por todos os tempos.

Você está alerta?

Descobri uma semelhança interessante entre a vida de Ana e as nossas próprias vidas:

Na época, todo judeu leal estava à espera de Cristo, mas quase ninguém o reconheceu quando ele veio. As pessoas estavam assustadas, oprimidas, perseguidas e à procura de um tipo diferente de Messias — um que conquistasse o poder físico para construir um reino terreno, não aquele que nasceu em um estábulo para nos salvar de nossos pecados.

Hoje também devemos estar alertas e à espera do retorno de Cristo, e nós também vivemos tempos difíceis. Muitas pessoas estão perdendo sua segurança financeira, dia a dia. Vários de nossos dias são dominados pela preocupação e pelo estresse, mas nós também podemos seguir o Pastor e confiar que ele cuidará de nós e nos acompanhará em nossa jornada.

Ana nos mostra que não precisamos conhecer todos os detalhes, que podemos nos sentir como se estivéssemos às margens da vida; no entanto, Deus continua trabalhando. Ele usa até mesmo os que esperam e observam e simplesmente aparecem. O fato de Ana ter recebido permissão para morar no templo nos diz muito sobre o tipo de mulher que Deus ama. Dia após dia, ela cumpria fielmente o que importava acima de tudo: ela jejuava, orava e compartilhava a Palavra do Senhor. Sua vida tornou-se algo belo e gracioso, transformada por um coração que confiava em Deus.

Evidentemente, esperar nunca é fácil. Às vezes, não é só difícil, é até devastador. Quando me choco contra um obstáculo, lembro-me de um homem e suas duas irmãs, que narram a história de como é clamar por Deus e ele — aparentemente — não responder.

CAPÍTULO 5

Por que a dor?

A beleza de clamar a Jesus

"Por que nos alegramos quando alguém nasce e choramos
quando alguém morre?
Porque não somos a pessoa envolvida."
—*Mark Twain*

"Ao ver chorando Maria e os judeus que a acompanhavam,
Jesus agitou-se no espírito e perturbou-se.
'Onde o colocaram?', perguntou ele."
—*João 11:33-34*

A vida é cheia de momentos especiais. Alguns nos fazem chorar de tanto rir. Alguns nos tiram o fôlego; outros têm o potencial de mudar o curso de nossas vidas. Tenho o dom inestimável de escolher a companhia daqueles que me fazem rir até quase morrer de falta de ar. Sou uma adepta ferrenha dos benefícios terapêuticos que provêm de jogar a cabeça para trás e rir do lugar mais profundo dentro de você. Isso talvez não mude as circunstâncias, mas é como uma injeção de vitamina para seu espírito. Para mim, rir me dá a confiança de dizer: "Eu consigo fazer isso" em meio a um desafio difícil ou uma noite sombria.

Nos últimos dias de sua luta contra o câncer no fígado, Eleanor, minha sogra, teve momentos de bom humor que tornaram mais leve essa transição difícil. Certa noite, após eu ter lhe dado um pouco de morfina líquida num refrigerante para aliviar sua dor, ela apontou para o marido, William, e me perguntou: "Este é meu marido?"

Assegurei-lhe que ele era, de fato, seu fiel companheiro há muitos anos.

O olhar de desgosto com que reagiu ao cair de volta nos travesseiros nos fez morrer de rir.

William e Eleanor haviam enfrentado muito momentos difíceis no casamento, mas tinham encontrado uma maneira de resolver seus problemas. Uma das ferramentas de sobrevivência mais fantásticas de William em momentos em que Eleanor se irritava era sua amizade fascinante com vários gatos ao longo dos anos. Toda vez que Eleanor queria discutir algum assunto controverso (como o novo pastor) ou se irritava com alguma coisa (como o novo pastor), a resposta clássica de William era: "Olhe para o Cinder!" (ou qualquer que fosse o nome do gato atual).

Vivenciei essa dinâmica pela primeira vez quando me sentei à mesa para tomar o café da manhã e Eleanor estava tentando me dar 53 boas razões pelas quais eu não deveria me casar com seu filho. Aquele discurso me pegou de surpresa. Por fim, Eleanor se voltou para William.

— Bem, que tal me ajudar aqui? — perguntou ela.

— Olhe para o Cinder!

Voltei-me para olhar para Cinder, esperando algo bastante teatral, já que o gato exigia uma atenção maior do que o discurso de Eleanor. Mas Cinder estava apenas sentado em uma cadeira, sendo um gato. Não estava fazendo crochê nem lendo *Guerra e Paz*; não estava mandando uma mensagem de texto num celular nem vendendo ações. Não, estava apenas sentado, lambendo seu pelo e sendo um gato.

Tive o prazer de vivenciar muitos momentos hilários com William, mas o mais engraçado deles foi a noite que ele acreditou que Deus iria curar Eleanor.

Diga-me que Deus não está curando minha esposa!

Em determinado momento durante a batalha de Eleanor contra o câncer, perguntei se havia alguma coisa que eu pudesse fazer para conferir mais sentido e alegria aos seus dias.

Ela me perguntou se eu poderia pedir que Lana Bateman, nossa intercessora da Women of Faith, pegasse um avião e viesse orar com ela. Lana era uma pessoa tão cheia de paz e uma companhia tão agradável que não fiquei surpresa quando Eleanor, em seus últimos dias na terra, pediu pela companhia de Lana.

Falei com Lana e reservamos o voo. Quando chegou, ela deu início a uma vigília ao lado da cama de Eleanor, tocando lindos CDs de adoração e orando por ela.

Certa noite, William e eu estávamos na cozinha preparando o jantar, e Lana veio pedindo algo para beber. Quando estava prestes a voltar para o quarto de Eleanor, ela nos disse:

— Eleanor parece mais forte hoje.

Olhei para William, em cujo rosto estava estampada uma expressão de puro terror.

— Pai, está tudo bem? — perguntei.

Ele olhou para mim por alguns instantes e disse:

— Por favor, diga-me que Deus não está curando minha esposa!

Ri tanto que quase explodi meus rins.

Sei que algumas pessoas têm dificuldades de entender essa história, mas, se você tivesse acompanhado os anos de "discussões" e os altos e baixos no casamento de William e Eleanor, seu comentário faria algum sentido. Creio até que Deus acabou esboçando um leve sorriso.

Cada uma de nós passa por momentos na vida que nos fazem rir ou deixam nosso espírito mais sóbrio. Percorremos longas jornadas com determinadas pessoas, cheias de discussões, de reviravoltas e também de pura alegria. Em certos momentos ao longo do caminho, há longas vigílias diante das decepções e do luto. Podemos vir a duvidar de todas as coisas que viemos a crer a respeito da bondade de Deus e de seu cuidado por nós. Podemos vir a questionar o sentido de tudo isso.

Os irmãos Maria, Marta e Lázaro do Novo Testamento vivenciaram esse tipo de jornada. Quando seu irmão adoeceu fatalmente, as irmãs enfrentaram uma amarga vigília ao seu lado. Clamaram por ajuda, por alguém que se juntasse a elas ao lado de Lázaro, por alguém que lhes dissesse que ele melhoraria, que ele não morreria — pelo menos não tão cedo. Confiavam que seu amigo Jesus, que estava percorrendo o país curando estranhos, viria para salvar seu irmão também.

Mas, como Jesus não apareceu, apesar de não estar longe de onde moravam, as irmãs devem ter se perguntado: *Por quê?* Imagine a quebra de confiança que sentiram. Imagine a dor, o choque e a surpresa quando Jesus, por fim, chegou, mas apenas após Lázaro já ter morrido, e o Senhor chora.

"Por que ele não faz algo?", devem ter se perguntado.

E, quando ele finalmente parte para a ação, elas ficam ainda mais confusas. *Olhem,* ele dissera o tempo todo, *olhem para Lázaro.*

O incrível e o inimaginável

Não sabemos como Maria, Marta e Lázaro se tornaram amigos tão íntimos de Jesus. Na verdade, não sabemos muito sobre os irmãos, não conhecemos sua idade, se eles jamais se casaram e se perderam um cônjuge, ou se foram obrigados a viverem juntos quando adultos. Mas a Escritura nos diz que Jesus ia à casa deles de vez em quando (Lucas 10:38) e que os considerava amigos queridos. Na verdade, João 11:5 diz: "Jesus amava Marta, a irmã dela e Lázaro."

É interessante que a Escritura menciona Marta em primeiro lugar na lista de quem Jesus amava. Muitas vezes Marta é difamada por ser pragmática, sempre ocupada, como aquela que não reconhece as prioridades. Lembre-se de como durante uma visita de Jesus Marta tentou garantir que o evento estava devidamente organizado, enquanto Maria ficou sentada aos pés de Jesus, absorvendo cada palavra, mesmo quando sua irmã brigava com ela? Pode ser que, naquela ocasião, Marta tenha errado nas prioridades, mas essa referência sugere também que Marta era aquela que garantia o funcionamento de tudo (talvez fosse a mais velha dos três), e imagino que Maria (talvez a caçula) era uma sonhadora.

Então, quando o irmão delas adoece seriamente, imagino Maria sentada a seu lado, refrescando a testa dele com uma toalha úmida, falando-lhe em voz baixa enquanto ele vai definhando aos poucos. "Jesus estará aqui em breve, Lázaro. Aguente. Sei que ele virá." Maria confia plenamente nisso. Jesus é um amigo, e, afinal de contas, "Lázaro" significa "Aquele que recebe a ajuda de Deus" (levando em conta o resto da história, isso não é bem o que chamaríamos de exagero).

E vejo Marta correndo para lá e para cá, fazendo de tudo para trazer Jesus até eles, enviando mensagens, mantendo o canal de comunicação aberto. Talvez alguém tenha dito a Marta: "Jesus é um homem muito ocupado. Muitas pessoas querem algo dele. O que a leva a crer que ele abandonará o que estiver fazendo para vir aqui?"

Marta, que confia em Jesus tanto quanto a irmã, poderia ter respondido: "Tenho certeza de que está a caminho. Ele é nosso amigo. Lázaro é como um irmão para ele. Jesus sabe que, quando pedimos que venha, o caso é sério. Confie em mim, ele virá."

Abandonadas

Só que Jesus não vem. João 11:3 nos diz que Maria e Marta o mandaram chamar em Betânia.

"Aquele a quem amas está doente", diz sua mensagem.

Jesus está do outro lado do rio Jordão, a mais ou menos trinta quilômetros de casa dos irmãos, a um dia de viagem. Por isso, as irmãs devem ter esperado sua chegada na noite seguinte.

Mas a noite vem e passa, e Jesus não aparece.

Lázaro está em agonia. Sua respiração se torna mais difícil. Começa a batalha contra a morte.

Será que ambas as irmãs estavam com Lázaro quando ele deu o último suspiro, ou será que Marta estava do lado de fora, observando o horizonte para ver se Jesus viria? Você consegue imaginar Maria segurando a cabeça do irmão e colocando a mão sobre seu peito, tentando sentir a batida do coração, mas percebendo apenas o corpo frio e imóvel? Ou Marta do lado de fora, tentando desesperadamente reconhecer a figura familiar de Jesus se aproximando, quando sente uma dor repentina no momento em que a alma de seu irmão deixa o corpo?

O momento deve ter sido extremamente triste, confuso e devastador. Onde estava Jesus? Por que aquilo estava acontecendo se ele os amava tanto?

As irmãs se sentiram abandonadas. Lázaro havia partido. Elas devem ter chorado não só pelo irmão que tanto amavam, mas também de medo do futuro. A dura realidade era que eram duas mulheres solteiras numa cultura em que os homens controlavam o dinheiro e até mesmo todos os vínculos com os líderes da igreja. Maria e Marta haviam perdido o único homem que cuidava delas e as protegia, e o único homem em que haviam confiado as deixara na mão.

Os pensamentos das irmãs devem ter girado em torno de algumas perguntas, do tipo que minam a confiança e ficam se repetindo incessantemente quando você se sente abandonada: *Por que Jesus não veio? Algo terrível aconteceu? Por que não mandou nem mesmo uma mensagem? Ele não se importa mais? Será que não tem o controle que alega ter? Por quê?*

Você alguma vez já orou pedindo que Deus a informasse sobre o que estava fazendo para fazer com que a vida não parecesse tão descontrolada, mas ele permaneceu em silêncio? Você teve a impressão de que ele estava ocupado ajudando outras pessoas, talvez até pessoas que não creem, e de que ele a abandonou? Talvez você entenda seu amor pelos perdidos — você também os ama. Não quer que ele mude seus planos. Quer apenas saber que esse plano existe. Mas você não ouve nada.

Pertinho dali

Do outro lado do rio Jordão, apenas a cerca de trinta quilômetros de Betânia, Jesus se dedica ao povo, juntamente com seus discípulos. Eles se retiraram para esse lugar porque alguns dos líderes judaicos assumiram uma postura tão hostil contra Jesus que ele corria perigo de ser apedrejado até a morte; estão à procura dele.

Não é de se admirar que ele tenha chamado atenção. Atravessou o país fazendo todo tipo de milagres. O evangelho de João narra sete dos muitos milagres que Jesus fez durante os três anos de seu ministério público: a transformação de água em vinho no casamento de Caná, a cura de doentes e de paralíticos no tanque de Betsaida, a alimentação de cinco mil pessoas com apenas dois peixes e cinco pães, sua caminhada sobre a água num mar tempestuoso, a devolução da visão a um homem cego e a ressurreição de dois mortos.

No capítulo 7 do Evangelho de Lucas temos mais detalhes sobre essas ressurreições — primeiro sobre a do servo do centurião, que está doente. Jesus está disposto a ir até a casa do soldado e a devolver a vida ao servo. Mas o centurião, confiando plenamente em Jesus, manda dizer-lhe: “Senhor, não te incomodes, pois não mereço receber-te debaixo do meu teto. Por isso, nem me considerei digno de ir ao teu encontro. Mas dize uma palavra, e o meu servo será curado” (Lucas 7:6-7).

Jesus, impressionado com o tamanho da fé desse homem, cura o servo sem jamais vê-lo pessoalmente.

Mais tarde, Jesus cruza o caminho de uma mãe em luto durante uma marcha fúnebre. Essa mãe é uma viúva que, pouco antes, enterrara o marido. Agora, está prestes a enterrar o único filho. Jesus toca a estrutura de madeira sobre a qual está o caixão do filho e ordena ao garoto morto que se levante — e a criança obedece.

Além dos espectadores, os próprios discípulos de Jesus ficam maravilhados. A ressurreição de duas pessoas pouco tempo após a morte é notável — inimaginável, na verdade, se não a tivessem visto com os próprios olhos. Para essas testemunhas, ver é crer. Jesus é o Grande Médico, ele é o Salvador. É fácil confiar quando você vê os resultados.

No entanto, por mais maravilhosas e milagrosas essas restaurações possam ser, nada os prepara para o que está prestes a acontecer com Lázaro, pois na mentalidade judaica há uma diferença enorme entre um corpo recém-falecido e uma pessoa que está morta há mais de um dia.

Quando Jesus finalmente chega a Betânia, Lázaro já está morto há quatro dias.

Então, morreremos com você

Na verdade, é bem provável que Lázaro já tivesse morrido quando Jesus recebe a notícia de que o amigo estava doente. A mensagem de Maria e Marta teria levado um dia para chegar a Jesus, e, quando a recebeu, ele não reagiu prontamente, para dizer o mínimo.

> Ao ouvir isso, Jesus disse: "Essa doença não acabará em morte; é para a glória de Deus, para que o Filho de Deus seja glorificado por meio dela." Jesus amava Marta, a irmã dela e Lázaro. No entanto, quando ouviu falar que Lázaro estava doente, ficou mais dois dias onde estava (João 11:4-6).

Estranho: Jesus ouve que seus amigos, que tanto ama, estão desesperados... então, decide ficar onde está, decide não atender a seu chamado, sem qualquer pressa para oferecer ajuda. Ele sabe que a mensagem das irmãs levou um dia inteiro para chegar até ele e permanece onde está por mais dois dias, mesmo sabendo que levará um dia para chegar até eles, caso queira visitá-los.

Os discípulos ficam aliviados com sua decisão, pois voltar para a Judeia significa encrenca certa.

Mas após dois dias, quando Jesus anuncia que agora está pronto para atravessar o Jordão e voltar para Betânia, eles ficam aterrorizados. E o lembram: *Você se esqueceu de que poucos dias atrás as pessoas tentaram apedrejá-lo ali?*

Jesus responde de forma curiosa. Ele diz:

> O dia não tem doze horas? Quem anda de dia não tropeça, pois vê a luz deste mundo. Quando anda de noite, tropeça, pois nele não há luz (João 11:9-10).

E então anuncia que Lázaro "adormeceu" e que "eu vou lá para acordá-lo".

Os discípulos, é claro, interpretam suas palavras ao pé da letra. Eles começam a discutir entre si. Por que deveriam arriscar voltar para lá, se acabaram de escapar por um fio? Será que sua presença é realmente necessária? Jesus não acabara de dizer que Lázaro está simplesmente dormindo e não morrerá? Eles acreditam que Lázaro deve ter se recuperado de uma febre alta ou algo parecido.

Jesus os corrige, e ele é claro. "Lázaro morreu, e para o bem de vocês estou contente por não ter estado lá, para que vocês creiam. Mas, vamos até ele" (João 11:14-15).

A reação de Tomé, o discípulo que tantos conhecem hoje como "Tomé, o Incrédulo", é: "Vamos também para morrermos com ele", diz ele aos outros discípulos (João 11:16).

Tomé, o *Incrédulo*? Sempre achei péssimo esse apelido que a cristandade tem dado a esse discípulo. Aqui, ele comprova minha postura. O discípulo que, mais tarde, se recusará a acreditar que Cristo ressuscitou dos mortos se não puder ver, com os próprios olhos, as mãos, os pés e o lado feridos de Jesus (João 20:25), demonstra aqui uma lealdade, dedicação e confiança notáveis. Ele não sabe qual será o resultado dessa ação e sabe que não pode tomar o lugar de Cristo, então decide: *Se Jesus for, eu irei com ele.*

Talvez, a expressão de incredulidade de Tomé na sala superior não foi o resultado de cinismo e descrença total, mas de tristeza e desespero. Como uma palavra encorajadora poderia ter mudado as coisas? Será que ele teria se tornado famoso como Tomé, o Crédulo, se ele tivesse encorajado os outros discípulos como o fez aqui em João 11? E como os outros discípulos puderam ignorar o que Jesus estava dizendo sobre segui-lo e andar na luz?

Num comentário sobre o evangelho de João, George R. Beasley-Murray explica:

> Podemos andar de dia sem tropeçar, porque estamos cientes da luz deste mundo [o sol] que ilumina o nosso caminho. Isso vale para as pessoas em geral e para Jesus em especial. Ele precisa andar no tempo [limitado] que lhe foi dado; ao fazê-lo, ele sabe que não "tropeçará", pois está sob a proteção de Deus [...] a aplicação [...] é a necessidade de os discípulos continuarem em sua companhia mesmo quando ele avançar em direção do perigo e da morte.[3]

Esse não é um pensamento cujo entendimento deve ser apressado ou subestimado. Para mim, tem sido uma oração diária. Todo dia, repito as palavras de Tomé, o Crédulo, e digo: "Senhor, não sei aonde estás indo hoje, mas não importa aonde vás, eu irei contigo." Decido fazer a longa jornada com Jesus, e não importa se isso significa acompanhá-lo em "discussões" e confrontos ou em pura alegria porque aprendi que o lugar mais seguro é onde Jesus está. O lugar onde está pode não parecer ser o mais seguro, mas se é onde ele está, é também onde eu quero estar. E, quando a incerteza começa a incomodar minha mente, como certamente fez no caso dos discípulos naquele dia em que Jesus os levou de volta para Betânia, lembro-me de outra ocasião em que seguiram Jesus.

Encontravam-se num barco num lago em meio a uma terrível tempestade, e Jesus dormia na proa como um bebê (Lucas 8:22-25). A praia deve ter parecido o lugar mais seguro no mundo, e eles gritaram, cheios de medo, em meio às ondas. E, nesse momento de desespero, Jesus se levantou e falou, e até mesmo as águas lhe obedeceram e se acalmaram. Então, o mar (ou foi Jesus) os levou em segurança até a praia.

Evidentemente, nem sempre Jesus nos leva a lugares seguros, calmos e agradáveis, e nem sempre nos dá sinais e milagres no mesmo instante em que clamamos em nosso desespero. Como diz Beasley-Murray, ele nos aproxima da morte, mas está sempre no controle, sempre atento, sempre bom e sempre tem um plano — e os discípulos, Maria e Marta estão prestes a testemunhar isso em primeira mão.

Onde estavas?

Quando Jesus e os discípulos alcançam as primeiras casas de Betânia, Lázaro já está no túmulo, e, no clima quente da Palestina, seu corpo já começou a se decompor.

Maria e Marta devem ter perdido cada vez mais a esperança de um milagre dia após dia. Elas sabiam que Jesus havia ressuscitado o servo do centurião e o filho da viúva, restaurando-os quase imediatamente após a morte.

Lázaro estava morto há quatro dias. Segundo a tradição e o costume judaico, seu corpo foi coberto com ervas (ao contrário dos egípcios, os hebreus não embalsamavam os mortos), entregue a seu lugar de descanso num túmulo, e os visitantes do cemitério devem ter visto e cheirado a Morte.

Os judeus acreditavam que, durante os três primeiros dias, a alma podia retornar ao túmulo, acreditando poder voltar para o corpo; no quarto dia, porém, a alma vê que a cor do rosto mudou e se despede para sempre. Por isso, há pessoas que observam o túmulo. Observam também porque, segundo o costume, o corpo precisa ser enterrado no dia da morte, e houve casos em que a pessoa não estava morta, mas apenas em coma. Por isso, uma vez que o corpo era colocado no túmulo, as pessoas voltavam durante três dias. Mas após três dias já não havia mais nenhuma esperança.[4]

Jamais alguém havia visto um corpo sair do túmulo no quarto dia; ninguém duvidava de que Lázaro estava morto.

Por isso, quando Marta fica sabendo que Jesus está se aproximando, sai correndo ao seu encontro. Em seu desespero, ela exclama: "Onde estavas? Se estivesses presente, ele não teria morrido!" Mas, ao olhar para os olhos de Jesus, sua fé desperta. "Sei", ela acrescenta, "que mesmo agora Deus fará tudo que pedires."

Eu me identifico plenamente com o coração de Marta. Você nunca esteve numa situação em que parte de você queria gritar "por quê?" para o Senhor, enquanto outra parte acredita e anseia por sua vontade? É a luta humana. Sabemos que Deus ama e é poderoso para fazer tudo que quer, mas, às vezes, não faz aquilo que nós acreditamos corresponder a seu caráter. Uma parte nossa quer banhar seu rosto em nossas lágrimas, enquanto a outra se ajoelha aos seus pés.

Marta estava nessa situação.

Jesus lhe garante que Lázaro ressuscitará, mas Marta interpreta essa afirmação como a crença tradicional dos judeus segundo a qual os justos voltarão à vida.

Então, Jesus derruba todo o sistema de crenças quando diz a Marta: "Eu sou a ressurreição e a vida. Aquele que crê em mim, ainda que morra, viverá; e quem vive e crê em mim, não morrerá eternamente. Você crê nisso?" (João 11:25-26).

A confiança quer que acreditemos nisso, que Jesus traz a vida.

A ideia parece sensata, mas é posta à prova em cada vida de milhões de maneiras diferentes. Até mesmo Marta, ao correr para Jesus, acreditando nele, pensa em seu irmão na cova. Podemos imaginá-la tentando entender: *Tudo bem, Senhor. Meu irmão ressuscitará — no céu. Talvez estejas nos chamando para sofrermos contigo. Talvez as coisas não fiquem melhores do que isso nesta vida. Talvez "a vida" da qual falas se refira estritamente à vida espiritual, que começa após a vida terrena. Talvez tu não te importes tanto com o que acontece aqui e agora.*

Jesus está prestes a mostrar-lhe que ela não poderia estar mais enganada. A vida espiritual acontece aqui e agora.

Quantas vezes você já relutou, vacilou ou se entregou ao desespero quando não conseguiu reconhecer o que esperava de Deus no aqui e no agora? Esse conflito não é novo. Até mesmo Davi do Antigo Testamento, séculos antes de Marta, teve dificuldades de confiar que Deus traz vida agora, a cada dia. Ele veio a entender o que Jesus disse a Marta:

> Apesar disso, esta certeza eu tenho: viverei até ver a bondade do SENHOR na terra. Espere no SENHOR. Seja forte! Coragem! Espere no SENHOR (Salmos 27:13-14).

Deus está fazendo o milagre que cada uma de nós tanto necessita. Davi diz: ele ressuscitará seus sonhos, seu propósito, sua esperança.

Marta segue o exemplo de Davi e reaviva a confiança. Ela decide esperar no Senhor, só que o faz de seu jeito. "Sim, Senhor, eu tenho dito", ela responde a Jesus (João 11:27), então volta para casa a fim de acordar a irmã e dizer-lhe que Jesus está chamando por ela, então "mexa-se".

Jesus, que ainda não entrou na cidade de Betânia, espera pelas irmãs e pelo momento perfeito para glorificar Deus de uma maneira que mudará tudo. A Bíblia nos conta: "Chegando ao lugar onde Jesus estava e vendo-o, Maria prostrou-se aos seus pés e disse: 'Senhor, se estivesses aqui meu irmão não teria morrido'" (João 11:32). Maria também estava desolada. Ela amava o irmão, e agora ele estava morto. A forma como ela formulou seu grito era um pouco diferente do grito de Marta. No grego, a ênfase está em "meu *irmão*". Poderíamos transcrever suas palavras como: "Não foi qualquer um que morreu aqui, Senhor. Foi Lázaro — meu Lázaro, meu irmão."

Isso jamais deveria ter acontecido!

A incredulidade no grito de Maria é o choque e a dor que nós também sentimos diante de Deus quando acontecem coisas tristes e experimentamos perdas profundas.

Muitas vezes, focamos no porquê e procuramos uma razão para esses acontecimentos, como se isso fosse aumentar nossa confiança. Raramente, porém, essa pergunta é respondida. A reação de Jesus é:

> Ao ver chorando Maria e os judeus que a acompanhavam, Jesus agitou-se no espírito e perturbou-se. "Onde o colocaram?", perguntou ele. "Vem e vê, Senhor", responderam eles. Jesus chorou (João 11:33-35).

O grego emprega três termos aqui: *agitado, perturbado, chorou*. A primeira palavra no grego é *enebrimesato*, um termo muito forte que denota ira feroz e significa literalmente "bufar como um cavalo". Acho isso fascinante. Não creio que Cristo tenha se irritado com Marta e Maria, mas com a própria morte e com aquilo que ela causa à humanidade. Talvez tenha se irritado também com a incredulidade que vê a sua volta, a despeito de tudo que ele já tinha revelado sobre o reino de Deus. É raro vermos como Cristo se sente em relação à queda do homem e à influência do inimigo, e isso explica os dois outros termos nessa passagem.

A palavra traduzida aqui como "perturbado" é *etaraxen*, que denota agitação. A humanidade de Jesus foi profundamente tocada pela morte de seu amigo e pelo luto de suas irmãs. Quando lemos que Jesus chorou, o verbo denota um choro espontâneo. Jesus não conseguiu controlar as lágrimas.

"Esse choro nada tem a ver com ira", escreve Rudolph Schnackenburg. "São lágrimas derramadas pela tristeza e escuridão do mundo atual."[5]

Então Jesus se aproxima do túmulo, uma caverna escavada em rocha. A Escritura repete que a ira demonstrada por Jesus continua presente quando encara a realidade que toda humanidade precisa enfrentar: a morte.

Ele instrui alguns homens a remover a pedra da abertura do túmulo.

Marta está aterrorizada. Já foi muito difícil enterrar o corpo sem vida de Lázaro, mas abrir o túmulo após quatro dias e suportar o cheiro e a decomposição é demais para ela.

Jesus percebe seu pânico. Ele se volta para ela e a lembra de que deve confiar nele. Suas palavras são simples e claras. *Não importa a aparência das coisas, Marta, apenas creia.*

Assim, a pedra é removida da boca do túmulo. Jesus olha para o céu e ora para o benefício daqueles que o estão ouvindo: "Pai, eu te agradeço porque me ouviste. Eu sei que sempre me ouves, mas disse isso por causa do povo que está aqui, para que creia que tu me enviaste" (João 11:41-42).

Essa oração deixa perfeitamente claro que Cristo já orou por Lázaro e que Deus já respondeu. Isso me lembra de Salmos 118:21, em que o salmista diz a Deus: "Dou-te graças, porque me respondeste." (Em meu livro *Levante-se e ore*, a mensagem central é que, assim como Cristo esteve em comunhão constante com Deus, nós também devemos estar.[6])

Adoro o que R.H. Fuller escreve sobre essa oração de Jesus: "Quando ele dá início à sua oração audível, ele não passa de um estado de não oração para um estado de oração — como nós costumamos fazer. Ele apenas expressa o que é a base e o fundamento da sua vida."[7]

Após agradecer a Deus por ter ouvido sua oração, Jesus se dirige a seu amigo: "Lázaro, saia." O texto grego diz literalmente: "Lázaro, é por aqui", pois Jesus está orientando seu amigo para fora de um lugar escuro.

A força desse momento é imperdível; não é por acaso que Jesus chama Lázaro pelo nome. Mais cedo, ele dissera aos discípulos: "Não fiquem admirados com isto, pois está chegando a hora em que todos os que estiverem nos túmulos ouvirão a sua voz e sairão" (João 5:28-29). Imagine quantos teriam saído de seus túmulos se Jesus tivesse dito apenas: "Saia!"

Quando a decepção se transforma em dança

Imagino o silêncio total quando Jesus chamou Lázaro. Então, lá do fundo da caverna, você ouve algo. Com uma única frase, num instante, Deus reverte a decomposição do corpo terreno de Lázaro — seu espírito volta e restaura o homem.

Imagine Lázaro cambaleando até a entrada da caverna. A luz o cega no início. Lá está ele, um homem morto, que agora se levanta e anda, ainda em suas roupas fúnebres. Ele vem de um lugar escuro e está à beira de outro — chamado, mais uma vez, para confiar, em seu Salvador.

Jesus, porém, ainda não o toca. Em vez disso, ele se vira para Marta e Maria e lhes ordena que tirem as faixas da morte. Isso é essencial, pois sempre que somos chamados para confiar Jesus diz a Marta no túmulo e ao meu espírito: *Não importa a aparência das coisas — apenas creia.* Creia, pois ele está prestes a fazer o que apenas ele pode fazer e a pedir àqueles que o amam que façam o que podem fazer. Pois apenas Jesus pode chamar alguém da morte para a vida, mas depois pede que façamos o que podemos fazer: cuidar com amor daquela pessoa e arrancar dela os sinais da morte.

Nunca até então!

Agora, irrompe o caos total. Ao restaurar Lázaro para a vida após quatro dias, Jesus desafiou não só Satanás e os poderes do inferno, mas também os chefes dos sacerdotes e os fariseus. Até então, acreditavam poder controlar Jesus, mas, depois disso, não mais.

João narra sua reação:

> Então os chefes dos sacerdotes e os fariseus convocaram uma reunião do Sinédrio. "O que estamos fazendo?", perguntaram eles. "Aí está esse homem realizando muitos sinais

> miraculosos. Se o deixarmos, todos crerão nele, e então os romanos virão e tirarão tanto o nosso lugar como a nossa nação" (João 11:47-48).

Fato é que ao trazer Lázaro de volta à vida, Jesus mudou tudo. Desse dia em diante, Jesus não se movimentará mais livremente entre as pessoas, e nos evangelhos sentimos como começa agora a contagem regressiva até o fim de seu ministério na terra.

Na verdade, João é o único dos quatro evangelhos que relata esse milagre, e o faz em detalhes. Mateus, Marcos e Lucas limitam sua narrativa a Galileia, onde Jesus desenvolveu a maior parte de seu ministério até a última semana de sua vida. João nos dá um presente raro ao relatar a maravilhosa ressurreição de Lázaro. Alguns teólogos acreditam que os outros evangelhos foram escritos antes do evangelho de João e que não incluíram a história de Lázaro por questões de segurança — pois ele ainda estava vivo na ocasião. Mas, quando João escreveu seu evangelho, Lázaro já havia morrido pela segunda vez e estava em segurança no céu.

E quanto aos espectadores naquele dia? Houve duas reações fortes: daqueles que creram e daqueles que não creram. Muitas pessoas viam na ressurreição a prova inegável de que Jesus era o Messias. Os incrédulos ficaram com raiva e procuraram os fariseus e o Sinédrio, que se reuniu para abafar os acontecimentos e se livrar de Jesus.

Volte um instante para o momento em que Jesus estava diante do túmulo. Antes de chamar Lázaro, ele chora — e o público reage de duas maneiras: com empatia e com cinismo. Os simpatizantes se emocionaram com o amor que Jesus tinha por Lázaro; os cínicos zombaram dizendo que, se Jesus amasse tanto Lázaro, ele deveria ter se apressado e vindo antes de seu amigo morrer.

Fato é que, quando Jesus nos devolve à vida, seja fisicamente como Lázaro ou espiritual e emocionalmente, ele provoca uma reação. Sempre haverá aqueles que decidem ficar e fazer parte daquilo que aconteceu, como fizeram naquele dia com Lázaro. Vão se alegrar e não conseguirão se conter. Imagino que perguntaram a Lázaro: "Onde você esteve enquanto estava morto? Você se lembra?" "O que aconteceu quando você ouviu a voz de Jesus?" "Você viu alguém que você conhecia?" (Evidentemente, Marta os teria mandado embora a fim de que Lázaro pudesse voltar para casa, tomar um banho e comer algo, e teria pedido que fizessem essas perguntas mais tarde.)

Mas haverá também outros na multidão que não se impressionarão com o milagre. Uma mulher que encontrei certa vez me contou com tristeza em sua voz: "Meu marido e eu somos ambos pessoas crentes, mas Deus me tocou recentemente de modo novo num retiro, e agora me sinto muito mais próxima dele. Pensei que meu marido se alegraria comigo, mas ele parece estar aborrecido. Não consigo entender."

Poucos conseguem. Quando Deus exala vida, isso exige uma reação. Alguns recebem a presença de Deus de braços abertos e desejam vivenciá-lo profundamente. Outros se sentem ameaçados por ele. Talvez queiram continuar com suas vidas, acreditando que eles, e não Deus, estão no controle.

Creio que veremos mais desse dualismo nos dias por vir. Parece que, quanto mais o dia da vinda de Cristo se aproxima, a luz brilha com mais força e a escuridão se torna mais densa. Cristo está nos chamando para olharmos. *Olhem para Lázaro*. Este é o dia em que precisamos decidir quem queremos seguir — como confiaremos, independentemente do preço. Seremos como Tomé e diremos: *Não sei para onde estás indo, mas quero estar onde tu estás*? Nossa confiança será grande o bastante para darmos um passo além, mesmo que nos leve à escuridão? Acreditamos que confiança não é fácil, mas certamente transforma a vida?

Por que a dor?

Esse é, evidentemente, o problema de confiar em Deus. O grande desafio é confiar mesmo quando ele permite que nós — ou aqueles que amamos — sofiramos. Os cristãos têm enfrentado esse dilema há mais de dois mil anos e assim continuarão até Cristo retornar. Em seu livro devocional profundamente confortante *O chamado de Jesus*, a missionária Sarah Young escreve o seguinte, acreditando que tenha vindo diretamente do coração de Deus:

> De sua perspectiva humana limitada, pode parecer que estou lidando com as coisas de maneira errônea. Mas você não sabe o que sei, nem vê o que vejo. Se eu retirasse a cortina e permitisse que você visse as esferas celestiais, você entenderia muito mais. No entanto, criei-o para que vivesse pela fé, e não pela visão.[8]

Maria e Marta entenderam isso quando suas vidas foram transformadas pela confiança em Deus. Elas nunca receberam uma resposta à sua pergunta sobre por que tiveram de assistir à morte de Lázaro pela primeira vez, mas aprenderam algumas verdades poderosas sobre a criação de Deus.

Em primeiro lugar, as irmãs descobriram que podiam dizer a verdade a Jesus, mesmo a verdade sobre sua raiva e frustração, seu medo, sua dúvida e sua dor. Elas não precisaram fingir que estavam tranquilas com a chegada aparentemente tardia de Cristo, mas expressaram sua dor e a levaram diretamente para Jesus.

Levei muito tempo para aprender isso. Embora a própria ideia me pareça ridícula agora, eu costumava querer que Deus me visse como se eu tivesse mais fé e confiança do que realmente tinha. Se me sentisse machucada ou confusa com o silêncio de Deus, eu enterrava esses sentimentos no fundo de meu coração e apresentava meu "lado bom" a Deus. Mas a dor guardada infeccionava e assumia uma vida própria; ela prejudica o crescimento. Agora confio o bastante no amor de Deus para dizer-lhe o que realmente sinto, sabendo que ele me aceitará assim como aceitou Maria e Marta.

Vejo ainda outra lição implícita. Maria e Marta viram Jesus chorar. Elas devem ter percebido que ele sabia que estava prestes a trazer Lázaro de volta à vida, e ainda assim derramou lágrimas de tristeza e indignação por causa da condição decadente da humanidade.

Para mim, isso acrescenta uma dignidade sagrada a tantos dos momentos mais difíceis da vida. Isso significa que podemos confiar em um Salvador que se importa — de verdade —, que ele tem um plano e, enquanto está trabalhando para realizá-lo, para e sente e sofre conosco, nos ouve.

Isso é lindo e me dá vontade de estar com Jesus, caminhar com ele por toda a jornada e confiar nele.

É claro que, como vivenciaram Maria, Marta e Lázaro, essa jornada de confiança pode nos lançar na escuridão ao ponto de não conseguirmos ver o caminho à frente. Quando me encontrei num período de escuridão espiritual, descobri que havia alguém sentado a meu lado na beira da estrada, e ele havia estado ali antes.

CAPÍTULO 6

Entrar na escuridão para encontrar a luz

A beleza da visão

"Ninguém pode barrar a estrada para a verdade, e para avançar sua causa estou disposto até a aceitar a morte."

—*Alexander Soljenítsin*

"Em sua viagem, quando se aproximava de Damasco,
de repente brilhou ao seu redor uma luz vinda do céu.
Ele caiu por terra e ouviu uma voz que lhe dizia: 'Saulo, Saulo,
por que você me persegue?' Saulo perguntou:
'Quem és tu, Senhor?'"

—*Atos 9:3-5*

Cresci predisposta a não gostar do apóstolo Paulo. Eu culpo o sr. Hornal por isso, um dos diáconos da igreja da minha infância. Para ser justa, devo dizer que ele era um bom homem. Parecia ser bastante severo, mas tinha um coração bondoso. No entanto, apoiava e praticava plenamente o que entendia ser a teologia do apóstolo Paulo no que se referia às mulheres na igreja. Então, se eu me atrevesse a usar calças para o culto da noite num domingo, ele considerava isso uma desgraça, pois eu estava vestida como um homem. O sr. Hornal e eu tivemos uma discussão quando cortei o cabelo. Ele acreditava que o cabelo comprido era "a minha glória", e eu a tinha deixado no chão de um salão de beleza qualquer.

Quando cantava na igreja — o que eu costumava fazer com bastante frequência —, ele exigia que fosse sempre um hino apropriado do livro que usávamos nos cultos de domingo à noite, o hinário *Redemption Hymnal*. A primeira vez que cantei uma música de Jamie Owens, uma artista cristã norte-americana contemporânea, o Sr. Hornal me parou quando tentei passar por ele. Com a voz cheia de desprezo, ele me perguntou: "Qual é o número dessa música no *Redemption Hymnal*?"

Assim, em minha mente jovem, o fato de ele ser um discípulo fervoroso do apóstolo Paulo significava que este era um cara solteiro muito chato que se metia em assuntos que não lhe diziam respeito.

Eu não poderia estar mais errada — sobre o sr. Hornal ou o apóstolo Paulo.

Ambos amavam Deus profundamente. Queriam proteger suas leis e que todos fizessem o mesmo — que o seguissem correta, completa e plenamente. No entanto, não confiavam que Deus, o criador dessas leis, nos levaria a vidas corretas, completas e plenas em seu tempo e de sua maneira.

Assim, a paixão de Paulo como defensor da fé se tornou tão forte que ofuscou sua visão a ponto de destruir tal fé. Ele focou tanto no cumprimento da lei que ignorou o espírito por trás dela. Não conseguiu ver — cegado pela desconfiança — como Deus está no controle de tudo e deseja apenas que confiemos. Paulo perdeu seu rumo.

Mas como conseguiu se afastar tanto daquilo em que acreditava?

Separados por mundos

Ninguém conhece as datas exatas dos nascimentos de Cristo e Saulo, que mais tarde se tornaria famoso como Paulo, mas é provável que um tenha nascido poucos meses depois do outro. E, apesar de terem sido criados em lares judeus, seus mundos não poderiam ter sido mais diferentes. Veja as diferenças, desde o início de suas vidas na terra.

Um menino nascido em pobreza

Era uma noite fria, e as estrelas eram diamantes perfeitamente ordenados no céu. "Pode acontecer a qualquer momento", o marido sussurrou enquanto fitava sua jovem esposa deitada na palha, o rosto distorcido pela dor. "Não deveria ser assim. Sua mãe deveria estar aqui com ela", pensava ele. "Deveria estar numa cama quentinha com todas as pessoas que ela ama perto dela. O que é que eu posso fazer por ela?" Um último grito — e seu filho foi lançado no mundo.

— Olhe para ele, Maria. É lindo!

Maria aproximou a pequena boca de seu seio e tentou manter a criança aquecida. José o limpou da melhor maneira possível e deu à Maria um cobertor para cobri-lo. No fundo do estábulo, uma vaca circulava palha e poeira pairava no ar.

— Queria que minha mãe estivesse aqui, José — disse Maria.

Ela se ajeitou na palha, tentando encontrar uma posição mais confortável. Estava exausta, mas, quando olhou para os cachos negros ainda úmidos naquela cabecinha, soube que havia nascido para aquele momento.

— Está ouvindo isso, Jesus? — sussurrou ela. — Está ouvindo a música? É tão linda. Estou ouvindo o canto dos anjos.

Um menino nascido num berço de ouro

— Pode acontecer a qualquer momento — consolava o marido. — A parteira diz que você está indo muito bem. Eu te amo e tenho muito orgulho de você. Estarei lá fora, caso precise de mim.

— Acha que vai ser um menino? — perguntou ela a Benjamim, seu marido.

— Se o favor de Deus nos agraciar esta noite, querida, sim; será um menino.

Benjamim subia e descia o corredor de mármore do lado de fora do quarto.

"Jeová, Deus de Abraão, Isaque e Jacó, se tu nos deres um filho, esta noite será dedicada a ti e à tua lei."

De repente, ouviu um grito saindo do quarto. Poucos momentos depois, a parteira saiu do quarto e colocou o bebê nos braços de Benjamim, anunciando:

— Senhor, agora tens um filho lindo e saudável!

— Nós o chamaremos de Saulo — respondeu o pai. — Bem-vindo ao mundo, meu filho precioso. Bem-vindo.

Os opostos se atraem

Jesus nasceu numa família humilde de judeus que viviam em Nazaré. José, seu pai, era carpinteiro, e é provável que Jesus tenha exercido a mesma profissão até o momento em que iniciou seu ministério público. Apesar de José não ter sido o pai biológico de Jesus (pois este havia sido gerado pelo Espírito Santo), o evangelho de Mateus menciona José como seu pai legítimo, inserindo Jesus na linhagem de Davi. Sabemos pouco sobre a educação que recebeu, mas aos 12 anos já podia se reunir com os mestres na sinagoga e fazer perguntas sobre a lei e os profetas. Maria, sua mãe, era muito devota. Após receber a visita do anjo Gabriel, que lhe disse que seu filho seria gerado por Deus, acredito que ela e José ensinaram a Jesus tudo que sabiam sobre fé.

Saulo, por sua vez, nasceu numa família rica, respeitada e privilegiada. Os pais dele viviam em Tarso, na capital da Cilícia, no sudeste da Ásia Menor. Era uma cidade rica às margens do rio Tarso; na época, existiam apenas três universidades (as outras duas se encontravam em Atenas e Alexandria); a universidade de Tarso era a mais respeitada em virtude de sua excelente reputação. O pai de Saulo, que chamei de Benjamim, era descendente da mais pura linhagem de judeus.

Mais tarde, Paulo escreveria aos Filipenses: "Se alguém pensa que tem razões para confiar na carne, eu ainda mais: circuncidado no oitavo dia de vida, pertencente ao povo de Israel, à tribo de Benjamim, verdadeiro hebreu; quanto à lei, fariseu" (Filipenses 3:4-5).

No que dizia respeito às tribos judaicas, Paulo era um Rockefeller. E não era membro apenas da mais nobre linhagem de judeus, mas seu pai era também um cidadão romano, o que fazia de Saulo um homem "livre". Não sabemos como seu pai adquiriu esse privilégio incomum. A cidadania romana podia ser adquirida por dinheiro ou merecida por algum serviço importante à república romana e, mais tarde, seria muito útil para Saulo, mesmo que não da maneira como seu pai deve ter imaginado.

A família de Saulo decidiu que ele não seguiria a carreira de comerciante, algo muito comum entre as famílias ricas em regiões portuárias, mas que se tornaria rabino. Sua formação inicial ocorreu em Tarso, mas aos 13 anos Saulo foi enviado para Jerusalém a fim de treinar com o grande Gamaliel. Saulo foi escolhido para o serviço de Deus.

É interessante imaginar que Jesus e Saulo podem ter se conhecido quando garotos. Jesus, aos 12 anos, estava no templo conversando com os rabinos, talvez até com um dos que participavam da formação de Saulo. Pergunto-me o que Jesus e Saulo teriam pensado um do outro. Ambos queriam aprender o máximo que podiam, mas seus destinos os levariam a direções opostas. Após encerrar sua formação, Saulo deve ter retornado a Tarso e assumido alguma função na sinagoga local. Não ouvimos nada sobre ele até a crucificação de Jesus.

No entanto, pouco tempo após a morte de Cristo, Saulo voltou para Jerusalém ao saber de uma ameaça crescente à sua fé por uma seita chamada de "os Nazarenos". Havia um homem em especial que estava causando problemas a Saulo e aos outros membros do Sinédrio judaico, e seu nome era Estêvão.

O que foi que eu fiz?

Saulo passou a perseguir a igreja primitiva, acreditando firmemente que estava servindo a Deus. Quando soube que um judeu, chamado Estêvão, estava proclamando que um judeu radical crucificado era o Messias esperado, ficou furioso. Estêvão foi entregue à corte religiosa e condenado. Muitos dos judeus que se ergueram contra ele o fizeram por inveja, não por convicções religiosas.

A igreja primitiva estava crescendo rapidamente, mas enquanto Deus abençoava seu crescimento, algumas pessoas começaram a achar que certos grupos na igreja estavam recebendo um tratamento privilegiado. Os cristãos de língua grega acreditavam que os cristãos de língua hebraica estavam sendo privilegiados na distribuição dos alimentos. Quando tentaram acalmar a situação, os apóstolos, que não queriam desviar a atenção de seu chamado, decidiram que sete homens deveriam ser nomeados como diáconos para impedir qualquer favoritismo. Estêvão era um deles.

Isso a lembra de algo? Não é incrível a frequência com que nós, enquanto fiéis, caímos na armadilha do que não é importante e ignoramos a essência daquilo em que cremos? Muitas dessas pessoas ouviram Jesus falar nas colinas da Galileia. Viram seus milagres, mas naquele momento estavam discutindo coisas como: "O pão que a sua esposa recebeu é maior do que o da minha!". Então, Estêvão e os outros seis fizeram de tudo para restaurar a harmonia entre os fiéis.

Deus também usou Estêvão de outras maneiras poderosas. Milagres ocorriam quando ele orava — mas como no caso da ressurreição de Lázaro, quando Deus se manifesta e o céu invade a terra, ele provoca reações fortes. Alguns judeus da Ásia Menor, que eram escravos convertidos, não gostaram do que estava acontecendo por meio de Estêvão, por isso começaram a tramar contra ele — a inveja é um instrumento poderoso nas mãos do inimigo; ela pode nos cegar para a verdade e nos levar a fazer o impensável. Eles pagaram homens para que contassem mentiras, dizendo que ele havia amaldiçoado Deus e Moisés.

Assim, Estêvão foi levado à corte. Diante do tribunal, ninguém conseguiu desviar o olhar dele, pois seu rosto brilhava como um anjo. Apesar de esperar uma morte violenta e brutal, ele preservou uma imagem clara de Cristo, que o esperava no céu.

Quando surgem perseguições e dificuldades, a graça se manifesta com uma abundância ainda maior. Isso me consola muito. Não sabemos como serão os próximos anos aqui neste mundo, mas temos o testemunho de milhares de pessoas afirmando que, quando vemos a esperança em nós, a graça e a força de Deus fluem em abundância. As pessoas que acusaram Estêvão estavam prestes a presenciar isso.

Tirando proveito máximo da exposição pública

No início da minha carreira musical, fiz shows em setenta cidades com o lendário guitarrista Phil Keaggy. Nunca trabalhei com um músico tão talentoso. Certa noite, após um show, voltamos para o hotel com fome. O restaurante já havia fechado, mas nos disseram que poderíamos pedir sanduíches no bar e levá-los para os nossos quartos. Fizemos nossos pedidos e esperamos a entrega.

Num palco lateral, um homem estava cantando e tocando alguns clássicos no violão, e se irritou porque Phil estava falando alto. Parou no meio da música, apontou o dedo para ele e perguntou pelo microfone:

— Você sabe tocar melhor?

Phil olhou para nós.

— Boa sorte! — respondemos.

Phil pediu desculpas ao homem por interromper seu trabalho, pegou o violão e, durante os próximos 45 minutos, tocou e cantou. Senti pena do cantor. No fim da apresentação de Phil, ele disse: "Bem, nunca cometerei esse erro de novo!" Isso é mais ou menos o que os acusadores de Estêvão fizeram. Quando você dá um palco a alguém, nem sempre consegue controlar o que acontece nele.

Os acusadores de Estêvão lhe deram um palco público para se defender, e ele o aproveitou — mas não da forma como esperavam. Acreditaram que ele imploraria por sua vida e alegaria sua inocência. Mas não foi o que fez: ele usou seu momento para falar sobre a teimosia do povo judeu ao longo da história e encerrou seu discurso com a maior acusação de todas, sua recusa de reconhecer o Messias de Deus:

> Povo rebelde, obstinado de coração e de ouvidos! Vocês são iguais aos seus antepassados: sempre resistem ao Espírito Santo! Qual dos profetas os seus antepassados não perseguiram? Eles mataram aqueles que prediziam a vinda do Justo, de quem agora vocês se tornaram traidores e assassinos — vocês, que receberam a Lei por intermédio de anjos, mas não lhe obedeceram (Atos 7:51-53).

As poderosas acusações de Estêvão deixaram furiosa a multidão, que o arrastou para o fórum do tribunal. No livro de Atos, Lucas escreve que Estevão praticamente ignorou os gritos da multidão: "Mas Estêvão, cheio do Espírito Santo, levantou os olhos para o céu e viu a glória de Deus, e Jesus de pé, à direita de Deus, e disse: 'Vejo o céu aberto e o Filho do homem de pé, à direita de Deus'" (Atos 7:55-56).

Após ouvirem essas palavras, os membros do Sinédrio, o tribunal judaico, o arrastaram para fora da cidade e começaram a apedrejá-lo. O apedrejamento era uma forma de execução comum na comunidade judaica, e os romanos permitiam que os diferentes grupos religiosos aplicassem as próprias leis. Os líderes tiraram os mantos e pediram a um jovem para vigiá-los enquanto terminavam de executar Estêvão. Esse jovem era Saulo. Quando Estêvão estava morto, Saulo os parabenizou pelo trabalho bem-feito. Ele não fazia ideia de que acabara de presenciar o apedrejamento de um homem ao lado do qual se apresentaria ao trono de Deus.

Que comecem os jogos

O apedrejamento de Estêvão se tornou um catalisador para uma intensa perseguição judaica pela igreja, e o homem à frente desse movimento era Saulo. As Escrituras nos contam: "Saulo, por sua vez, devastava a igreja. Indo de casa em casa, arrastava homens e mulheres e os lançava na prisão" (Atos 8:3).

É irônico que, enquanto Saulo se levantava toda manhã e orava para que Deus lhe desse força para encontrar os seguidores do Caminho e arrastá-los para a prisão em Jerusalém, esses mesmos seguidores oravam ao mesmo Deus pedindo sabedoria e coragem para enfrentar o que os esperava no futuro.

Para mim, a conversão de Saulo é uma história muito comovente, porque Deus o levou para uma noite sombria a fim de mostrar-lhe a luz. Você já esteve numa situação assim?

Num domingo de manhã

Eu já estava há três semanas no hospital psiquiátrico. Grande parte do tempo que passei ali foi muito dolorosa, desenterrando todas as coisas das quais eu tinha tanto medo e que agora precisava encarar. Sentia-me um único e enorme fracasso. Construí toda a minha vida em torno da ideia de ser útil para Deus e para seu povo, por isso, quando sofri o colapso, não encontrei nenhuma razão para continuar a viver. Uma das coisas que me atormentava era o que aconteceria com as pessoas que me escreveram ao longo dos anos relatando que Deus tinha me usado para ajudá-las. O que aconteceria quando descobrissem que eu estava internada num hospital psiquiátrico? Jogariam tudo fora porque o vaso era furado? Derramei muitas lágrimas amargas por causa disso.

Num domingo de manhã, um pequeno grupo de pacientes perguntou se poderíamos ir a uma igreja das redondezas. Merecíamos uma folga, então providenciaram o transporte e duas enfermeiras nos acompanharam. Lotamos o último banco nos fundos de uma igreja episcopal nos subúrbios de Washington. Era um dia frio de outono, mas claro, e os raios do sol atravessavam as janelas de vidro colorido e se refletiam nos bancos. Havia muita paz ali. Fiquei sentada observando as pessoas chegarem. Algumas sorriam e outras pareciam distraídas ou apressadas. Os hinos eram antigos e familiares, e gostei disso. Não estava no clima de aprender algo novo. Queria ouvir as músicas que conhecia desde minha infância.

Cantamos um hino que sempre ouvi, escrito por George Matheson, um conterrâneo:

Amor que não me abandona
Descanso minha alma em ti
Devolvo-te a vida que te devo
Que nas profundezas do teu oceano
Sua correnteza seja mais rica, mais abundante.

Luz que me segue em todo meu caminho
Estendo minha tocha reluzente a ti
Meu coração restaura seu raio emprestado
Que no brilho do teu sol
Seu dia seja mais claro, mais belo.

Alegria que me alcança em minha dor
Não posso fechar meu coração para ti
Sigo o arco-íris na chuva
E sinto que a promessa não é vã
Que a manhã será sem lágrimas.

Cruz que ergue minha cabeça
Não ouso pedi-la para mim
Prostro-me na poeira da morte
E do solo brota vermelha
Uma vida que será infinita.[9]

Quando lhe perguntaram sobre as circunstâncias em que escreveu esse hino, Matheson respondeu:

> Compus o hino na residência paroquial de Innelan, na Escócia, quando eu tinha quarenta anos. Na época, estava sozinho na paróquia. Algo acontecera comigo que apenas eu sabia e que me causou um terrível sofrimento. O hino foi o fruto disso. Foi a música mais rápida que já fiz. Tenho certeza de que não levei mais de cinco minutos. Não tenho nenhum dom para trabalhar com ritmo. Todos os outros versos que escrevi em minha vida são artigos manufaturados; estes vieram como um dia de primavera que caiu do céu.[10]

Na época, Matheson não podia saber que, ao longo dos anos, o fruto de seu sofrimento traria tanto conforto para outras pessoas que também sofriam. Tampouco podia saber que suas palavras atravessariam o Atlântico até os Estados Unidos e chegariam a uma pequena igreja num domingo de manhã, 110 anos mais tarde, para ajudar uma desolada garota escocesa.

Quando o clérigo se levantou naquele domingo para ler a homilia, prestei muita atenção em suas palavras e orei a Deus pedindo que revelasse algo que ultrapassasse meu entendimento. Sentia-me como se tudo que construí como fundamento para a minha vida tivesse desmoronado, e eu precisava desesperadamente de ajuda. Lembro que, naquela manhã, ele disse que algumas das pessoas presentes se sentiam como se estivessem sido enterradas vivas e que seu oxigênio estava acabando.

Ele disse: "Jesus está aqui. Tudo que você precisa fazer é estender seu braço e ele puxará você para um lugar seguro. Você não precisa se salvar; nunca precisou."

O problema nunca foi você

Essa palavra, essa ideia me acertou em cheio. Era como se Jesus, em pessoa, estivesse diante de mim e acendesse a luz na minha escuridão. Eu era cristã há 25 anos e, enfim, compreendi que a salvação nada tinha a ver com o fato de eu merecer, ou não, o amor de Deus por meio de meu esforço. Quando vejo essas palavras no papel, parece muito simples, mas se já passou por uma situação em que nada que faça é o bastante entenderá. Lágrimas de pura alegria encheram meus olhos.

Às vezes, preciso me esforçar muito para me lembrar das coisas que sei serem verdadeiras, mas o que aconteceu naquele dia realmente me marcou. Desde aquele dia até hoje nunca mais senti que existe algo que eu possa fazer que leve Deus a me amar mais ou menos. Regozijo nessa verdade e sinto uma alegria que não consigo expressar em palavras.

O que essa verdade desperta em você? Onde se encontra em relação ao amor absoluto e incondicional de Deus? Sente que Deus a aceita mais em alguns dias do que em outros? Se imaginar uma sala lotada de cristãos famosos e você entrasse pela porta de fundo, acha que Cristo gostaria de passar tanto tempo com você como passaria com eles?

É difícil compreender toda a extensão do amor de Deus, pois só pode ser encontrado completamente no coração dele, mas não há nada nesta vida que me dê mais certeza. Neste exato momento, Deus a ama absolutamente — cada pedacinho seu que você não gosta e cada canto escuro que você tenta esconder.

Quem é você?

A perseguição dos primeiros cristãos simplesmente os transformou em missionários, pois espalhou-os por todo o mundo. Saulo ouviu que alguns se refugiaram em Damasco, a mais ou menos duzentos quilômetros de Jerusalém. Ele recebeu cartas do principal rabino de Jerusalém para as sinagogas de Damasco e mandados de prisão para qualquer um que dizia ser seguidor do Caminho. Com os documentos em mão, ele partiu para a viagem de seis dias. Saulo foi acreditando que Deus estava com ele na tarefa de destruir aqueles que acusava de blasfemarem o Senhor Deus de Israel.

Do ponto de vista de nossa cultura ocidental do século XXI é difícil entender como Saulo podia acreditar estar em uma missão de Deus que o autorizava a arrastar homens e mulheres de seus lares e levá-los para a prisão. Mas os livros da Lei previam esse tipo de medida extrema contra a blasfêmia, e Saulo havia estudado as Escrituras. O mandamento de Deus aos filhos de Israel no Antigo Testamento era que preservassem a fé pura. Saulo acreditava que essa nova seita estava corrompendo a fé, mas não imaginava que estava prestes a encontrar o autor e consumador de sua fé.

Ao se aproximar de Damasco, uma luz mais clara do que o sol de repente o envolveu. Saulo caiu de seu cavalo e, jogado no chão, ouviu a voz: "Saulo, Saulo, por que você me persegue?" (Atos 9:4). O fato de a luz e a voz virem do céu era evidência de que Deus estava se dirigindo a Saulo. Você consegue imaginar como ficou confuso? Saulo havia dedicado sua vida à obra de Deus sem consideração pelos custos — e agora Deus o estava acusando de perseguir o Deus que ele amava.

O que foi que eu fiz?

A confusão de Saulo logo se transformou em choque e, no decorrer dos próximos dias, em profunda tristeza, quando a Voz lhe disse: "Eu sou Jesus, a quem você persegue. Levante-se, entre na cidade; alguém lhe dirá o que você deve fazer" (Atos 9:5-6).

Quando se levantou após seu encontro com o Senhor ressurreto, Saulo estava completamente cego.

Talvez Cristo tenha lhe dado a imagem física de uma verdade espiritual: *Saulo, você acredita ver claramente, mas não consegue ver a verdade.*

Os servos de Saulo o levaram para a cidade. Por três dias, Saulo não comeu nem bebeu enquanto orava e analisava as implicações daquilo que o Senhor lhe dissera:

- Apesar de acreditar que tinha dedicado sua vida ao serviço de Deus, ele acabara de ser repreendido pelo céu. Como pôde acreditar estar tão certo estando tão errado?
- Esse Jesus estava vivo. Sua morte, portanto, não foi de um traidor, mas a morte do Messias, como o profeta Isaías havia previsto (Isaías 9). Como ele não percebeu isso?
- Algo novo estava acontecendo. Jesus havia perguntado a Saulo: "Por que você *me* persegue?" Pelo que Saulo entendia, ele não havia feito nada contra Jesus, apenas contra seus seguidores. Será que Jesus estava dizendo que, se você ferisse um dos seguidores de Jesus, estava ferindo o próprio Senhor?

E agora, Senhor?

Você já passou por períodos em sua vida em que perdeu a orientação? Talvez estivesse envolvida no ministério de mulheres em sua igreja e, por causa de um mal-entendido, acabou entrando num beco sem saída. Ou talvez tenha trabalhado com um grupo de amigas no trabalho ou no bairro, tentando movimentar algo, quando, de repente, as coisas desandaram. Você caiu sem saber o que havia acontecido?

Deus ainda está no controle?

Mencionei num capítulo anterior que uma pessoa que eu havia considerado amiga minha se voltou contra mim após eu sair do *Christian Broadcasting Network*. Essa pessoa acreditava que, como passei um mês no hospital psiquiátrico e agora estava tomando antidepressivos, eu não merecia sua confiança.

Fiquei devastada quando soube que ela havia telefonado para várias igrejas com que eu trabalhava e para as lojas que vendiam meus livros e CDs e lhes contara várias coisas que me prejudicaram — coisas que continham alguma verdade, mas não toda a verdade.

No entanto, eu estava exausta e decepcionada demais para me defender.

Então, Deus falou comigo por meio de sua Palavra:

> Digo-lhes verdadeiramente que, se o grão de trigo não cair na terra e não morrer, continuará ele só. Mas se morrer, dará muito fruto. Aquele que ama a sua vida, a perderá; ao passo que aquele que odeia a sua vida neste mundo, a conservará para a vida eterna (João 12:24-25).

Jesus está dizendo: abra mão das coisas às quais você está tentando se agarrar. Se estiver se agarrando à vida, ao ministério, a uma posição ou a uma carreira que não agrada a Deus, deixe aquilo morrer. Confie nele, não em si mesma, para fazer sua vontade. Se estiver envolvido, ele — em seu tempo — fará florescer novamente aquilo que você soltou.

Descobri que, quando me sinto perdida ou confusa, posso passar pelos piores lugares descansando e confiando na Palavra revelada de Deus. Se tudo que vir ao seu redor for escuridão e confusão, não desanime — Deus pode estar prestes a ressuscitar sua vida de uma maneira que você nem consegue imaginar.

Basta ver o que aconteceu com Paulo.

Dizer o que a quem?

Os homens que estavam viajando com Saulo o levaram até Damasco, onde ficou na casa de Judas, membro de uma das grandes sinagogas.

Durante três dias, ele não comeu nem bebeu, apenas orou. Pergunto-me o que passou pela cabeça e pelo coração de Saulo durante aquele período escuro. Ele achava que sua cegueira seria permanente? Será que se perguntou se jamais voltaria a ouvir sobre Deus ou será que acreditava que o fato de ter perseguido intensamente os seguidores de Cristo o desqualificava como destinatário do seu amor?

Deus respondeu às orações de Saulo e lhe enviou um cristão chamado Ananias para que orasse por ele. No início, Ananias não quis ir — afinal, Saulo era conhecido como opositor feroz dos cristãos. Ele queria ter certeza de que Deus sabia com quem estava lidando (você já tentou discutir com Deus?), mas Deus repetiu a ordem e lhe disse que encontraria Saulo orando. E foi o que aconteceu. Quando Ananias viu Saulo, esse homem que até pouco tempo antes esteve repleto de fúria e que agora parecia tomado de insegurança, seu coração se compadeceu. Ananias se aproximou de Saulo e orou por ele. Sua cegueira foi imediatamente removida, e ele pediu pelo batismo.

Após a cerimônia, Paulo ficou algum tempo longe de Jerusalém. A epístola de Paulo aos Gálatas nos diz que ele passou algum tempo na Arábia, mas não sabemos quanto: "Quando lhe agradou revelar o seu Filho em mim para que eu o anunciasse entre os gentios, não consultei pessoa alguma. Tampouco subi a Jerusalém para ver os que já eram apóstolos antes de mim, mas de imediato parti para a Arábia, e tornei a voltar a Damasco" (Gálatas 1:15-17).

Ele não nos conta o que aconteceu ou quanto tempo passou buscando a face de Cristo, mas parece evidente que usou o tempo para estudar e se preparar para a missão que o esperava e que lhe custaria caro. Só posso imaginar como deve ter sido difícil para uma pessoa tão devota quanto Saulo se reconciliar com seu passado. Ele deve ter pensado em Estêvão e nas outras pessoas que sofreram e até morreram pela fé que agora compartilhava com eles.

Um novo começo

Saulo (que mais tarde se tornaria famoso como Paulo, seu nome romano adotado quando seu chamado o levou para o mundo gentio) se tornou um proclamador tão fervoroso da verdade do Jesus Cristo crucificado e ressurrecto quanto havia sido um perseguidor fervoroso dos cristãos. Pelo resto de sua vida, Paulo serviu ao Cristo ressurrecto e permaneceu fiel ao chamado singular de levar o evangelho ao mundo não judeu. Dez anos após sua conversão, ele começou a semear igrejas na Ásia Menor e na Europa. Suas epístolas a essas igrejas, apesar de serem grandes obras teológicas, eram cartas autênticas enviadas a homens e mulheres reais que estavam lutando com sua fé. Para um estudante tão assíduo da lei, a mensagem estava impregnada de graça.

Muita coisa perdoada e amando muito

Ao contrário do apóstolo carrancudo como eu o via quando criança, Paulo era um homem manso que amava e alimentava os cristãos. Talvez sua noite sombria tenha amansado seu coração.

Pense nas pessoas que a têm ajudado muito por meio de cartas, amizade ou liderança e você perceberá que elas têm algo em comum: vasos rachados parecem ser recipientes perfeitos para a graça. Paulo jamais comprometeu o evangelho de Cristo, mas o ofereceu com um coração carinhoso e com uma paixão convincente, de forma que os outros conhecessem o Jesus que o salvara.

Outra coisa que devemos lembrar é que Paulo se tornou um homem que trabalhava em equipe. Ele deixou de ser um homem solitário em uma missão solitária para se transformar em Paulo, o apóstolo, que apreciava seus amigos e colegas. Paulo atraiu outros para a obra. Tornou-se mentor de jovens líderes da igreja, como Timóteo, que ele chamou de filho amado. Compaixão e comunhão parecem ser a marca daqueles que atravessaram a noite sombria para alcançar a nova manhã.

As características da graça

Paulo sofreu muito por sua fé. Cinco vezes, foi condenado à pena máxima judaica de 39 açoitadas. Três vezes foi golpeado com varas e quase foi apedrejado até a morte. Foi vítima de três naufrágios. No final da vida, estava ficando cego e passou dias algemado a um soldado romano. Se você pudesse vê-lo em sua cela, duvido que reconheceria nele um grande líder usado por Deus para formar sua igreja.

Quando chegou ao fim o primeiro encarceramento de Paulo, que durou dois anos, sua liberdade durou pouco. Naquele ano, após vários dias de revolta, Roma foi destruída por um grande incêndio e o imperador Nero (que a história identifica como culpado pelo incêndio) jogou a culpa nos cristãos. Paulo foi preso novamente e arrastado de volta para Roma a fim de que fosse apresentado ao tirano. Que imagem estranha: um imperador em suas vestes cor de púrpura julgando o servo humilde de Deus.

Durante o julgamento, Paulo foi condenado à morte. Apesar de as Escrituras não descreverem sua execução, tenho certeza de que, quando ele se ajoelhou e seu carrasco ergueu a espada, Cristo estava pronto para recebê-lo em seu lar celestial.

A confiança transformou Paulo mais do que qualquer outra pessoa que conheço. Ele começou com tanta certeza de quem era, com tanta certeza de seu lugar como homem escolhido por Deus, como o mais puro dos puros. Então, num instante, tudo que havia construído em sua vida desabou — ele teve de começar do início.

É aqui que vejo algo de grande ajuda na confiança de Paulo no amor e na graça absoluta de Deus — ele teve de fundamentá-la nas mesmas coisas, assim como você e eu.

Durante anos, ele havia depositado sua segurança na observância das leis. Como judeu orgulhoso, deitava-se à noite com a certeza de ter cumprido cada uma delas. Mas agora teve de depositar sua confiança na obra consumada de Cristo, o que é algo que todos nós achamos difícil de fazer. Há algo em nós que deseja acreditar que contribuímos quando cremos, mas na verdade não contribuímos com nada. Nós abraçamos a fé aceitando aquilo que Cristo fez por nós. Quando finalmente conseguimos compreender essa verdade, vivenciamos a maior liberdade da nossa vida. Paulo escreveu à igreja na Galácia:

> Percebem que esta é a questão principal? Não é o que fazemos, como submeter-se à circuncisão ou rejeitá-la. É o que Deus está fazendo, e ele está criando algo novo, uma vida livre! (Gálatas 6:15 – MSG)

Espero ansiosa pelo dia em que serei capaz de ver Paulo com meus próprios olhos e agradecer-lhe pelo legado que ele deixou para mim e para você. Através de Paulo eu pude compreender que, não importa o erro que tenha cometido, nunca é tarde demais para mudar — e quando você mudar, amará de uma maneira como jamais imaginou que fosse possível. Um homem como Paulo compreenderá apenas da perspectiva celestial como Deus usou sua vida.

Eu me pergunto se você é como ele, mas nem faz ideia disso. Algumas de nós têm carreiras e chamados que são mais públicos do que os de outras. Outras vivem suas vidas fielmente, dia após dia, cumprindo tarefas ignoradas pela maioria — por exemplo, aquelas que ficam em casa, mas que oram e consideram isso uma honra sagrada, ou aquelas que servem aos pobres e desabrigados sem esperar nada em troca.

Há milhares de homens e mulheres que não têm noção do impacto de suas vidas e que descobrirão isso apenas quando se encontrarem com Cristo. Mas uma mulher chamada Tabita teve o privilégio incomum de voltar para a vida e ver com os próprios olhos o legado que deixou para trás.

CAPÍTULO 7

A vida de Cristo em nós

A beleza de uma confiança silenciosa

"Faça todo o bem que puder, para todas as pessoas que puder,
de todas as maneiras que puder, quantas vezes puder,
pelo tempo que puder."
— *Charles Haddon Spurgeon*

"Em Jope havia uma discípula chamada Tabita [...], que se dedicava
a praticar boas obras e dar esmolas. Naqueles dias ela ficou doente
e morreu, e seu corpo foi lavado e colocado num quarto do andar superior. [...]
Todas as viúvas o rodearam, chorando e mostrando-lhe os vestidos
e outras roupas que Dorcas tinha feito quando ainda estava com elas.
Pedro mandou que todos saíssem do quarto; depois, ajoelhou-se e orou.
Voltando-se para a mulher morta, disse: 'Tabita, levante-se.'
Ela abriu os olhos e, vendo Pedro, sentou-se. Tomando-a pela mão,
ajudou-a a pôr-se de pé. Então, chamando
os santos e as viúvas, apresentou-a viva."
—*Atos 9:36-37, 39-41*

Tive de aprender rapidamente no meu casamento que Barry gosta de pegar a correspondência. Bem, quando digo "gosta", estou sendo bem delicada. Ele me derrubaria se achasse que eu poderia chegar à caixa de correio antes dele. Nunca entendi completamente essa paixão. Não é como se ele estivesse esperando uma carta dizendo se foi aceito em um programa espacial ou se poderá participar do *American Idol*. Ele simplesmente gosta, por isso fico longe daquela caixinha preta.

Quando volta com as cartas do dia, ele segue uma rotina: separa as contas dos catálogos e de outras remessas promocionais e, se tiver alguma carta para mim, ele a coloca em minha escrivaninha. Não costumo receber muitas cartas pessoais hoje em dia. A maioria de minhas amigas se comunica comigo por telefone, e-mail, SMS ou aplicativos on-line. Mas minha mãe ainda escreve cartas, e adoro receber um envelope com aquela ortografia que me é tão familiar.

Algumas semanas atrás, vi algo que parecia ser uma carta pessoal em minha escrivaninha. O endereço parecia impresso. Não reconheci o remetente, mas abri o envelope e li o bilhete. Era de uma conselheira de família de uma funerária local. Ela declarou que sua maior paixão era ajudar as pessoas a se preparar para sua partida iminente. Ela incluíra um folheto colorido brilhante com as jazidas disponíveis, cujos preços variavam entre US$ 179 mil e mais de US$ 1 milhão.

Sei que esse assunto não é engraçado, mas achei graça da lista de ofertas.

- "Localidades seletas para casais no lago" — "Um pouco úmido", pensei.
- "Túmulos para famílias à beira da estrada" — "Para visitas de passagem?"
- "Um terreno cercado que acomoda uma a oito pessoas, dependendo do modelo e dos planos da família" — "Ou dependendo do tamanho de cada membro da família?"

A conselheira se despedia acrescentando que ficaria feliz em responder eventuais perguntas.

Eu tinha apenas uma: O que você sabe que eu não sei? "Eu sei que ando um pouco pálida ultimamente, mas isso é um pouco demais, não é?"

O comércio com a morte

Todo esse comércio em torno da morte me constrange. Não consigo entender como, num momento, uma pessoa está viva, completamente ciente de que está, e, no próximo instante, essa mesma pessoa se foi.

Pouco antes de meu sogro, William, falecer, estávamos conversando. Então, ele parou de respirar e de repente... Nada, um vazio, seu corpo nada mais do que um recipiente vazio. Nunca tive uma percepção mais radical da ausência do espírito em um corpo. Sabia que William não estava presente. Sabia que ele estava com o Senhor.

O funeral foi realizado em Charleston, na Carolina do Sul, onde ele tinha passado toda a sua vida, e foi emocionante ver a multidão que apareceu para prestar uma última homenagem. Havia familiares, amigos da igreja e homens que haviam trabalhado com William muitos anos antes. Todas as pessoas com as quais conversei compartilharam comigo a mesma coisa: ele foi uma pessoa divertida, que adorava rir.

Que legado simples e lindo, e é certamente assim que sempre me lembrarei dele.

Uma vida em oito versículos

Às vezes as pessoas mais influentes são quietas, nunca sobem num palco ou ficam sob o holofote, nunca dirigem empresas ou administram orçamentos de milhões de dólares. Alguns dos maiores legados são igualmente simples — não nos deixam nenhum império ou histórico de conquistas impressionantes, mas um sorriso, uma paixão, amor e confiança absolutos.

Não temos muitos registros sobre a mulher chamada Tabita, do Novo Testamento. Toda sua história é narrada em oito versículos no capítulo 9 de Atos, inserida entre as histórias sobre dois dos homens mais famosos do Novo Testamento: a conversão de Saulo para Paulo e detalhes sobre o ministério de Pedro.

Mas, se ler esses versículos com atenção, verá a influência da vida e o grande legado de uma mulher marcada pelo serviço a Deus, pelo amor e pela confiança nele. Verá como sua morte teve um impacto sobre todos que a conheciam e muitos que ela nem conhecia.

A história de Tabita me comove porque mostra como uma vida quieta e simples de confiança sobrevive mesmo quando nosso espírito deixa nossos corpos e retorna ao Senhor. Seu ministério é repassado a cada nova geração como uma carta de amor íntima para o mundo.

Não conhecemos o sobrenome dela, mas sabemos que os gregos a chamavam de Dorcas (Tabita era seu nome hebraico) e que vivia em Jope, uma cidade hoje chamada de Jafa.

A cidade portuária mediterrânea de Jafa é considerada uma das cidades mais antigas do mundo, e os estudiosos acreditam que ela foi fundada por um dos filhos de Noé (Jafé) após o dilúvio. Nos dias de Tabita, Jope tinha um porto importante, o maior da costa mediterrânea e de grande importância para Jerusalém, que ficava apenas 56 quilômetros a sudoeste.

Jope testemunhara grande parte da história bíblica. Era o porto pelo qual Salomão havia trazido os cedros do Líbano para construir o templo. Foi lá que Jonas decidiu embarcar em um navio para a Espanha em vez de ir para Nínive. Acho isso interessante — o fato de Jonas ter escolhido esse local para fugir da missão de levar as boas-novas à nação gentia de Nínive, e onde Pedro recebeu o chamado para alcançar os gentios. Assim, a cidade de Tabita serve como um lembrete de como aqueles que amam Deus podem ser muito teimosos, mas também de que isso jamais frustra os planos e propósitos divinos.

Sabemos também que Tabita era muito gentil, que sempre fazia o bem e ajudava os pobres; e era chamada de "discípula". A palavra hebraica usada em Atos 9:36 é *mathedria*; é a única vez que o Novo Testamento emprega a forma feminina de "discípulo". Pergunto-me se isso se deve ao fato de Tabita ter conquistado totalmente o coração de Cristo por seu modo de viver, cuidar e servir aos pobres.

A maior preocupação dela em Jope eram as viúvas desamparadas. Havia muitas nessa grande cidade portuária, onde maridos, pais e filhos partiam para o mar sem nunca retornar, vítimas de violentas tempestades. Já que não havia qualquer tipo de assistência, as viúvas e os órfãos se viam completamente entregues à mercê de sua comunidade, e Tabita fez por eles aquilo que sabia: costurar roupas.

Existe uma dignidade silenciosa nisso. Tabita amava as pessoas que nada tinham. Mas em vez de se desesperar se perguntando quem cuidará delas, ela confia naquilo que Jesus disse: que seus olhos estão voltados a todos os pequenos pardais (Mateus 6:25-34). Tabita sabia que ele estava no controle, e assim ela podia dar aquilo que possuía — de maneira bem prática.

Quando criança, fui destinatária da graça de uma Tabita. Quando minha mãe ficou viúva, ela tinha três filhos com menos de sete anos. Muitas pessoas da igreja nos ajudaram, mas uma mulher em particular sempre garantiu que recebêssemos o cuidado necessário. Ela fornecia roupa para minha irmã, meu irmão e para mim; lembro-me dela como minha Tabita.

Nem consigo imaginar o que essa mulher significou — e ainda significa — para minha mãe. Seu cuidado por nós nunca foi evidente nem chamava atenção, ela nunca procurava receber respeito ou gratidão em troca. Ela simplesmente aparecia lá em casa para tomar um cafezinho e deixava um pacote quando se despedia — era sempre algo que estávamos precisando.

"Essa aí não, Senhor!"

As Tabitas deste mundo costumam fazer seu trabalho longe da atenção dos outros. Não chamam atenção, mas seu impacto é enorme; e seu efeito sobre as vidas, profundo. Trazem tanta estabilidade e esperança para a vida dos outros que ninguém suporta pensar em perdê-las. Deus as usa de forma tão maravilhosa que, quando uma delas adoece, todos nós exclamamos: "Essa aí não, Senhor!"

Foi o que aconteceu quando David Watson adoeceu. David era um reverendo, evangelista e autor anglicano, um dos homens mais notáveis que conheci em minha vida e com quem tive o prazer de cooperar. Quando se tornou o responsável pela igreja de St. Cuthbert's em York, na Inglaterra, herdou uma congregação praticamente morta. As pessoas que frequentavam os eventos da igreja raramente passavam de uma dúzia. Não consigo imaginar como deve ter sido difícil preparar uma mensagem com tanto carinho para um grupo tão pequeno num santuário de pedra tão frio.

Mas David tinha outra visão. Seu fogo ardia pelo Senhor e seu povo — e seu zelo e seu amor não foram em vão. As pessoas começaram a falar sobre seu ensino, e a notícia se espalhou. Dentro de pouco tempo, a igreja de St. Cuthbert's ficou pequena demais para a multidão, e a congregação se mudou para St. Michael-Le-Belfry, onde centenas de pessoas assistiam aos cultos todas as semanas.

David era um homem gentil que tinha uma compreensão maravilhosa do coração amoroso de Deus, que o usou no mundo inteiro. Ele tinha uma paixão especial pela reconciliação na Irlanda, um país dividido por causa de diferenças religiosas. Emanava um carinho e ternura que tocava todos que trabalhavam com ele. Escreveu muitos livros best-sellers na Inglaterra, mas nada podia prepará-lo para o que estava prestes a escrever.

Mesmo quando eu andar por um vale

O primeiro capítulo começou com uma simples consulta de rotina em virtude de sua asma. Quando já estava saindo do consultório, mencionou de passagem a necessidade que vinha sentindo de ir ao banheiro com frequência. Será que isso podia ser um sintoma de um problema maior?

Essa simples pergunta deu início a uma reviravolta radical na vida de David.

Já passou por isso? Você acorda numa manhã, e tudo indica que esse dia será igual a muitos outros. Mas quando se deita à noite, tudo mudou. Você daria qualquer coisa para voltar no tempo até quando sua maior preocupação era o que faria para o jantar naquele dia.

Foi o que ele sentiu. Em seu livro *Fear No Evil* [Sem medo do mal], descreve como reagiu à notícia de que estava com câncer:

> Entrei em estado de choque. Meus maiores temores se confirmaram. Senti a garganta seca. Com voz fraca expliquei ao médico que fazer uma cirurgia seria difícil naquele momento, pois eu estava a caminho da Califórnia, onde realizaria uma série de sessenta palestras, e os pastores que me ouviriam já tinham gasto centenas de dólares para ir ao evento.[11]

O oncologista enfatizou que seria importante realizar a cirurgia o mais rápido possível e que já havia lhe reservado um quarto no hospital. Na manhã da cirurgia, David leu um de seus Salmos favoritos:

> SENHOR, tu és a minha porção e o meu cálice; és tu que garantes o meu futuro. [...]
>
> Sempre tenho o SENHOR diante de mim. Com ele à minha direita, não serei abalado.
>
> Por isso o meu coração se alegra e no íntimo exulto; mesmo o meu corpo repousará tranquilo, porque tu não me abandonarás no sepulcro, nem permitirás que o teu santo sofra decomposição.
>
> Tu me farás conhecer a vereda da vida, a alegria plena da tua presença, eterno prazer à tua direita. (Salmos 16:5, 8-11).

Quando a notícia de que David estava com câncer se espalhou, foram organizadas correntes de oração em todo o Reino Unido e no mundo inteiro. Então, na manhã após sua cirurgia, ele foi informado de que o câncer tinha se espalhado do cólon para o fígado e que não podia ser operado.

Os especialistas lhe deram um ano de vida.

John Wimber, um amigo de longa data e pastor da Vineyard Church em Anaheim, na Califórnia, ficou sabendo que David estava no hospital. Ele e dois outros pastores embarcaram num avião e voaram para Londres para orar pela cura dele. Apesar de o voo ter sido longo, eles foram do aeroporto diretamente para o quarto de David no hospital.

David descreve a experiência: "Senti uma onda tremenda de calor e vibrações pelo corpo inteiro e sabia que Deus estava trabalhando."

Conhecendo-o um pouco, há algo comovente e até um pouco cômico em relação ao tipo de pessoas que sua vida reuniu. Ele era um vicário anglicano de fala mansa, um homem sempre arrumado, disciplinado e humilde, mas sua paixão por Cristo atraiu todo tipo de pessoas — pessoas do mundo inteiro e das mais variadas denominações.

Numa dessas reuniões de amor e intercessão, David se convenceu de que Cristo o curara.

Todos nós estávamos certos disso. Lembro-me de discutir com minha mãe sua situação e nossa convicção firme de que Deus estava usando David de forma maravilhosa.

Mas estávamos todos enganados. Na manhã de 18 de fevereiro de 1984, ele morreu, 13 meses após seu diagnóstico. O editor pediu a J.I. Packer que escrevesse o prefácio para o livro de David já mencionado, escrito durante 11 meses após o diagnóstico. Trata-se de um dos prefácios mais comoventes que li em toda minha vida:

> Será possível que o testamento escrito em seu leito de morte desenvolverá um ministério mais amplo, ajudará mais pesso-

> as necessitadas em um nível mais profundo do que qualquer coisa que ele escreveu durante a vida? Será que Deus conseguiu fazer mais por seu reino ao levá-lo para casa do que por qualquer outro evento na vida de David? Tenho certeza disso. Não conheço nenhum livro cuja sabedoria perdida sobre a morte tem um impacto tão grande sobre os cristãos ocidentais do século XX como este.[12]

David morreu aos cinquenta anos. Milhares de pessoas foram aos funerais organizados em York e Londres, na Inglaterra. Todos que o conheciam e o amavam foram influenciados por sua convicção profunda de que Deus o curaria e pela paz profunda que sentiu quando ficou claro que isso não ocorreria. Até mesmo pessoas que não o conheceram foram afetadas por sua vida, pois seus livros continuam a falar de seu amor e de sua confiança em Cristo. As últimas palavras que David escreveu em seu livro foram: "Pai, que seja feita não a minha, mas a tua vontade. Nessa posição de segurança experimentei mais uma vez seu perfeito amor, um amor que expulsa todo medo."

Assim como David, Tabita também era amada por muitas pessoas que não estavam dispostas ou preparadas para se despedir dela. Sabiam que Deus estava vivo e operava para o bem de seu povo, e queriam que ele a devolvesse para eles. Limparam o corpo dela e o deitaram na sala superior, mas não o ungiram para o enterro, como teria sido o normal.

Em vez disso, mandaram chamar Pedro:

> Naqueles dias ela ficou doente e morreu, e seu corpo foi lavado e colocado num quarto do andar superior. Lida ficava perto de Jope, e quando os discípulos ouviram falar que Pedro estava em Lida, mandaram-lhe dois homens dizer-lhe: "Não se demore em vir até nós" (Atos 9:37-38).

Território novo

No momento em que recebe as notícias sobre Tabita, Pedro estava em Lida, a vinte quilômetros de Jope. É a única vez que Lida (hoje chamada de Lod e localizada ao sul do aeroporto internacional de Israel) é mencionada na Bíblia, e Pedro acaba de viver uma semana extraordinária nessa cidade. Ele se encontrou com um grupo de cristãos, incluindo um homem chamado Eneias, paralítico há oito anos. Até se encontrar com Pedro, parecia não haver qualquer esperança para esse homem.

Quando se encontram, Pedro diz imediatamente a Eneias: "Jesus Cristo vai curá-lo! Levante-se e arrume a sua cama" (Atos 9:34); e em Lida espalha-se a notícia de que Pedro curou um cristão.

Lembre-se de que a notícia da fé crescente de Pedro já se propagara ao longo do livro de Atos. Ele respondeu perguntas sobre os três anos que passou com Jesus e como se encontrou com o Senhor face a face após sua ressurreição. E no capítulo 3, vemos Pedro se encontrando com um homem aleijado desde o nascimento e, quando o homem lhe pede uma esmola, Pedro lhe diz que ele não precisa de dinheiro, pois tem fé no Cristo ressurrecto — então, levante-se e ande. O homem faz conforme lhe é ordenado, e as pessoas começam a falar sobre o primeiro milagre registrado de Pedro.

Quando Tabita morre, seus amigos enviam dois homens até ele para trazê-lo até Jope. Acho isso notável. Ninguém foi ressurrecto desde a morte de Cristo, mas o Espírito Santo está agindo nas vidas da igreja jovem, e as pessoas estão começando a ver novamente que, com Deus, tudo é possível.

Enquanto Pedro parte para Jope, as pessoas que cuidam do corpo de Tabita prosseguem fazendo o que a tradição exige. Limpam seu corpo com água morna.

Isso não é um mero ato de preparação para o enterro, mas um ato de esperança desesperada. Acreditavam na época que, se ainda houvesse algum traço de vida numa pessoa no leito de morte, a água morna reavivaria o corpo. Imagine todas as viúvas e pessoas às quais Tabita ajudou durante a vida se revezando na tarefa de jogar água morna sobre sua testa e seus braços. Apesar de os mortos serem considerados impuros, as viúvas podem não ter aceitado o fato de que a amiga falecera. Talvez tenham segurado suas mãos, acariciando seus dedos calejados pelos anos de costura, serviço e amor.

Mas Tabita não está mais aqui. As mãos que nunca descansaram por fim estão inativas. Seu corpo agora é apenas um recipiente vazio, e as viúvas não demoram a perceber que sua benfeitora e amiga, a criadora de tantas roupas bonitas, se foi...

Desesperadas, vestem o corpo com roupas fúnebres e a deitam na sala superior. O grande estudioso dr. Lightfoot acredita que se tratava de uma sala de reunião pública, onde os cristãos se reuniam.

Quando Pedro chega, é levado para a sala e recebido pelas viúvas em luto. Imagine o cenário: triste, banhado em lágrimas. "Veja", dizem a Pedro, "veja todas as coisas bonitas que Tabita fez para nós. Vê como ela foi boa conosco?"

Pedro vê. Ele vê uma sala repleta da obra da vida dela — não roupas de tecidos caros, mas uma túnica aqui e ali, aquela que essa viúva está vestindo, e aquela ali que aquela viúva segura nos braços — uma sala cheia de vestidos.

Pedro pede que todos saiam. Quando a sala está vazia, ele se ajoelha ao lado do corpo de Tabita. Ele imita o que viu Jesus fazer. Lembra como Jesus ressuscitou a filha de 12 anos de Jairo?

> Ele, porém, ordenou que eles saíssem, tomou consigo o pai e a mãe da criança e os discípulos que estavam com ele, e entrou onde se encontrava a criança. Tomou-a pela mão e lhe disse: "Talita cumi!", que significa: "Menina, eu lhe ordeno, levante-se!" Imediatamente a menina, que tinha doze anos de idade, levantou-se e começou a andar (Marcos 5:40-42).

Naquela ocasião, Jesus quis que Jairo e a esposa testemunhassem o que aconteceria. Permitiu que apenas Pedro, Tiago e João o acompanhassem até a sala superior, onde se encontrava o corpo desfalecido de uma garotinha. Ele tomou a mão dela — isso em si já era um ato chocante, pois corpos mortos eram considerados cerimonialmente impuros. Pedro esteve lá quando a menina se levantou e andou.

Agora, as pessoas estão pedindo que ele faça algo que jamais fizera: permitir que a vida da ressurreição de Cristo flua por meio dele para essa mulher querida.

Não sabemos o que aconteceu entre Pedro e Cristo. Sabemos apenas que, após orar, Pedro ordena a Tabita que se levante. Ele a toca apenas depois que sua vida é restaurada e seu corpo já não está mais morto, mas cheio do sopro de Deus. Só então a toma pela mão, e também ele deve ter sentido os calos de todo amor, serviço e confiança que ela tinha em Cristo.

A notícia é extraordinária demais para ser contida. A história da ressurreição de Tabita se espalha por Jope, e muitas pessoas entregam suas vidas a Cristo.

Tabita não transbordou apenas de alegria, mas devia estar em choque. Ela morreu, esteve com Jesus e agora está de volta. Jesus continuou com ela, mas de modo diferente. Sua vida tranquila como costureira em Jope acabou. Aquela que fora conhecida apenas pelo primeiro nome passou a ser celebrada. Recebeu mensagens, até de pessoas que não a conheciam, mas que conheceram o Jesus a quem ela servia. Tabita devia estar entusiasmada, pois passou a receber ajuda de muitos novos cristãos — pobres, pois desistiram de tudo a fim de seguir a Cristo, que confiaram que a igreja cuidaria deles. Ela deve ter pensado em como pôr mãos à obra novamente, pois sabia como fazer uma túnica e como viver com o coração em Cristo. Ela deve ter ouvido as palavras de Jesus quando retomou suas obrigações:

> Pois eu tive fome, e vocês me deram de comer;
> tive sede, e vocês me deram de beber;

fui estrangeiro, e vocês me acolheram;
necessitei de roupas, e vocês me vestiram;
estive enfermo, e vocês cuidaram de mim;
estive preso, e vocês me visitaram.
(Mateus 25:35-36)

A evidência da vida de Cristo em nós

Tudo que Tabita fez foi uma oferta de adoração. Seus dons e talentos não gozavam de tanto apelo quanto outros dons que existem por aí. Eles não eram glamorosos. Mas ela os amava e compreendia que Deus dá dons e paixões e chamados porque tem um plano e poder infinito, e que ele precisa apenas de um coração confiante e de boa vontade.

No entanto, isso não é tão fácil assim.

Passei um tempo com uma mulher que queria saber como poderia trabalhar em tempo integral fazendo o que eu fazia: escrevendo, viajando, fazendo palestras.

Perguntei o que ela estava fazendo no momento.

Ela respondeu que estava criando seis filhos com menos de 12 anos.

Fiquei chocada e respondi que tinha certeza que ela tinha mais do que um emprego em tempo integral.

Então ela disse algo que realmente me entristeceu: "Mas quero fazer algo para Deus."

De onde ela tirou a ideia de que as pessoas que estão no palco ou nas livrarias são pessoas mais especiais para Deus? Sem dúvida, não é possível tirar essas ideias da Palavra de Deus. Pergunto-me se isso não provém de uma má interpretação, por parte da vida cristã, acerca da noção de sucesso perpetrada em nossa cultura.

Se analisarmos toda a passagem em Mateus, em que Jesus fala sobre o Juízo Final, encontraremos alguns elementos interessantes. Para as Tabitas deste mundo, a pergunta será: "Senhor, quando foi que fizemos as coisas que tu dizes que fizemos?" Para as pessoas rejeitadas no Juízo Final, a pergunta será: "Senhor, quando foi que te vimos em qualquer um desses predicamentos e nos recusamos a ajudar?"

> Então os justos lhe responderão: "Senhor, quando te vimos com fome e te demos de comer, ou com sede e te demos de beber? Quando te vimos como estrangeiro e te acolhemos, ou necessitado de roupas e te vestimos? Quando te vimos enfermo ou preso e fomos te visitar?" O Rei responderá: "Digo-lhes a verdade: o que vocês fizeram a algum dos meus menores irmãos, a mim o fizeram." Então ele dirá aos que estiverem à sua esquerda: "Malditos, apartem-se de mim para o fogo eterno, preparado para o diabo e os seus anjos. Pois eu tive fome, e vocês não me deram de comer; tive sede, e nada me deram para beber; fui estrangeiro, e vocês não me acolheram; necessitei de roupas, e vocês não me vestiram; estive enfermo e preso, e vocês não me visitaram."
> Eles também responderão: "Senhor, quando te vimos com fome ou com sede ou estrangeiro ou necessitado de roupas ou enfermo ou preso, e não te ajudamos?"
>
> Ele responderá: "Digo-lhes a verdade: o que vocês deixaram de fazer a alguns destes mais pequeninos, também a mim deixaram de fazê-lo." E estes irão para o castigo eterno, mas os justos para a vida eterna (Mateus 25:37-46).

Você pode me perguntar se estou dizendo que boas obras me levarão ao céu. Não, é claro que não; isso seria uma interpretação equivocada daquilo que Jesus diz nesse trecho. Apenas as pessoas que depositarem sua confiança nele e em seu sangue derramado viverão com ele para sempre. Mas a essência dessa passagem é poderosa, e eu a considero profundamente desafiadora.

Quando temos um encontro com o Cristo ressurreto, e ele transforma nossas vidas, ele transforma também os nossos corações. *Queremos* servir, amar e demonstrar misericórdia — essas coisas são evidência de uma fé amadurecida, especialmente quando as coisas que comovem o Filho de Deus nos comoverem também. Como nossos lares, nossas escolas e nossas comunidades poderiam ser transformadas se cada cristão buscasse o coração de Deus com tanta intensidade que isso mudasse radicalmente nosso comportamento?

Cada pessoa recebeu um dom e um chamado diferentes, mas existe um chamado que todos nós recebemos como cristãos: amar sem limites, porque é assim que Deus nos ama. Essa passagem parece indicar que não é possível estar num relacionamento com Cristo e permanecer o mesmo. Nem todo cristão tem a oportunidade de trabalhar com os desabrigados ou de se envolver no ministério de prisão, mas há muitas maneiras de estar na prisão.

Pense nos que encontramos regularmente que se veem confinados numa prisão interna de desespero ou desesperança. Pense nos que estão desabrigados em termos de solidão e abandono. Pense nos que têm fome do conhecimento de Cristo ou que estão sedentos pela verdade. Cada um de nós tem um chamado para nossa vida, como filhos e filhas do Rei dos reis, de viver atentos aos que estão a nossa volta. Até sermos reunidos com Jesus no céu, devemos amar e amar e amar onde quer que Deus nos coloque.

O amor nunca morre

Um dos maiores presentes que David Watson deixou para a igreja foi a transparência de sua jornada. Ele sabia sem dúvida alguma que Deus o curaria. Quando John Wimber e os outros pastores oraram por ele, ele sentiu o poder de Deus passar por seu corpo. Sentado, com muita dor, escreveu sobre sua fé em Deus.

Algumas semanas antes de sua morte, o tom de sua escrita mudou um pouco. Este é um dos últimos parágrafos que escreveu:

> Ele me mostrou que toda minha pregação, meus livros e os outros ministérios não eram absolutamente nada em comparação ao meu relacionamento de amor com ele. Deus me mostrou também que todo amor por ele não significava nada se eu não fosse verdadeiramente capaz de amar de coração meu irmão e minha irmã em Cristo.[13]

Pergunto-me se descobrirei, como David, que, no fim, minha vida depende exclusivamente do amor e da misericórdia de Deus. Quanto mais estivermos apaixonados por nosso Pai, mais claramente veremos que estender seu amor é a única maneira de viver, mesmo que fiquemos desconfortáveis ou inseguros sobre o que devemos fazer ou o que Deus fará.

Um novo dia

A confiança transformou Tabita. Ela já vivia na confiança quando Deus a levou — e cobriu toda uma comunidade com sua confiança. Quando Pedro a trouxe de volta à vida, ela deve ter confiado que nada daquilo que é feito em nome de Cristo é desperdiçado e tido certeza de que os atos ocultos de gentileza e misericórdia, realizados para nada além da aprovação do nosso Pai celestial, são altamente prezados por ele.

Para David Watson, confiar em Deus significou abrir mão daquilo que ele acreditava ser a verdade a fim de aceitar um dom diferente. Ele acreditara que Deus o curara; confiou nisso com seu corpo, sua mente e seu espírito até o momento em que teve de reconhecer dolorosamente que Deus tinha outros planos.

A escrita e a pregação apaixonada de David sempre me comoveram, mas nada me deixou tão comovida quanto os últimos parágrafos que escreveu. Há uma beleza e confiança silenciosa em sua compreensão última de que tudo que Deus quer é o coração — seu coração, meu coração.

Tabita se sentia à vontade com seu chamado para ajudar os pobres — ele representava quem ela era: uma serva para todos que precisavam dela.

Mas o que você faz quando Deus a chama para fazer algo que a deixa aterrorizada?

Nunca me esquecerei da minha primeira conferência da Women of Faith na primavera de 1997. Christian tinha apenas seis semanas de vida, e eu ainda estava mancando em virtude de um músculo que fora cortado acidentalmente durante a cirurgia. Olhei para a multidão de mulheres e pensei: "Estou cometendo um erro terrível." Barbara Johnson falaria sobre a morte de seus dois filhos e sobre como Deus a tinha acompanhado em sua dor. Patsy Clairmont contaria sua história de anos trancafiada em casa, prisioneira da agorafobia. Eram situações das quais Deus já as libertara, mas eu continuava lutando contra a depressão, ainda tomava remédios. Tranquei-me no banheiro e vomitei. Eu compartilhei minha história uma única vez num almoço em Palm Springs, mas isso parecia ser bem diferente.

Durante um instante, senti-me como uma garota de dez anos, e enquanto ficava menor e menor e o balanço ficava cada vez mais alto, encontrei o meu próximo amigo — e ele também não era muito grande.

CAPÍTULO 8

Confiando seu medo a Deus

A beleza de dar um passo à frente

"Sejamos como um pássaro empoleirado
Num galho frágil quando canta:
Ele sente o galho ceder, mesmo assim canta
Pois sabe que possui asas."
— *Victor Hugo*

Então o Anjo do SENHOR veio e sentou-se sob a grande árvore
de Ofra, que pertencia ao abiezrita Joás. Gideão, filho de Joás,
estava malhando o trigo num tanque de prensar uvas, para escondê-lo
dos midianitas. Então o anjo do SENHOR apareceu a Gideão e lhe disse:
"O SENHOR está com você, poderoso guerreiro." "Ah, Senhor",
Gideão respondeu, "se o SENHOR está conosco,
por que aconteceu tudo isso?"
— *Juízes 6:11-13*

Quando o telefone tocou naquela manhã, a única coisa em que podia pensar naquele momento era quanto tempo eu levaria para passar pela cozinha com minha barriga de grávida para atendê-lo. Eu estava com quarenta anos, e Barry e eu esperávamos um filho para dezembro, ou seja, faltavam apenas três meses. Fiquei encantada ao ouvir a voz de Steve Arterburn, um amigo de longa data. Perguntou-me como eu estava, e contei que tudo estava bem e que estávamos esperando ansiosamente o nascimento de nosso bebê.

Então Steve me fez uma pergunta que, no primeiro instante, julguei ser ridícula. Ele me contou que acabara de fundar uma organização para mulheres chamada Women of Faith. Ela contava com quatro palestrantes, e dez eventos em igrejas já haviam sido agendados para aquele ano de 1996.

— Está realmente bombando — disse ele. — Já agendamos 15 eventos para 1997, aí pensei se você gostaria de se juntar à nossa equipe...

Fiquei estupefata.

— Steve, você enlouqueceu? Mal consigo atravessar a cozinha. Imagine se eu poderia correr pelos terminais de um aeroporto!

Steve, que nunca se abalava com uma resposta desfavorável, pediu que eu orasse e falasse com Barry sobre o assunto.

Disse-lhe que faria isso, mas que via três problemas:

1. Eu tinha quarenta anos e estava prestes a ter um bebê.
2. Minha única experiência como palestrante era minha viagem a Palm Springs. Nunca havia participado de uma conferência para mulheres!
3. Ainda estava tomando antidepressivos e não me considerava a candidata ideal para participar de uma alegre turnê só com garotas.

O estranho foi que, sempre que orava sobre o assunto, eu sentia uma excitação e uma expectativa autênticas — tentei me convencer de que era um efeito colateral dos meus hormônios e as vitaminas que estava tomando. Mesmo assim, a animação persistia. Barry também a sentiu. Embora aquele momento parecesse o menos oportuno para um novo empreendimento, ele sentia a presença de Deus em tudo isso.

Liguei para Steve e perguntei se poderia me encontrar com alguma das senhoras que já faziam parte do time.

O time dos sonhos

O encontro ocorreu no escritório de Steve em Laguna Beach, na Califórnia. Barbara Johnson se juntou a nós por viva voz, enquanto Luci Swindoll e Marilyn Meberg estavam presentes em pessoa. O bom humor de Marilyn me cativou imediatamente quando brigamos pelo último saquinho de chá. Luci e Barbara eram charmosas e gentis. Gostei dessas mulheres de imediato, mas isso não mudava o fato de eu me sentir pouco qualificada como palestrante.

Contaram-me um pouco sobre si mesmas. Marilyn possui dois mestrados, um em inglês e o outro em aconselhamento. Perdeu seu marido, Ken, havia pouco tempo, vítima de câncer no pâncreas. Luci nunca se casou; trabalhou na Mobil Oil durante vários anos e viajou pelo mundo inteiro. Barbara perdeu dois filhos, um no Vietnã e o outro num acidente de carro. Ela trabalhava num ministério que dava apoio a pais de filhos homossexuais.

Tudo que eu conseguia ver era que essas mulheres eram perfeitamente qualificadas para alcançar outras mulheres — e eu tinha tão pouco a oferecer. Sem dúvida, seria descartada quando fôssemos falar sobre as qualificações exigidas de uma palestrante. Mesmo se conseguisse escrever uma palestra, eu não tinha certeza se seria capaz de memorizá-la. A depressão, quando severa, pode afetar a memória, por isso eu não sabia como seria.

Então, essas mulheres interromperam meus devaneios.

— Conte-nos um pouco sobre você — pediram.

Saia e se mostre, não importa onde esteja

Se você participou de uma conferência da Women of Faith durante os últimos 13 anos, poderia achar que me sinto perfeitamente à vontade no palco. Isso nem sempre foi assim, e certamente não me senti assim naquela manhã no escritório de Steve. Enquanto olhava para Marilyn, Luci e Steve, lembro-me de ter pensado: "Bem, pelo menos consegui pegar o saquinho de chá..."

Contei-lhes um pouco sobre a morte de meu pai e como aquilo tinha afetado a minha vida. Depois, disse-lhes o que considerava minha grande fraqueza: minha luta contra a depressão.

— Não é como se eu tivesse tido um tumor cerebral, que foi retirado, e agora tudo está bem — falei. — Pelo que sei, é possível que não me recupere totalmente durante um bom tempo, nem sei se isso chegará a acontecer.

Não sei que reação eu esperava deles, mas fiquei chocada com o que fizeram: todos me abraçaram. Esse ato aparentemente simples foi da maior importância para mim, como uma mão se estendendo para me resgatar do meu mar de dúvidas e medo. Eu considerava minha história como algo que me separava daqueles que são fortes e saudáveis. Sem palavras e com um gesto tão comum, as pessoas naquele escritório venceram o abismo.

Agradeci a gentileza, mas ainda resistia à ideia de me juntar à equipe. Disse-lhes que tinha um problema enorme.

— Não tenho nenhuma palestra pronta.

— O que você quer dizer? — perguntou Steve.

— Bem, você sabe, palestras como: "Dez lições que podemos aprender da vida de Rute", "Suas lâmpadas de óleo estão abastecidas?", ou "O Salmo 23 do ponto de vista de uma ovelha."

— Não fazemos muitas palestras sobre a vida de animais do campo! — riu Luci.

— Mas vocês sabem do que estou falando — disse eu. — Não sou líder de nenhum estudo bíblico nem conferencista. É possível que minhas palavras se esgotem antes mesmo de cumprimentar o público. Todos vocês sabem como fazer isso, mas eu não.

— Você consegue — disse Marilyn. — Basta que conte sua história.

Simplesmente dê o próximo passo

Fui passear na praia após nosso encontro, orando e sentindo a resposta de Deus às minhas perguntas.

"Acho que não consigo fazer isso, Senhor."

Eu sei.

"Acho que não quero fazer isso. Estou aterrorizada."

Eu sei.

"Poucas pessoas sabem que passei um mês internada numa ala psiquiátrica. Mas, se eu fizer isso, milhares de pessoas ficarão sabendo." Olhei para o oceano. As águas eram profundas a distância.

Simplesmente dê o próximo passo e siga-me.

Já esteve numa situação semelhante, diante de algo novo — atrás de você, aquilo que conhecia e, à sua frente, o desconhecido? Já sentiu que Deus a chamava para um lugar aonde não queria ir? Talvez, ele lhe pediu que fizesse algo, mas você se sentia incapaz de cumprir aquela tarefa? O medo pode ser paralisante.

Durante muitos anos, resisti à discrepância entre aquilo que eu acreditava ser o chamado de Deus para minha vida e minha suposta incapacidade de fazê-lo. Veja, por exemplo, minha carreira como cantora. Eu sabia que Deus tinha me dado uma voz agradável e que sabia cantar, mas ficava tão ansiosa quando subia no palco que meu nervosismo interferia em minha apresentação. Minha voz começava a tremer e eu tinha dificuldades de respirar. Era muito frustrante, porque eu conseguia cantar perfeitamente no quarto do hotel, mas, assim que as luzes se apagavam e colocavam um microfone em minha mão, tudo mudava.

O que fazer com o medo quando Deus a chama para dar o próximo passo? Espera até ele afastá-lo ou enfrenta esse medo e vê o que

Deus fará? Onde encontrar a força para transpor a fronteira, para dar o primeiro passo? A coragem é um dom ou é também algo que se pode adquirir aos poucos?

Um israelita chamado Gideão enfrentou os mesmos dilemas.

A maioria das pessoas se lembra de Gideão como um jovem dos tempos do Antigo Testamento — que vivia no difícil período da história de Israel entre a morte do patriarca Josué e a ascensão do rei Davi. Era um tempo em que, apesar de os israelitas terem jurado sua lealdade a Deus, prometendo depositar sua confiança nele, rapidamente abandonavam tudo em que acreditavam e tentavam controlar seu destino com as próprias mãos.

E deu no que deu.

No meio deles está Gideão, que, lidando com muitas de suas escolhas, ouve a voz de Deus. Mas será que é mesmo a voz de Deus? Gideão pede que ele lhe dê um sinal e lhe diga que direção seguir. Ele quer confiar em Deus, mas não sabe como. A sua história nos revela como podemos confiar quando estamos diante de algo novo, quando estamos inseguros, em busca de alguma orientação e quando temos medo de seguir em frente, mas sabemos que não podemos voltar atrás.

Confiando em Deus diante do desconhecido

Quando encontramos Gideão pela primeira vez em Juízes 6, ele está debulhando trigo numa prensa de vinho. Uma prensa de vinho é uma vala profunda escavada na rocha. Pátios de debulha, por sua vez, costumam ter dez metros de diâmetro, ser lisos e planos, localizados em áreas expostas — onde o vento pode levar a palha e deixar os grãos.

Antes da debulha, o trigo é cortado com foices e espalhado pelo pátio. Depois, um cavalo ou boi arrasta uma pedra grande em círculos, moendo o trigo, soltando os grãos dos ramos. Esse procedimento podia levar um mês, mesmo com a ajuda de um animal forte e num pátio grande. O trabalhador orava por um vento constante e forte para levar a palha.

Portanto, quando encontramos Gideão numa cova estreita, debulhando pequenas quantias de trigo por vez e à mão, torna-se claro que ele está tentando preservar cada grão. Não quer arriscar que o vento leve nem mesmo um pequeno punhado deles.

Afinal de contas, seu povo está lutando para conservar qualquer coisa que sirva como alimento.

Anos difíceis

Havia sete anos que a vida dos israelitas era miserável. Deus se irritara tanto com sua rebelião contínua que permitiu aos midianitas devastarem seus campos. Os midianitas eram habitantes do deserto, que, durante a ceifa, montavam em camelos e assaltavam os israelitas para roubar ou destruir sua colheita e levar seus animais e qualquer bem móvel. O povo de Israel teve de fugir para as montanhas a fim de sobreviver, e suas perdas eram avassaladoras. Os midianitas deixaram a terra destruída. O povo sofria com a fome.

Imagine perder sua colheita temporada após temporada: cevada, trigo, uvas, azeite — todos os fundamentos de sua vida roubados. Após sete anos, o povo de Gideão está desesperado.

Interessante que foram precisos sete anos de desespero para que implorassem pela misericórdia de Deus.

Quando por fim percebem que seus caminhos não levam a lugar algum, as pessoas clamam a Deus, que envia um profeta, cujo nome não conhecemos, para dizer-lhes que todos esses desastres se devem à sua revolta contínua contra ele:

> Quando os israelitas clamaram ao SENHOR por causa de Midiã, ele lhes enviou um profeta, que disse: "Assim diz

> o SENHOR, o Deus de Israel: 'Tirei vocês do Egito, da terra da escravidão. Eu os livrei do poder do Egito e das mãos de todos os seus opressores. Expulsei-os e dei a vocês a terra deles. E também disse a vocês: Eu sou o SENHOR, o seu Deus; não adorem os deuses dos amorreus, em cuja terra vivem, mas vocês não me deram ouvidos'" (Juízes 6:7-10).

É fácil julgar os israelitas. Haviam experimentado a libertação de Deus de maneiras poderosas, milagre após milagre, e mesmo assim não lhe ofereceram confiança e devoção de todo coração.

Será que somos tão diferentes assim? Já vi Deus fazer várias coisas maravilhosas na minha família e vivenciei períodos de depressão tão profunda a ponto de não ver mais esperança alguma. Ele me ergueu e me tirou do desespero. Já encontrei novos desafios, e então voltei a tentar fazer tudo por conta própria ou, infelizmente, permiti que me afogasse novamente na ansiedade.

Isso acontece com uma frequência maior do que qualquer um de nós está disposto a admitir, esse vaivém de confiança. Enquanto estudava a história de Gideão, fui informada de que um projeto no qual eu estava trabalhando para o próximo ano foi cancelado em virtude da crise econômica. Era um projeto importante, e de repente senti aquele nó familiar no estômago quando pensei: "O que posso fazer para consertar isso?" Estava afundando novamente no pântano do esquecimento de quem eu sou e de quem Deus é, quando, finalmente, me ordenei a parar, e estendi meus pensamentos à sabedoria maravilhosa de Provérbios 3:5-7:

> Confie no SENHOR de todo o seu coração e não se apoie em seu próprio entendimento; reconheça o SENHOR em todos os seus caminhos, e ele endireitará as suas veredas. Não seja sábio aos seus próprios olhos; tema ao Senhor e evite o mal. (Provérbios 3:5-7)

Você não acha isso muito difícil? Adoro encontrar uma solução para meus problemas, mas sei que jamais encontrarei paz e descanso dessa forma, porque não estou no controle.

Gideão também está ciente disso. Durante sete anos, ele viu sua família e seus amigos passarem fome por causa dos midianitas, viu seu povo impotente em face dos inimigos. Se é que existia qualquer esperança de fazerem uma refeição a cada dia, Gideão sabia que eles precisavam se esconder para prepará-la.

Por isso o encontramos no fundo de uma prensa de vinho, e é lá que ele recebe a visita do estranho:

> Então o Anjo do SENHOR veio e sentou-se sob a grande árvore de Ofra, que pertencia ao abiezrita Joás. Gideão, filho de Joás, estava malhando o trigo num tanque de prensar uvas, para escondê-lo dos midianitas. Então o Anjo do SENHOR apareceu a Gideão e lhe disse: "O SENHOR está com você, poderoso guerreiro" (Juízes 6:11-12).

O Senhor está com você, poderoso guerreiro!

Ouvi muitos sermões sobre essa passagem e sobre como as palavras do anjo representam um tipo de piada, como se Deus olhasse para um gato e dissesse: "Eu estou com você, rei da selva!"

Não vejo nada disso nas palavras do anjo. Acredito que, se Deus a olhar nesse momento, ele vê tudo aquilo que você pode ser com a ajuda divina — e ele fala com você conforme o que vê.

Imagine, por exemplo, que seu casamento está enfrentando uma crise séria. Entre você e seu marido existe uma tremenda distância; palavras que permanecem caladas e palavras que deseja nunca ter dito. Está preocupada com seus filhos e com o efeito que a tensão no lar tem sobre eles. Não se lembra quando as coisas começaram a desandar, mas sente que já foi longe demais para reencontrar seu marido. Então, certa manhã durante a oração, um anjo do Senhor aparece do seu lado e diz: "O Senhor está com você, linda filha que salvou e restaurou sua família."

É fácil esquecermos que, com Deus, tudo é possível, e ele é conhecido por usar a pessoa menos provável para brilhar a fim de deixar claro a todos os envolvidos: *apenas Deus pode ter feito isso.*

Veja esse caos!

Evidentemente, a reação de Gideão a essa ideia e ao anjo é bem parecida com a nossa própria resposta quando sentimos ter perdido o controle. Por alguns instantes, ele ignora a saudação — "poderoso guerreiro" — e responde ao anjo:

> Se o SENHOR está conosco, por que aconteceu tudo isso? Onde estão todas as suas maravilhas que os nossos pais nos contam quando dizem: "Não foi o SENHOR que nos tirou do Egito?' Mas agora o SENHOR nos abandonou e nos entregou nas mãos de Midiã" (Juízes 6:13).

Coitado de Gideão. Ele está desesperado e exausto, cansado de debulhar tanto trigo; seu corpo, castigado de tanto trabalhar para realizar a tarefa e, ao mesmo tempo, permanecer alerta para fugir ao menor sinal de ataque. Está preocupado com o pouquinho de comida que lhe resta, não permitindo que um único grão se perca. Ele debulha o trigo dourado, e cada golpe é como um soco em sua própria alma, um soco em seu coração. Ele está cansado de tudo isso e se pergunta: "Onde está Deus? Por que ele não está nos ajudando?"

Obviamente, Gideão não ouviu o que os profetas disseram a Israel: por não terem confiado em Deus nem lhe obedecido, Deus permitiu que experimentassem o que acontece quando confiam em si mesmos; evidentemente, isso não está dando muito certo. Ou talvez Gideão tenha ouvido a mensagem e está desesperado, sem saber o que fazer. Afinal de contas, está no fundo de uma prensa de vinho.

O anjo se aproxima mais de Gideão. Percebe a benevolência desse gesto? As Escrituras dizem que Deus olha para Gideão. Podemos vê-lo voltando seu foco para ele, com carinho, procurando estabelecer um contato direto. O Senhor diz: "Com a força que você tem, vá libertar Israel das mãos de Midiã" (Juízes 6:14). Seu tom é de ordem, mas ao mesmo tempo reconfortante.

E talvez seja esse o momento em que Gideão pensa: "Espera aí... Quem é que está falando comigo?"

No Antigo Testamento, a expressão "o Anjo do SENHOR" sempre se refere ao próprio Cristo, e suas aparições sempre transformam vidas. Por exemplo, quando o anjo do Senhor apareceu a Moisés na sarça ardente (Êxodo 3:6), Moisés escondeu o rosto, porque temia olhar para Deus. Mas, assim como o Senhor enviou Moisés para libertar seu povo, aqui, ele está enviando Gideão para libertar Israel.

Aquele que transforma vidas?

Gideão deve ter percebido que o que estava acontecendo com ele era bem maior do que ele mesmo, e conseguimos imaginá-lo vacilando diante do desconhecido, prestes a dar um salto de fé.

Mas ainda não. Gideão quer alguma garantia. Simplesmente não tem certeza se a aparição é mesmo de Deus. Se é Deus quem está falando, será que entendeu corretamente o que está pedindo? Deus, conhecendo os pensamentos de Gideão, oferece consolo, como um punhado de grãos para os que têm fome de confiança: *Paz. Não tema. Você viverá.*

Gideão constrói um altar no lugar exato onde quase cedeu às suas dúvidas e temores, ao seu desejo de controlar e de tomar decisões por conta própria, onde entregou suas preocupações nas mãos de Deus, e o chama de Jeová Shalom.

O Senhor é paz.

Hora de agir

Agora, Gideão sabe que Deus o chamou, e chegou a hora de agir, mas como poderia ele desafiar toda a nação midianita? Ele não é um soldado; é um debulhador.

Deus aceita toda a confiança que Gideão é capaz de ativar e o trata com carinho. *Vamos um passo por vez, Poderoso Guerreiro. Primeiro, vamos acertar as coisas para Israel cuidando primeiro daquilo que está acontecendo em seu próprio jardim. Você está vendo esse altar construído para Baal e Aserá? Derrube-o e use a lenha para queimá-lo.*

Veja, Israel se desviara de seu caminho mais uma vez ao adorar Baal e outros deuses falsos, e Deus instrui Gideão a começar a limpar a casa com seu próprio pai.

Que tarefa aterrorizante! Joás, o pai de Gideão, é um homem rico e patrocina um grande local de adoração, que inclui um altar para Baal e Aserá (suposta esposa de Baal ou de El, pai de Baal).

Gideão sabe que pode ser morto se fizer isso e se pergunta como isso resolverá o problema com os midianitas.

Esse é o momento em que Gideão precisa confiar. Confiança é uma coisa boa, pois Deus está mostrando a Gideão que o problema real de Israel não é o fato de os midianitas roubarem seu trigo. A questão real aqui é a adoração dos ídolos falsos, que estão roubando todas as suas almas.

Deus quer nossos corações. Devido à nossa confiança fraca, muitas vezes não conseguimos reconhecer isso. Vemos a recessão e a identificamos como causa de nossos problemas. Mas, se perdemos dinheiro com as crises financeiras, isso não deixa nossas almas esfomeadas — o que faz isso é a nossa adoração a ídolos, a nossa fixação em coisas, carreira e conforto, e a nossa distração do céu e de Deus.

Então, Deus usa tudo que estiver a seu alcance para fazer nossa atenção se voltar para ele; ele já está acostumado a usar circunstâncias externas para atrair nossa atenção.

Agora, Gideão já recebeu as ordens de Deus. Ele usa o melhor touro de seu pai para derrubar o altar, depois usa o animal como sacrifício a Deus e a madeira do altar de Aserá como lenha. Então, as Escrituras nos contam:

> Assim Gideão chamou dez dos seus servos e fez como o SENHOR lhe ordenara. Mas, com medo da sua família e dos homens da cidade, fez tudo de noite, e não durante o dia (Juízes 6:27).

Nesse versículo, chama atenção o fato de Gideão se apressar e executar sua tarefa à noite, pois mostra que ele ainda está acostumado a debulhar trigo na prensa de vinho. Gideão quer obedecer a Deus, mas continua com medo, ciente de que vive num mundo de pessoas más, que fazem coisas más, e ciente de que pode ser pego por elas — talvez até por sua própria família. É um sinal do seu tempo o fato de Gideão saber que seu povo e talvez até mesmo sua própria família virão atrás dele por ter destruído um altar pagão. A confiança, porém, nos diz: há momentos na vida em que você pagará um preço alto por fazer o que precisa ser feito, mas olhe para o alto. Lá, verá Deus, chamando-a pelo nome da pessoa justa que você pode ser.

Evidentemente, essa verdade não retira o medo de ir além do limite da confiança, pois ao amanhecer os piores temores de Gideão se tornam realidade:

> De manhã, quando os homens da cidade se levantaram, lá estava demolido o altar de Baal, com o poste sagrado ao seu lado, cortado, e com o segundo novilho sacrificado no altar recém-construído! Perguntaram uns aos outros: "Quem fez isso?" Depois de investigar, concluíram: "Foi Gideão, filho de Joás." Os homens da cidade disseram a Joás: "Traga seu

> filho para fora. Ele deve morrer, pois derrubou o altar de Baal e quebrou o poste sagrado que ficava ao seu lado" (Juízes 6:28-30).

É triste ver como, num período tão curto da história, o povo de Deus se afastou tanto de seu ponto de partida. Em Deuteronômio 13, Moisés disse a seu povo que, se um parente ou um amigo próximo cogitasse a possibilidade de adorar um deus falso, deveria ser apedrejado. Agora, o povo está exigindo a execução daquele que destrói o altar do deus falso.

No entanto, o pai de Gideão se impressiona com a coragem do filho. Ele não o repreende por pegar e sacrificar seu melhor touro a Javé, nem por destruir os ídolos. Basicamente, ele diz: "Se esse deus precisa de nós para defendê-lo, não é um deus tão poderoso assim. Deixem que defenda a si mesmo."

Não sabemos se foi esse discurso de Joás que virou o jogo, mas a partir desse dia Gideão recebe o apelido de Jerub-baal: *Baal lutará contra ele.*

O exército de Gideão

Agora, os midianitas, os amalequitas e todos os filhos do Oriente estão furiosos porque seus deuses estão sendo zombados. Eles se reúnem nas fronteiras de Israel para fazer o maior ataque jamais visto.

Gideão sabe o que está em jogo e começa a fazer jus a seu nome, ao nome que recebeu do povo e ao nome que recebeu de Deus. Em seguida, as Escrituras nos apresentam o Guerreiro Poderoso tocando o chifre de um carneiro, chamando as tribos de Israel para a batalha — o mesmo povo que acabara de exigir sua execução.

O que mudou?

Encontramos a chave para essa transformação em Juízes 6:34: "O Espírito do SENHOR apoderou-se de Gideão."

O Espírito de Deus pode transformar qualquer pessoa — e nações inteiras. Gideão compreende isso quando começa a viver conforme a visão que Deus tem dele. Mas o fato é que Gideão continua o mesmo; mesmo que Deus vá diante dele e um exército enorme se reúna por trás dele, continua indeciso em sua confiança em Deus. Está aprendendo a confiar, passo a passo, mas ainda tem muitas perguntas, como se Deus sempre fizesse o que prometia.

Gideão ainda resiste à mentalidade da prensa de vinho. Ele ainda tenta debulhar e juntar a salvação no fundo daquele pátio improvisado, em vez de confiar que o sopro do Espírito de Deus separará o bem do mal.

Por isso, Gideão olha para o alto e exige outro sinal de Deus — não só uma vez, mas duas.

Um cobertor de confiança

Tenho certeza de que você já ouviu um colega cristão dizer: "Colocarei uma porção de lã na eira" para descobrir a vontade de Deus em relação a determinado assunto. Ele pode até estar buscando a vontade de Deus, mas não é isso que Gideão faz em Juízes 6:36-40.

Gideão já conhece a vontade de Deus — Deus deixou isso bem claro quando instruiu Gideão a atacar os midianitas, prometendo-lhe que eles cairão como se fossem um único homem (6:16). Quando Gideão pede um sinal a Deus, na verdade, está perguntando: "Deus, tu realmente te manifestarás?"

Fico maravilhada com a paciência de Deus com Gideão, e também encorajada. Deus não trata seu povo como se todos fossem iguais; ele conhece cada um de nossos corações e nos trata em conformidade. Deus sabe que Gideão precisa de encorajamentos.

Assim, Deus se volta para Gideão, se inclina sobre ele e o encara diretamente. E Gideão diz: "Vê, colocarei uma porção de lã na eira. Se o orvalho molhar apenas a lã e todo o chão estiver seco, saberei que tu libertarás Israel por meu intermédio, como prometeste."

E Deus responde ao pedido de Gideão; na manhã seguinte, a lã está molhada e o chão a sua volta está seco. Gideão consegue espremer água da lã a ponto de encher uma bacia. Mas ainda não está completamente convencido. *E se eu tiver apenas imaginado tudo isso, se for apenas uma fantasia minha de derrotar meus inimigos? E se isso não tiver nada a ver com Deus*? Gideão sente uma grande insegurança. Pede a Deus que não se irrite com ele, mas será que poderiam repetir esse experimento mais uma vez, só que de forma invertida — chão molhado e lã seca?

Deus é generoso. Ele se manifesta uma segunda vez, molhando o chão e deixando a lã completamente seca.

De repente, Gideão tem certeza absoluta: *Deus está aqui, e estou pronto para partir*.

Para mim, a paciência de Deus é um grande encorajamento — e, de fato, é uma paciência amorosa. Ele não espera que nós, de repente, deixemos de ser mulheres exaustas e nos tornemos guerreiras vencedoras. Não, ele nos acompanha passo a passo ao longo das margens da confiança.

Confie em mim!

Alguns temas nos acompanham desde a primeira até a última página da Palavra de Deus, e um dos temas mais predominantes é o chamado para confiar nele com tudo que somos e temos. Deus anseia por nosso amor e nossa confiança. Ele é incansável em provar sua presença, e mesmo assim tendemos a duvidar que ele está conosco. Com a iminência da batalha contra os midianitas, Deus quer demonstrar a seu povo mais uma vez que ele pode confiar em seu Deus e que não precisa ter medo, por isso decide reduzir o exército de Gideão ao tamanho de um grande coro.

Gideão acorda com um exército de 32 mil homens; Deus permite que os homens medrosos partam. Vinte e dois mil homens saem correndo. Nem imagino a expressão no rosto de Gideão quando vê mais de dois terços de seu exército voltarem correndo para suas mães.

No entanto, ainda tem dez mil homens, um número respeitável.

Mas para Deus continuam sendo demais. Ele instrui Gideão a levar seus homens até o rio e a observá-los bebendo água. Todos que usarem suas mãos para beber podem ficar; mas todos que ficarem de quatro e lamberem a água como cães devem ser mandados para casa.

Nove mil e trezentos homens caem de joelhos, e sobram a Gideão apenas trezentos homens.

Que redução: de 32 mil soldados para apenas trezentos. Deve ter sido uma loucura para Gideão. *Céus*, ele deve ter se perguntado, *por que Deus reduziria o número de seus homens de forma tão radical ao tamanho de um grande coro?*

Deus ouve o monólogo de Gideão. Naquela noite, ele diz a Gideão que, caso ainda estiver com medo, deve se aproximar do acampamento inimigo com Pura, seu braço direito, e ouvir o que estão conversando.

Se ainda estiver com medo! Gideão está aterrorizado! Assim, ele e Pura vão até o acampamento inimigo. Gideão não consegue nem contar o número de soldados, pois são como gafanhotos que cobrem o campo; quando se aproximam às escondidas, ouvem dois homens conversando sobre um sonho que um deles acabou de ter. O homem diz que sonhou que um pão rolou para dentro do acampamento midianita e desmontou a tenda. O outro homem interpreta o sonho para ele: "Não pode ser outra coisa senão a espada de Gideão, filho de Joás, o israelita. Deus entregou os midianitas e todo o acampamento nas mãos dele" (Juízes 7:14).

Isso só pode ser Deus!

Você já se encontrou numa situação em que não tinha dúvida da presença de Deus? A conversa que Gideão e Pura escutam às escondidas merece levar o primeiro prêmio. O sonho em si parece inócuo. A imagem de um pão batendo numa tenda até derrubá-la em nada sugere que a vitória pertenceria a Gideão e suas tropas. Mas a interpretação é quase cômica.

Em primeiro lugar, de onde é que esse soldado midianita conhecia o nome de Gideão?

Em segundo lugar, por que não interpretaria que a tenda pertence aos israelitas, que eles vinham explorando com muito sucesso há sete anos? Isso é, muito evidentemente, Deus dizendo a Gideão: *E aí? Está me ouvindo agora? Estou com você!*

Por fim, a ficha cai. Ele volta para suas tropas e anuncia que Deus já venceu a batalha por eles. Ele divide seu pequeno exército em três grupos de cem homens, e eles partem em direção ao acampamento dos midianitas, armados com... trombetas, jarras vazias e tochas.

Não são o que chamaríamos de armas de guerra, e é justamente esse o ponto: os caminhos de Deus não são nossos caminhos. Quando tentamos resolver as coisas do nosso jeito, fracassamos; quando confiamos nele e o seguimos independentemente de como as coisas possam parecer a nós ou às pessoas em nossa volta, uma vitória maravilhosa nos espera.

Vitória em nome de Deus

Assim, as tropas israelitas marcham contra os midianitas e amalequitas e todos os inimigos do Oriente. Tocam suas trombetas, quebram os jarros, erguem suas tochas e gritam: "À espada, pelo SENHOR e por Gideão!"

A grande ironia nesse grito é que nenhum dos homens está armado com uma espada... não com espadas visíveis ao olho humano, pelo menos. Em vez de aço ou metal, trazem consigo a verdade e a confiança de que Deus está com eles. A espada do Espírito vive, respira e derrota qualquer um que se opuser a Deus e a seu povo. As tropas midianitas não conseguem resistir a essa verdade, a essa confiança em Deus. Em meio ao caos, eles atacam seus próprios homens, matando uns aos outros. Apenas um pequeno grupo consegue escapar para o deserto, onde também são mortos.

A história de Gideão me revela muito sobre mim mesma e ainda mais sobre Deus. Deus escolheu um jovem improvável para provar a seu povo que ele estava, está e estará com ele. A lição simples, mas profunda, que aprendemos de Gideão é que tudo gira em torno de Deus. Na verdade, a história não fala de Gideão; fala de nosso Pai.

Quando reflito sobre os dias em que vivemos, reconheço duas grandes verdades dos dias de Gideão.

Em primeiro lugar, o problema nunca foi os midianitas; o problema era que o povo de Deus se desviou dele e começou a adorar deuses falsos. Quando vivemos dias difíceis, encontramos paz apenas nos braços de nosso Pai.

Em segundo lugar, na medida em que crescemos em fé e confiança, cometemos um erro enorme se pensarmos: "Bem, agora sou realmente forte, agora sei como dar conta disso." A verdade é que aprendemos cada vez mais que podemos confiar em Deus. O lugar mais seguro para descansar é o reconhecimento de que nada podemos sem Cristo. Isso é confiança, e esse é o lugar onde deposito todos os meus medos.

Reconheço nisso uma grande beleza como esposa, mãe, palestrante e escritora. Talvez você queira ser uma esposa melhor e esteja se esforçando muito para conseguir sê-lo por conta própria. Alguns dias são bem-sucedidos; em outros, você cai de cara no chão. A tentação é se parabenizar pelos dias "bons" e repreender-se pelos outros dias. Passei por isso. Mas Deus não quer que sejamos boas mães e esposas. Ele quer que confiemos nele, peçamos ajuda a ele, sigamos seu chamado e seu coração. É Cristo que nos dá a nossa beleza.

Quando desci do palco na primeira conferência da Women of Faith, eu estava tremendo (e "vazando" — estava na hora de amamentar meu filho recém-nascido!) — talvez por alívio, mas certamente por causa da reação das mulheres que se levantaram e aplaudiram quando encerrei minha história. Amamentei meu filho, Christian, e, quando ele estava cochilando, fui até a mesa dos livros para assinar alguns exemplares.

Uma mulher de quarenta e poucos anos me pegou pelas mãos.

— Você está vivendo meu sonho. — disse ela.

Perguntei o que ela queria dizer.

— Deus plantou, em meu coração, o sonho de fazer exatamente o que você está fazendo — respondeu ela —, mas isso foi há 15 anos. Esperei todos esses anos. Quando, no início de sua palestra, você disse estar com medo e não se sentir preparada para isso, quis gritar: "Eu estou preparada! Estive preparada e esperando há 15 anos. O que Deus fez com meu sonho?"

Eu não tinha uma resposta para sua pergunta, mas eu conhecia alguém que já passara por aquilo e que fizera a mesma pergunta.

CAPÍTULO 9

Confiando seus sonhos a Deus

A beleza de perdoar

"Nada é tão real quanto um sonho. O mundo a sua volta pode mudar, mas seu sonho, não. Responsabilidades não precisam apagá-lo. Obrigações não precisam obscurecê-lo. Ninguém pode tirá-lo de você, porque ele está dentro de você."

— *Tom Clancy*

"Certa vez, José teve um sonho e, quando o contou a seus irmãos, eles passaram a odiá-lo ainda mais."

— *Gênesis 37:5*

Eu estava fazendo as malas para passar um fim de semana em Connecticut, onde participaria de um concerto de adoração na sexta-feira à noite, de uma conferência para mulheres no sábado e de três cultos dominicais com o pastor delas. O pastor, Clive Calver, é meu ex-chefe da British Youth for Christ [Juventude Britânica para Cristo]. Tornei-me evangelista para jovens com a Youth for Christ aos 23 anos. Embora meu chefe imediato no departamento musical tenha sido o letrista e cantor Graham Kendrick, Clive era diretor da BYFC e se empenhava muito em incentivar sua equipe. Lembranças dos tempos em que trabalhava para ele me invadiram.

Lembro-me especialmente de um evento, mas esperava que Clive houvesse esquecido. O evento acontecera durante uma turnê da qual ele, Graham, nossa banda de adoração e eu participamos e que nos levou de uma ponta à outra da Inglaterra.

Toda noite, Graham e eu liderávamos a adoração, e Clive pregava. Conforme a turnê prosseguia, as mensagens de Clive pareciam ficar cada vez mais longas. Costumávamos jantar juntos após os eventos. Toda noite, morríamos de fome esperando que Clive dissesse aquela abençoada palavrinha: "Amém!"

Certa noite, eu estava especialmente inquieta. Clive já havia falado durante 45 minutos, e não havia sinal de que um "amém" apareceria em breve no horizonte. Fui fazer uma caminhada ao ar livre e encontrei um cachorrinho sem coleira, aparentemente, um vira-lata sem dono. Brinquei com ele por um tempo e depois, quando começou a chover, eu o levei para dentro, para os bastidores, onde lhe dei água e um sanduíche. Depois disso, sentei-me ao lado do palco com o cachorro e ambos ouvimos a palestra de Clive. O cão parecia interessado, disposto até a participar da palestra. Segurei-o por um tempo, sabendo que estava prestes a fazer uma bobagem inapropriada, mas então pensei: "Ah, e por que não?"

Quando soltei o cachorro, ele subiu no palco e ficou olhando para a plateia. Clive estava na frente do palco e não fazia ideia do que estava acontecendo atrás. O cachorro ficou andando durante um tempinho e então se aliviou numa planta, que fazia parte do cenário (acho que lhe dei água demais). A maior parte do público estava caindo das cadeiras de tanto rir.

Finalmente, o cão se aproximou de Clive e se sentou ao lado dele, obviamente querendo encerrar a pregação com ele.

Ainda não consigo entender como Clive não me demitiu na mesma hora!

Bem, haviam-se passado 25 anos desde que trabalhamos juntos, e eu estava ansiosa para saber o que havia acontecido em sua vida desde então. O que não pude antever é que Clive mudaria minha vida com uma lembrança sua que nada tinha a ver com vira-latas ou funcionários irreverentes.

Naquele fim de semana, enquanto nós — Clive, sua esposa Ruth, Barry, Christian e eu — jantávamos, Clive me deu um presente muito especial. Ele me disse que, trinta anos antes, um homem que eu amava e em quem confiava viu um sonho que Deus colocara em minha vida num momento em que ninguém mais era capaz de vê-lo. Esse homem havia entendido algo que eu levei uma vida para entender: que, quando Deus planta um sonho em seu coração, podem até se passar anos e anos até sua realização, mas você pode confiar no tempo de Deus.

Um homem maravilhoso

O homem que reconheceu esse sonho em mim foi Gilbert Kirby, o sogro de Clive, uma das pessoas que mais influenciou minha vida. O dr. Kirby era presidente da London School of Theology quando estudei naquela escola, e ele era sábio, generoso e muito engraçado. Connie, sua esposa, era uma anfitriã charmosa, que costumava convidar os estudantes novos em grupos de dez para tomar chá em sua casa. Eu estava atrasada para meu chá e, sabendo que isso era uma enorme falta de respeito, tentei me apressar — o que nunca é algo sábio a fazer se você for eu. A porta da frente da casa dos Kirby estava aberta quando finalmente consegui chegar, e eu ouvia a risada e a conversa dos outros estudantes lá dentro. Bati à porta algumas vezes e entrei. A senhora Kirby se levantou assim que eu entrei na sala e estendeu a mão, e, com meu jeito muito gracioso, tropecei em seu cachorro e caí de cara com os seus pés.

O cachorro em que tropecei não era um yorkshire miúdo de um quilo e meio, mas um labrador de cinquenta quilos chamado F.F. Bruce, como o grande estudioso da história bíblica.

Essa foi a ótima primeira impressão que causei.

Graças a Deus, os Kirby enxergavam além de meus tropeços, pois algumas semanas mais tarde o dr. Kirby me convidou a juntar-me a ele ao lado da lareira, enquanto sua secretária preparava um chá para nós. (Nada na Grã-Bretanha pode ser resolvido sem chá.)

Isso aconteceu após uma jornada e tanto no seminário. Eu decidira ir ao seminário porque acreditava de todo coração que Deus havia me chamado para compartilhar seu amor com outras pessoas no mundo inteiro. Eu sentia isso desde os 17 anos, quando o dr. Billy Graham convidou parte de uma multidão de vinte mil jovens que dedicava suas vidas ao ministério de Deus. Eu fiz as malas e embarquei num trem em Glasgow, na Escócia, que me levou até Londres, onde daria o próximo passo, acreditando que Deus queria que eu me preparasse para ser missionária na Índia. Mas, após seis meses de estudos sobre a história da igreja e teologia, eu não aguentava mais. Decidi que estava perdendo meu tempo estudando a Reforma do século XVI, enquanto pessoas no mundo inteiro estavam morrendo de fome e indo para o inferno.

Achei que era minha obrigação informar o dr. Kirby sobre a minha decisão. Pensei que talvez ele me enviaria para a Índia após um culto breve, mas relevante, para os estudantes, que, evidentemente, se impressionariam com minha paixão pelo Senhor. Assim, agendei um encontro através de sua secretária e aguardei nossa reunião com ansiedade.

Quando chegou a hora, o dr. Kirby me ouviu com muita atenção enquanto lhe falava do meu chamado. Com poucas palavras, sabiamente escolhidas, ele me ajudou a ver que talvez este era o tempo que Deus precisava a fim de preparar-me para qualquer que fosse seu plano.

Ele me disse: "Deus está mais interessado no que está fazendo em você do que por meio de você."

Isso nunca havia passado pela minha cabeça antes. Saí do escritório do dr. Kirby grata por seu conselho, mas tinha certeza de que, assim que eu pisasse na grama em frente do prédio, ele ligaria para um dos outros professores para dizer: "Adivinha só o que acabei de ouvir dessa figura lá do norte!"

Desde aquela conversa em frente à lareira, pensei muito sobre o que o dr. Kirby me disse. Ele foi muito gracioso comigo, e eu fui tola e arrogante. *O que esse amável homem deve ter pensado de mim?*

Trinta anos depois, durante um jantar num barulhento restaurante em Connecticut, Ruth, a filha do dr. Kirby, estava prestes a responder à minha pergunta.

— Eu adorava seu pai — disse a Ruth. — Ele sempre foi muito gentil e paciente comigo.

— Ele também amava você — contou ela. — Lembro que, certa vez, quando você cantava na capela, papai me ligou e disse: "Você precisa vir aqui e ouvir essa moça. Deus tem um plano maravilhoso para a vida dela."

— Quando foi isso? — perguntei.

Você estava no segundo ano.

Se Ruth tivesse me dado um pônei embrulhado em papel de presente, eu não teria ficado mais alegre. Pensava que tudo que o dr. Kirby havia visto em mim era essa garota tola que perdera o contato com a realidade. Em vez disso, viu meu coração e reconheceu o sonho e o chamado. Simplesmente não consegui imaginar quão estranho seria o caminho que me levaria até ele.

E quanto a você?

O que aconteceu com seus sonhos? Você tem a impressão de que foram soterrados pela vida corrida, ou será que se pergunta se eles não eram meras fantasias? Você duvida que algum dia eles se realizarão? Confia no tempo de Deus para realizá-los?

Lembro-me das sábias palavras de meu mentor, o dr. Kirby: "Deus está mais interessado no que está fazendo em você do que por meio de você."

Em nossa condição humana, estabelecemos um cronograma em nossos corações, e, quando a nossa vida se desvia dele, acreditamos que nos desviamos do curso e que perdemos aquilo que Deus tinha preparado para nós em determinado momento. Não acredito mais nisso. Tudo que ele quer de nós é que confiemos nele e continuemos a segui-lo, não importa a escuridão que atravessamos em nosso caminho. Certamente, nenhuma vida ilustra isso tão bem quanto a de José.

Sonhos destruídos

Quem deseja entender José faz bem dar uma olhada rápida em Jacó, seu pai, um homem que enfrentara muitos conflitos e passara grande parte de sua vida em fuga.

Jacó é um trapaceiro que preparou uma armadilha para usurpar o direito de Esaú como primogênito e a bênção do pai, e por isso passa a temer o dia em que o reencontrará. Mas o próprio Jacó vem a sentir o gosto amargo da traição por causa do tio, um homem para o qual trabalhou durante sete anos. Ele trabalhou por tanto tempo porque o tio lhe prometera sua filha Raquel em casamento. Mas após a cerimônia de casamento, na noite de núpcias, ao levantar o véu, Jacó descobre que foi enganado e que se casou com Lia, a irmã mais velha de Raquel.

Esta não é a mulher que ele ama e que lhe fora prometida. Seu sonho está destruído.

Mesmo que Lia tenha dado seis filhos e uma filha a Jacó, creio que ela jamais conseguiu esquecer que seu marido fora enganado e só por isso se casou com ela; tampouco creio que isso tenha feito dele um marido fácil no convívio diário.

Entrementes, Jacó elabora um plano com Labão para, mesmo assim, realizar o sonho de se casar com a tão adorada Raquel. Jacó e Labão negociam, e Jacó e Raquel acabam se casando, mas se deparam com outro sonho destruído, pois Raquel é incapaz de ter filhos.

Assim, Raquel inveja Lia pelos filhos que pôde dar a Jacó, e Lia sabe que o coração de Jacó pertence a Raquel. Isso é que chamamos um conflito de família.

Então, certo dia, "Deus lembrou-se de Raquel. Deus ouviu o seu clamor e a tornou fértil. Ela engravidou, e deu à luz um filho e disse: 'Deus tirou de mim a minha humilhação.' Deu-lhe o nome de José" (Gênesis 30:22-24). Agora Raquel tem tudo: o amor de seu marido e a alegria de lhe dar um filho.

Lia vê isso como um golpe baixo, e tenho certeza de que falou sobre isso com seus filhos.

O filho preferido

É nesse tipo de mundo e nesse lar dividido que José vem ao mundo — José, o tão esperado e amado filho.

Então, Raquel engravida mais uma vez e tem outro filho. Mas ela morre após o parto.

Imagine como ficou o lar de Jacó: se já era difícil competir com uma esposa que era mais amada do que você jamais seria, imagine como deve ser ter de competir com uma esposa morta, que, com seu último respiro, dá mais um filho ao marido que a adora.

Todos sabem que José ocupa um espaço muito especial no coração de Jacó, e para José isso não é nada fácil:

> Esta é a história da família de Jacó: Quando José tinha dezessete anos, pastoreava os rebanhos com os seus irmãos. Ajudava os filhos de Bila e os filhos de Zilpa, mulheres de seu pai; e contava ao pai a má fama deles. Ora, Israel gostava mais de José do que de qualquer outro filho, porque lhe havia nascido em sua velhice; por isso mandou fazer para ele uma túnica longa. Quando os seus irmãos viram que o pai gostava mais dele do que de qualquer outro filho, odiaram-no e não conseguiam falar com ele amigavelmente (Gênesis 37:2-4).

José está comprando briga, não está? Uma coisa é saber que você é o favorito do pai, mas outra, completamente diferente, é ostentar isso e manchar a reputação dos irmãos.

Cada menino precisa saber que seu pai o ama e o aceita, e essa necessidade parece perdurar até a idade adulta. Lembro-me de ter sido apresentada a um executivo muito bem-sucedido após um almoço no qual eu havia feito uma palestra. Ele me contou que uma de suas maiores mágoas era nunca ter conseguido conquistar a aprovação do pai. Pude ver em seus olhos que, mesmo após todos esses anos e todo o sucesso que obteve, a ferida permanecia aberta.

Cada um dos filhos de Jacó deve ter se sentido assim.

Rúben era o primogênito de Jacó, mas não era o favorito. Dã era o primeiro filho de Jacó com Bila, a serva de Raquel, mas também não era o preferido. Era José — e todos sabiam disso.

O presente em primeiro lugar

Jesus não tinha apenas o amor de seu pai, mas também um dom divino, o dom da interpretação de sonhos. É interessante que Deus não espera até José alcançar uma idade madura para lhe dar esse dom. Ele se manifesta antes de José adquirir a sabedoria ou graça de saber como usá-lo:

> Certa vez, José teve um sonho e, quando o contou a seus irmãos, eles passaram a odiá-lo ainda mais. "Ouçam o sonho que tive", disse-lhes. "Estávamos amarrando os feixes de trigo no campo, quando o meu feixe se levantou e ficou em pé, e os seus feixes se ajuntaram ao redor do meu e se curvaram diante dele." Seus irmãos lhe disseram: "Então você vai reinar sobre nós? Quer dizer que você vai governar sobre nós?" E o odiaram ainda mais, por causa do sonho e do que tinha dito (Gênesis 37:5-8).

Se isso não for burrice, não sei o que mereceria esse título! Por que José compartilhou seu sonho com os irmãos? Ninguém lhe perguntou, esse sonho não precisava ser interpretado, e ele devia saber que isso deixaria seus irmãos ainda mais ciumentos.

O jovem José, porém, gostava da ideia de que, algum dia, seus irmãos se curvariam diante dele. O que não imaginava é o quanto esse dia demoraria a chegar e o quanto teria de sofrer até lá.

Não podemos culpar a idade de José por esse erro — desculpá-lo com o fato de que simplesmente não tinha maturidade para agir melhor. Contrastemos sua insensibilidade com a graça e maturidade de Maria, mãe de Jesus. Maria era uma adolescente quando recebeu a visita de um anjo, que a informou que ela seria a mãe do Messias vindouro. Várias vezes, a Bíblia nos diz que ela "guardou essas coisas em seu coração". Ela não reagiu com orgulho e arrogância, mas com humildade. Você consegue imaginar Maria andando pela feira em Nazaré, dizendo "Prazer em conhecê-lo. Estou prestes a me tornar mãe do Salvador do mundo, mas você pode me chamar de Maria"? Não, Maria sabia, talvez intuitivamente, que precisava guardar determinadas informações no coração — e refletir acerca do efeito de suas próprias palavras e ações sobre os outros.

Testando os limites

José, por sua vez, não aprende nada com a reação negativa dos irmãos. Então, quando tem outro sonho, decide compartilhá-lo novamente, desta vez não só com os irmãos, mas também com o pai.

Agora, Jacó se irrita com José, que lhe conta que o último de seus sonhos lhe mostrou que seu pai também se curvará diante dele.

Pergunto-me a esta altura se Jacó não faz uma retrospectiva de sua vida e percebe que também não aprendeu nada com os erros de seus pais. Ele teve uma vida inteira para refletir sobre como seu pai amava mais seu irmão, Esaú (Gênesis 25:28), enquanto sua mãe, Rebeca, favorecia Jacó; e sobre como ela lhe ajudou a enganar e usurpar a bênção de seu irmão. Fora necessário uma geração inteira para reconciliar as famílias.

No entanto, cá está Jacó, mais uma vez causando — e vendo seu filho causar — o mesmo tipo de tensão que pode levar ao desastre.

Será que ele sabia que, quando o desastre se anuncia no horizonte, ainda podemos confiar que Deus está no controle de tudo?

Quem você acha que é?

Dê um passo para trás e reflita sobre José. Certamente, ele percebe que tudo que diz deixa sua família agitada. Mas talvez se sinta um pouco magoado também. Ele compartilhou dois sonhos, mas, em vez de seus familiares refletirem com ele sobre o que poderiam significar, eles o criticam, invalidando cada sonho.

Não foi uma experiência agradável.

Você alguma vez já compartilhou o que você acreditava ser o chamado de Deus para você, confiando que aqueles com quem o compartilhou se importariam tanto com seu sonho quanto você — mas não foi isso que aconteceu? Riram ou zombaram até mesmo do fato de você ter um sonho? Talvez você tenha contado sobre um sonho a seus parentes, esperando que eles a encorajassem, mas em vez disso tentaram destruir seu sonho e talvez até você mesma. Talvez não tenham dito isso com estas palavras, mas você as sente claramente: "Quem você acha que é?"

A verdade é que não importa quem você acha ser, pois Deus sabe quem você é; e quando ele toca um coração humano com a mão, o resto cabe a ele.

É fácil duvidar de um sonho, de perder a coragem quando os sinais da realização do sonho não são evidentes ou nem mesmo se anunciam no horizonte. Quando Deus chama, é fácil imaginar que ele abrirá, diante de nossos olhos, um caminho que seja claro do início ao fim — que o plano se desdobrará de forma óbvia e lógica. Mas não é assim que as coisas costumam acontecer. Muitos sonhos se encontram além de uma neblina, que precisamos primeiro atravessar, e muitas vezes nos levam por desvios que exigem que confiemos em Deus para que ele nos leve de volta para o caminho.

E esse foi certamente o caso na vida de José.

A primeira noite escura

Após ouvirem seu sonho mais recente, os irmãos de José não aguentam mais. Novamente, ouviram que, algum dia, se curvarão e servirão a seu irmão José. Decidem que chegou a hora de se livrar daquele irmão metido de uma vez por todas.

Assim, certo dia, quando veem que José está vindo em sua direção, Gênesis 37:18-20 narra que eles sussurram entre si: *Vejam, lá vem o sonhador*. E então tramam um plano para matar o irmão.

Sabemos o que se passava nos corações dos irmãos apenas por causa daquilo que Moisés, o autor de Gênesis, nos conta, e pelas entrelinhas. Benjamim, o irmão mais novo de José, é ainda muito novo, por isso, está em casa. Mas os outros dez irmãos observam enquanto José se aproxima. Um dos irmãos sugere jogar José numa vala e contar ao pai que um animal selvagem o devorou — o que teria sido bem provável se tivessem deixado José à mercê do deserto. Nove irmãos querem matar José, mas Rúben, o mais velho, intervém.

Rúben diz aos irmãos que não tolerará um assassinato e não quer derramar uma única gota de sangue de José... Mas que tal jogarmos José num poço aberto?

Boa ideia, concordam os irmãos. Uma vala? Um poço? Não faz diferença. De qualquer forma, eles se livrariam de José — e de sua chatice.

Moisés nos diz que Rúben pretende voltar à noite, resgatar José e devolvê-lo ao pai. Rúben quer fazer a coisa certa, mas não tem coragem de se opor aos irmãos, de confiar que Deus está no controle. Essa decisão custará caro a José, Rúben e Jacó.

No que diz respeito a José, pergunto-me o que passou por sua cabeça enquanto se encontrava no fundo do poço. Será que permitiu que a raiva e o ódio pelos irmãos dominassem seu coração? Será que se comiserou por ser tão odiado por eles? Será que se lembrou com afeto de seu passado e do pai, talvez se lembrando até das histórias — agora, já cheias de ironia — de como seu avô Isaque foi abençoado escavando uma série de poços como este em que José havia sido jogado (Gênesis 26:18-33)? Será que questionou seu papel em tudo isso, talvez até mesmo seus sonhos? Será que acreditava que seus irmãos haviam acabado de mudar o rumo de sua vida e destruído todos os planos que Deus tinha para ele?

O que acontece com você quando, inesperada e subitamente, se encontra no fundo do poço? Acha que sua vida acabou? Acredita que a vontade de Deus para sua vida acaba de ser frustrada?

Confio, por tudo que há em mim, que Deus é melhor do que qualquer planejamento do homem! Ele usa até mesmo as coisas que alguém faz com a intenção de nos prejudicar para criar algo lindo — para nos tornar mais semelhantes a Jesus.

Talvez você tenha sido jogada em um poço contra sua vontade, ou quem sabe seja um poço em que você mesma tenha se jogado em razão dos tempos em que vivemos. Certamente enfrentamos uma insegurança econômica imensa, as pessoas estão perdendo seus empregos e casas e se veem forçadas a reconstruir suas vidas do nada. Mas isso não é novidade. A mesma coisa aconteceu séculos atrás, e a história de José nos mostra o que pode acontecer quando confiamos que Deus está operando — e não importa se ele tem de resgatá-la de um poço em que foi jogada contra sua vontade ou de um que você mesma escolheu (mesmo que inconscientemente).

Pois, em vez de ser resgatado por Rúben à meia-noite, José é retirado do poço e vendido como escravo para um comerciante midianita a caminho do Egito.

Um novo dia

No Egito, José é vendido como escravo a Potifar, capitão da guarda de Faraó. Tudo indica que isso é o começo do fim, certo? Mas Gênesis 39:2 nos diz algo muito significativo: "O SENHOR estava com José."

O fato de Deus estar com José não impede seus irmãos de traí-lo. Não, nenhuma intervenção sobrenatural o resgata dos midianitas. Deus não manda um agente secreto para comprá-lo no mercado de escravos. Mas está com ele.

Tendemos a pensar que, se Deus está conosco, as coisas acontecerão de forma a nos sentirmos confortáveis e seguros. Esse é todo o sentido de confiar em Deus, certo?

De forma alguma. A lógica não é: confie em Deus, e ele sempre a manterá segura. Coisas ruins — coisas assustadoras! — acontecem todos os dias àqueles que amam o Senhor. A verdade é: o que nos dá segurança é a verdade absoluta de que Deus está conosco independentemente das circunstâncias.

Não é fácil aceitar essa verdade; confesso que ela é inusitada para mim também. Se você tivesse me perguntado antes em minha jornada como cristã: "Você acredita que Deus está no controle de sua vida?", eu teria respondido que sim. Aos poucos, porém, estou compreendendo toda a extensão do que isso significa.

A história de José me mostra que Deus usa o que for necessário para ajudar-nos a entender que tudo que precisamos agora — ou jamais precisamos — é ele e que ele esteja conosco. Veja bem, José também não parece ter tido muita consciência dessa verdade. Raramente lemos que ele estava ciente de que precisava de Deus, ou que Deus sempre esteve com ele. Isso só muda quando se vê num país estranho como escravo, sem direitos, sem escolhas.

Muitas vezes, as circunstâncias são o vento que nos levam de volta para o trono da graça. E é aqui, no Egito, que José reconhece que não pode mais confiar em si mesmo, que o vemos começando a confiar em Deus.

Punido por fazer a coisa certa

Durante os anos seguintes, José trabalha muito duro para Potifar, conquistando confiança bastante para se tornar responsável por todos os assuntos pessoais de Potifar.

Não ouvimos José fazer nenhuma oração específica nem observamos um momento específico em que ele se volta para Deus, mas obviamente é isso que acontece. Sabemos disso porque o próprio reconhece que Deus está com José (Gênesis 39:3), e até usa a palavra hebraica para Deus, *Yahweh*. Este era o nome especial de Deus, revelado apenas a seu povo. Potifar jamais poderia ter usado esse nome se José não tivesse falado a Potifar do Deus que amava e que estava com ele.

Assim, enquanto servia a Potifar, José poderia pensar que o pior já passou — pois, e isso é verdade, ele já sofrera e fora abandonado por sua família, fora zombado por causa de seus sonhos e traído. Mas ele trabalhou muito e agora tem uma nova vida num lugar novo, longe daqueles que queriam machucá-lo.

Mas será que o pior passou mesmo?

O próximo capítulo da vida de José é difícil de engolir. Aqui, podemos ver que, mesmo quando fazemos a coisa certa por amor e confiança em Deus, ele nem sempre nos protege das mentiras de outras pessoas e das consequências dessas mentiras. Pois a esposa de Potifar tenta seduzir José repetidas vezes, no palácio do próprio marido. Toda vez que ela avança, José recua, afirmando sua devoção a Deus e seu respeito pelo marido dela.

Mas, como escreve William Congreve na peça *The Mourning Bride* [A noiva de luto]: "Nem mesmo o inferno se iguala à fúria de uma mulher desprezada."

A esposa de Potifar se sente verdadeiramente desprezada e humilhada, provavelmente por sua própria culpa e vergonha. Assim, ela acusa José de tentar estuprá-la. Ela quer se livrar da pessoa que acusa de tê-la humilhado e, ao acusá-lo, humilha seu marido na frente de todos funcionários.

Diz: "Aquele escravo hebreu que você nos trouxe aproximou-se de mim para me insultar" (Gênesis 39:17). A palavra que ela usa para "escravo hebreu" é uma expressão fortemente pejorativa, e o que ela está insinuando ao seu marido é: "Foi você que trouxe esse lixo para nosso lar."

José é jogado na prisão. Mas o fato de ele não ser executado é uma evidência inequívoca de que Potifar não acredita completamente na versão da esposa. Se acreditasse mesmo que um escravo estrangeiro havia tentado estuprar sua esposa, Potifar o teria executado no mesmo instante. Em vez disso, e pelo fato de todos os seus funcionários estarem presentes, ele precisa fazer algo, e a prisão lhe parece uma boa solução, um local de espera, até ele conseguir resolver a questão.

Isso não lhe parece um tapa no rosto de tudo aquilo em que você aprendeu a crer na nossa cultura evangélica ocidental?

Temos aqui um jovem que (finalmente) honra Deus num lar pagão. Ele se tornou uma testemunha positiva de seu Senhor. E resistiu aos avanços de uma mulher sedutora quando ninguém estava olhando. Quem teria sabido, se ele tivesse cedido à esposa de Potifar? José é um jovem viril, num país estranho, e uma linda mulher está tentando levá-lo para a cama. Mas ele diz não porque é a coisa certa a fazer. Uma coisa é resistir por medo de ser pego, e outra bem diferente é resistir por amor a Deus. A despeito de tudo isso, José é encarcerado! Deus permite até que a esposa de Potifar arranque um manto de José como evidência durante sua fuga. E assim, com o manto em mãos e sua palavra contra a palavra de um escravo, o destino de José é selado.

Jogado na prisão para ser libertado

Poderíamos pensar que José ficaria frustrado com Deus, pronto para desistir de confiar que ele realizará seus sonhos. No entanto, após sua prisão injusta, José continua a confiar em Deus e obedecê-lo. Continua a demonstrar integridade.

Lemos: "o SENHOR estava com ele [...]. Por isso o carcereiro encarregou José de todos os que estavam na prisão, e ele se tornou responsável por tudo o que lá sucedia" (Gênesis 39:21-22).

Sinto uma afinidade especial com José nesse ponto de sua vida. De forma alguma, pretendo — nem mesmo por um segundo — comparar um mês numa clínica psiquiátrica com anos em uma prisão, mas achei graça quando li que José se tornou responsável pelos outros prisioneiros. Tive uma experiência semelhante. Há algo muito libertador em aceitar a situação em que você se encontra, pois, não importa como isso possa parecer aos outros, Deus está com você. Aprendi essa lição quando estava no hospital havia algumas semanas e os outros pacientes me elegeram como secretária de entretenimento. Para mim, fora um choque deixar de ser uma apresentadora de televisão para me tornar paciente em uma ala fechada de um hospital psiquiátrico. Quando aceitei meu papel de secretária, eu acolhi minha nova realidade. Levei meu trabalho muito a sério e tentei encontrar maneiras de ajudar meus novos amigos, mesmo que apenas por alguns momentos. Durante esse processo, os outros pacientes se tornaram minha nova comunidade, e eu aprendi a amá-los. Este é o caminho da confiança: aceitar e aprender a amar o bastante para saber que Deus tem um plano, algum jeito de usar tudo para o bem.

José acredita nisso. Ele conquista o respeito e a confiança do carcereiro e certas liberdades, pois, por fim, se tornou um homem confiável. Ele é confiável por causa daquele em quem confia. E duas coisas acontecem: ele recebe uma liberdade maior do que goza a maioria daqueles que estão fora da prisão. E é transformado. Ele volta a ter sonhos. Só que agora é um homem diferente daquele adolescente arrogante que foi parar no palácio de Potifar por ter ostentado seu dom na frente dos irmãos.

Em seu maravilhoso livro *God Meant It for Good* [Deus assim desejou para o seu bem], o dr. R.T. Kendall escreve: "Cada provação pretende mostrá-lo algo sobre você mesmo que você não sabia."[14] Tenho refletido muito sobre essa afirmação, especialmente em relação a quando fui traída por alguém que eu amava e em quem confiava. Aquela provação me ensinou algo sobre a outra pessoa — mostrou-me sua verdadeira natureza —, mas não sobre mim mesma?

A verdade é que cada provação e minha reação a ela revelam algo novo sobre mim porque me obrigam a responder com o coração, a mente ou a conduta:

- Alego confiar em Deus, mas confio mesmo?
- Alego que Deus está no controle, mas realmente abro mão deste controle?
- Alego que Deus é meu libertador, mas permito que ele me sustente?
- Alego que Deus é meu defensor, mas continuo a querer defender meu caso?

E as respostas a esse tipo de perguntas? Bem, John Cotton, o ministro altamente respeitado entre os puritanos da Nova Inglaterra, disse:

"Enquanto ainda houver o menor traço de resistência em você, você não está pronto."[15]

Ainda não, José

Enquanto isso, dois membros da equipe do faraó, o copeiro e o padeiro, acabam presos e vão para a prisão de José. O carcereiro nomeou José como responsável pelo bem-estar deles.

Certa noite, tanto o copeiro quanto o padeiro têm sonhos que os deixam perturbados. Apesar de também ser um prisioneiro, José não se preocupa apenas com sua própria situação — ele percebe quando os outros passam por dificuldades e tenta ajudar.

O copeiro e o padeiro contam seus sonhos a José, e o vemos, pela primeira vez, usando seu dom para o bem de terceiros. Ele ouve com atenção seus colegas de prisão e então compartilha com eles que sabe interpretar os sonhos.

Um sonho significa boas-novas. Ao copeiro, ele explica: dentro de três dias, você voltará para seu antigo emprego. O outro sonho, porém, significa algo terrível: dentro de três dias, o padeiro será executado.

O dr. Kendall faz uma observação interessante sobre o que José disse ao copeiro: "Quando tudo estiver indo bem com você, lembre-se de mim e seja bondoso comigo; fale de mim ao faraó e tire-me desta prisão" (Gênesis 40:14). E alega que o pedido de José o manteve na prisão por mais dois anos. Ele escreve: "Deus queria ensinar algo mais profundo a José: que era capaz de resolver tudo muito bem sem a ajuda de José."[16]

Talvez, então, apesar de estar mudando, José ainda tivesse muito a aprender sobre confiar em Deus. Ou talvez seja apenas a natureza humana, pois é claro que, quando o copeiro sai da prisão, se esquece completamente de José, que passa mais tempo na prisão até a noite em que o próprio faraó tem um sonho.

Ninguém consegue interpretar tal sonho. Então, o copeiro se lembra de José.

José é tirado da prisão e apresentado ao faraó. Pela primeira vez, o ouvimos afirmar que não tem o poder de interpretar sonhos, mas sim que é Deus quem revela a interpretação. Ele está seguindo o caminho da confiança.

Atentamente — e em oração, imagino — ele ouve as palavras do faraó e recebe de Deus uma interpretação.

O faraó fica tão impressionado com esse homem de 32 anos que o nomeia primeiro-ministro do Egito. O que é mais extraordinário ainda: José recebe um nome egípcio, Zafenate-Paneia, que significa: "Deus fala e ele vive!"

Deus fala e ele vive. Até no Egito. Até mesmo nos sonhos de copeiros, padeiros e reis. Até num prisioneiro agora transformado em primeiro-ministro.

O que você diria se pudesse conversar com José hoje? Você lhe contaria que se sente como se Deus tivesse perdido seu endereço? Que esperou mas parece que Deus não está mexendo um só dedo para tirá-la da escura prisão em que está? Sem opções? Que tentou ajudá-lo de vez em quando, mas que isso também não funcionou muito?

Imagino que José, primeiro-ministro do Egito, olharia para você e diria: "Você não foi esquecida. Deus a vê. Em seu tempo perfeito, você o verá fazer o que apenas ele consegue fazer."

Quem está no controle?

Em algum momento nesse período da vida de José, ele perdoou seus irmãos. Vemos isso quando uma fome terrível os traz à presença do primeiro-ministro do Egito, que controla todo o trigo do país, e Jacó — já idoso e fraco — envia os filhos para lhe pedirem comida, pois sua família está morrendo de fome.

Imagine os dez irmãos diante de José. Apesar de terem se passado vinte anos, ele os reconhece. Eles, por sua vez, não. Não conseguem fazer o vínculo e, provavelmente, nem sabiam que ele ainda estava vivo.

Como deve ter sido grande a tentação para José ao vê-los ali, diante dele, implorando, de lembrá-los do sonho que compartilhou com eles tanto tempo atrás — o sonho em que eles se curvariam diante dele; de fazê-los pagarem por zombarem dele, por terem-no jogado num poço e o entregado à morte ou à escravidão.

Há um momento de suspense quando ele revela sua identidade, e os irmãos se assustam. Seu irmão, agora primeiro-ministro do Egito, os executará?

José os surpreende. Diz que não pretende se vingar. Mas será que poderia ver seu pai?

Sabendo quem controla seus sonhos

Mais de vinte anos se passaram desde que Jacó e José se viram pela última vez, e seu reencontro é, sem dúvida alguma, muito emocionante. José era o filho favorito de Jacó; será que ele tinha os olhos ou o sorriso de Raquel? Será que Jacó olhou para o filho e o abraçou lembrando-se da esposa que amara, pela qual trabalhara tanto tempo e que perdera tão cedo? E José: por quanto tempo deve ter desejado viver o momento em que sentiria o abraço do pai que o amava mais do que qualquer outra coisa, com todo o seu ser?

Imagino que até o faraó se comoveu ao vê-los juntos novamente.

Ele instrui José a dar tudo de que sua família precisar. Seus familiares são bem-vindos no Egito, ele diz, e lhes dá até permissão de se assentarem juntamente com seus rebanhos em Gósen, a terra mais fértil.

A família de Jacó e José é abençoada e reunida, mas os irmãos ainda têm medo. Apesar de não terem recebido nada além de amor e misericórdia da parte de José, eles não acreditam que não haverá consequências. "Talvez ele esteja esperando para se vingar quando nosso pai morrer", devem ter pensado. Eles não passaram pelo mesmo refinamento que José.

Então, Jacó morre. Seus filhos o enterram e choram por ele.

Depois, os irmãos de José lhe enviam uma mensagem: "Antes de morrer, teu pai nos ordenou que te disséssemos o seguinte: 'Peço-lhe que perdoe os erros e pecados de seus irmãos que o trataram com tanta maldade!'" (Gênesis 50:16-17).

Quando José recebe o recado, chora. Creio que chora por perceber que, após todos esses anos, após toda a generosidade que encontraram no Egito, após todas as maneiras em que tentou lhes mostrar que mudou — seus irmãos continuam os mesmos. Ainda nutrem uma mentalidade de vingança, acreditam que José fará com eles o que fariam se estivessem em seu lugar. Estão vivendo numa vala e numa prisão da desconfiança, enquanto ele foi liberto.

Você também ouve o que José deseja dizer aos irmãos? Quando finalmente entenderem que Deus está no controle de tudo, vocês não precisarão guardar mágoas ou permanecer amargurados e impassíveis. Se realmente confiarem seus sonhos a Deus, poderão dizer: "Vocês planejaram o mal contra mim, mas Deus o tornou em bem" (Gênesis 50:20).

Quando José aprendeu a confiar em Deus, aquele garoto arrogante e autoconfiante se transformou num homem cujo coração era meigo, cheio de perdão e livre. Encoraja-me o fato de que o critério de Deus para usar uma pessoa não é se ela teve um início maravilhoso, mas se tem potencial e trabalha durante anos para refinar e retirar as camadas de egoísmo.

Pense em sua própria vida. Talvez você tenha começado como em um sonho sobre aquilo que acreditava que Deus faria com sua vida. Depois, a própria vida se enfiou no meio. Talvez até neste exato momento você esteja ferida, magoada, imaginando onde Deus estaria.

Ele está aqui com você. Nunca a abandonou, mas, a cada curva do caminho, deseja lhe mostrar o que está dentro de seu coração para libertá-la. Você não é vítima dos caprichos de outras pessoas, mesmo que se sinta assim. Você é uma filha amada do Rei, que a está transformando em uma pessoa de uma beleza cada vez maior conforme aprende a confiar seus sonhos a ele.

Esse é o caminho da confiança, da liberdade real; é lindo.

Quando nossas escolhas custam nossos sonhos

— Isso pode valer para os outros, mas não para mim — disse uma mulher outro dia.

Encontrei essa mulher na fila do cinema. Perguntei por que ela acreditava que aquilo que Deus oferece àqueles que o amam não se aplicaria também a ela.

— Porque destruí tudo que ele me deu durante toda minha vida — respondeu. Então, perguntou-me se eu acreditava em tudo que escrevia.

Disse-lhe que sim, mas que nem sempre vivia em conformidade com isso — que eu também encontrava dificuldades.

— Li seu livro sobre sonhos, *God Has a Dream for Your Live* [Deus tem um sonho para sua vida] — disse.

— O que achou? — perguntei.

— Acredito que Deus realmente tem um sonho para cada um de nós, mas acredito também que podemos destruí-lo.

Compreendo o desespero que pode levar alguém a acreditar nisso.

— Você acha que existe um lugar para recomeçar, mesmo que tenha transformado tudo em um grande caos? — perguntei.

— Talvez. Talvez em algumas situações. — Pensou um instante. — Mas não na minha. As escolhas que fiz destruíram também os sonhos de muitas outras pessoas. Se pudesse voltar no tempo e mudar as coisas, eu o faria. Mas é tarde demais para isso.

Meu coração doeu, e orei por ela enquanto ela pagava seu ingresso e em seguida se despediu. Há um peso terrível a carregar quando se derruba as paredes da casa em cima daqueles que se ama.

Queria ter tido tempo para conversar sobre minha firme convicção de que, mesmo em meio às ruínas, ainda existe esperança.

CAPÍTULO 10

Pode ser tarde demais para recomeçar?

A beleza de uma chance perdida

"Um fracasso dentro dos propósitos de Deus deixa, na verdade, de ser um fracasso. Assim, a cruz, o supremo fracasso, é, ao mesmo tempo, o supremo triunfo de Deus, pois é a realização do propósito da salvação."

— *Paul Tournier*

"Sansão orou ao SENHOR: 'Ó Soberano SENHOR, lembra-te de mim! Ó Deus, eu te suplico, dá-me forças, mais uma vez.'"

—*Juízes 16:28*

Enquanto escrevo estas linhas, é Dia das Mães. Barry e eu assistimos ao segundo de dois cultos da nossa igreja todos os domingos, mas, como fui convidada a liderar o culto neste domingo, acordei mais cedo, pronta para tudo. Bem, na verdade, só acordei mais cedo. Barry teve a gentileza de ir até a cafeteria mais próxima e trazer um balde de cafeína enquanto eu secava meu cabelo — só assim conseguimos sair de casa a tempo. Descobri que um dos benefícios de chegar muito cedo à nossa igreja é que você pode estacionar o carro sem dificuldades.

Nosso pastor musical me disse que, antes de minha participação no culto, vários bebês seriam consagrados. Eles não paravam de subir ao altar. Cada família vinha à frente com seu pequenino e parava por um instante para tirar uma foto com o pastor. Alguns bebês pareciam bem satisfeitos, outros dormiam, e um deles parecia não gostar nada daquele processo todo e expressava seus sentimentos num choro alto. Era uma visão comovente. A congregação inteira parecia envolvê-los em um sorriso comunal.

Eu estava usando uma pulseira, na qual Christian havia gravado a palavra *mamãe* repetidas vezes em letrinhas prateadas. No geral, foi um dia muito agradável para todos nós, mas eu sentia muito a falta de uma amiga naquela manhã. Para ela, é doloroso demais participar do culto do Dia das Mães. Ela não pode ter filhos biológicos — uma ferida que nunca sara. Tê-la em minha vida me conscientizou de que as coisas que trazem tanta alegria para muitos de nós são como sal nas feridas abertas de outros. Nesses locais sensíveis e expostos, podemos perder de vista nosso caminho — e nossa confiança.

A ferida por trás das palavras

Alguns anos atrás, tive um dos encontros mais dramáticos de todos os meus anos de viagens. Eu acabara de falar num evento na costa oeste dos Estados Unidos e estava autografando livros. Uma mulher ignorou a fila e veio diretamente para a mesa, invadindo meu espaço. Se tivesse se aproximado um pouquinho mais, ficaria no meu lugar.

— Por que você acha que estamos interessados em suas historinhas sobre seu filhinho perfeito? — perguntou.

— Acredite, ele é tudo menos perfeito, e, se eu lhe passei essa impressão, peço perdão. Ele é apenas muito amado.

— Bem, eu estou cansada de ouvi-la falar dele! — continuou ela.

Algumas das mulheres na fila estavam começando a se irritar e tentavam vir em meu socorro. Perguntei se ela se importaria em esperar alguns minutos, pois eu gostaria de conversar com ela. Quando terminei de autografar os livros, levei-a comigo para um lugar que nos oferecia alguma privacidade.

— O que causou tanta dor em você? — perguntei.

Durante um instante, pensei que ela me atacaria fisicamente. Mas, de repente, parecia que ela sofria um colapso interno. Não me cabe contar sua história, mas basta dizer que ela perdera seus filhos de maneiras insuportavelmente trágicas. Tudo que pude fazer foi abraçá-la e chorar com ela.

A incapacidade de conceber um filho tem sido uma dor peculiar desde sempre e só pode ser compreendida por quem que já passou ou quem está passando por isso neste momento. Nós podemos sentir uma grande simpatia, mas não sabemos quão sombria é essa noite.

Nos tempos do Antigo Testamento, a incapacidade de ter filhos não era apenas uma dor psicológica. Era uma desgraça. A incapacidade de conceber era vista como sinal da reprovação de Deus e o pior pesadelo de uma mulher. Como confiar nele quando sentimentos de tamanha esperança se transformam em dor e vergonha?

O nascimento de Sansão

As Escrituras nos contam muitas histórias de pessoas que começaram bem com Deus, mas que, no fim, perderam o caminho, o coração e a confiança.

Pense em Ló, por exemplo. Ele costumava andar com Abraão, mas acabou bêbado numa caverna, cometendo incesto com suas filhas (Gênesis 19). A perda de Ló se transformou em libertinagem. O rei Saul foi o primeiro rei de Israel, um homem sobre o qual o Espírito de Deus tinha caído de forma tão profunda que ele foi transformado. Mas Saul perdeu a capacidade de ouvir a voz de Deus e se suicidou após ser gravemente ferido em combate (1Samuel 31:4). A perda de Saul se transformou em desespero. No Novo Testamento, Dimas, um dos ajudantes de Paulo, começou servindo a Deus com fervor. Depois, o preço de seguir Cristo pareceu alto demais. Em 2Timóteo 4, Paulo escreve que Dimas o abandonou porque amava demais o mundo. A perda de Dimas se transformou em isolamento e separação.

Em Juízes 13:1, lemos pela sétima vez: "Os israelitas voltaram a fazer o que o SENHOR reprova." Os eleitos de Deus também perderam seu caminho.

Mas Deus, sentindo a profundeza da dor por seus filhos perdidos, deseja abraçar seu povo; ele espera, chora e está disposto até a usar inimigos para lembrá-los de quem ele é e a quem eles pertencem. Assim, durante quarenta anos, permitiu aos filisteus que oprimissem os israelitas, a opressão mais longa registrada até então nos primeiros livros da Bíblia.

Uma mulher que confiava nele mudaria tudo isso — ela traria esperança ao povo de Deus e o libertaria de seus inimigos. Era uma mulher incapaz de conceber, que compreendia a sombria noite de Deus, mas não conhecemos nem mesmo seu nome. Juízes 13:2 nos diz que o nome de seu marido era Manoá; ela é mencionada apenas como uma mulher estéril. Há algo de imensamente triste em descrevê-la assim, como se isso fosse tudo que precisamos saber sobre ela.

Sabemos, porém, que ela foi escolhida por Deus, pois um anjo foi enviado para dizer-lhe:

> Você é estéril, não tem filhos, mas engravidará e dará à luz um filho. Todavia, tenha cuidado, não beba vinho nem outra

> bebida fermentada, e não coma nada impuro; e não se passará navalha na cabeça do filho que você vai ter, porque o menino será nazireu, consagrado a Deus desde o nascimento; ele iniciará a libertação de Israel das mãos dos filisteus (Juízes 13:3-5).

A esposa de Manoá confia na mensagem de Deus e corre até o marido para contar-lhe a notícia. Imagine sua alegria: um bebê! Um filho! Um libertador para o povo! Mas Manoá se surpreende com as instruções altamente específicas: seu cabelo jamais deve ser cortado. Votos nazireus — votos não apenas para uma temporada e por vontade própria, como se aplicava à maioria dos nazireus, mas para toda a vida, do primeiro até o último respiro, do berço até o túmulo.

De certo, os regulamentos rígidos para os nazireus, encontrados em Números 6:1-21, concederiam um pouco de folga a qualquer um. Então, Manoá faz o que a maioria de nós faz quando confrontados com algo surpreendente. Ele pergunta: Como? Por quê? O quê? Ele se preocupa. Não pensa no que Deus está fazendo. Em vez disso, passa a se preocupar com os três compromissos principais de um nazireu e como será difícil observá-los durante uma vida inteira:

1. Não cortar o cabelo.
2. Abster-se de vinho ou qualquer bebida forte e de qualquer coisa produzida pela videira.
3. Não ter contato com os mortos, nem se fosse seu marido, sua esposa ou seu filho.

Manoá está em dúvida, querendo averiguar o que sua esposa afirma ter ouvido de Deus. Está impaciente e inquieto, pensando e repensando. Em sua dúvida, ora e pede a Deus que envie seu mensageiro mais uma vez — ele quer checar as instruções pessoalmente.

Deus compreende a dúvida.

Mais uma vez, aparece um anjo à esposa de Manoá, dessa vez, quando está sentada a sós no campo. Novamente, ela corre para contar ao marido, que agora quer ver o mensageiro com os próprios olhos.

Manoá enche o estranho com perguntas: "És tu o que falaste com a minha mulher?" (Juízes 13:11) "Quando as suas palavras se cumprirem, como devemos criar o menino? O que ele deverá fazer?" (versículo 12) "Gostaríamos que ficasses conosco; queremos oferecer-te um cabrito" (versículo 15).

Manoá acredita que esse encontro merece mais do que uma simples conversa. Está pensando: "Se eu conseguir fazê-lo ficar um pouco, talvez consiga descobrir o que está acontecendo de verdade."

O anjo não se deixa enganar. Ele sabe que a esposa de Manoá confia na mensagem de Deus. "Sua mulher terá que seguir tudo o que eu lhe ordenei" (versículo 13), diz o anjo. "Se você preparar um holocausto, ofereça-o ao SENHOR" (versículo 16).

Manoá, ainda não totalmente convencido (versículo 17), prepara o sacrifício. Ele pergunta pelo nome do mensageiro. O anjo lhe diz que seu nome é tão maravilhoso que é inexprimível. O esplendor começa a cintilar. Chamas de confiança começam a queimar.

Manoá volta sua atenção para Deus; quando coloca o cabrito no fogo, oferecendo um sacrifício àquele que enviou as boas novas, o anjo sobe nas chamas. É um milagre cheio de glória. Manoá vê o milagre e começa a crer. Ele e sua esposa se prostram no chão (versículo 20). "Sem dúvida vamos morrer, pois vimos a Deus!", ele diz à esposa.

A confiança pode fazer isso com as pessoas. Ela se joga no chão com o marido. Quando não há mais nada que possa fazer — quando finalmente reconhece que cogitar, refletir e se preocupar não leva a respostas; quando seu coração desmaia e você tem medo da noite sombria; que não consegue apreender o sentido disso tudo; e quando tudo parece ser consumido pelas chamas — a confiança ressurge e deixa você de joelhos.

Um início promissor

Mas a esposa lembra seu marido: por mais que a confiança possa surpreendê-lo ou machucá-lo, não mata. Pois ela tem uma promessa — um filho — e não sabe exatamente quando ele virá, mas está disposta a continuar confiando por mais um tempo.

Vemos, então, como a mulher de Juízes 13 confia. É como se a promessa de Deus fosse um raio irresistível que a alcançou na noite escura da alma e agora a está atraindo para ele. Ela se levanta. Manoá também. Começam essa jornada juntos. Nasce Sansão, e ela e Manoá o criam conforme os votos nazireus. Sansão cresce, e Deus o abençoa (Juízes 13:24).

Ao ler a história de Sansão, será que você também pensa: "Que início maravilhoso?" De fato, o caminho de Sansão parece perfeito: os semáforos estão todos verdes, a estrada está em ótimo estado, visão perfeita. Sua jornada começa com um anjo do Senhor que anuncia seu nascimento. Ele tem pais devotos, que o amam. Sua vida é dedicada ao serviço do Senhor. Quando jovem, experimenta o poder do Espírito de Deus.

Mas inícios são apenas parte da jornada. Confiança não é um destino. Poetas e pregadores de todas as eras nos lembram que confiança é apenas a trilha que leva a algo maior — ao próprio Deus.

Henry Wadsworth Longfellow escreveu: "Grande é a arte de iniciar, mas maior é a arte de finalizar."

"Combati o bom combate", proclamou o apóstolo Paulo, "terminei a corrida, guardei a fé" (2Timóteo 4:7).

Deus sabe que a confiança é uma estrada esburacada que leva até mesmo aqueles com inícios maravilhosos para a escuridão.

O primeiro tropeço

A estrada de Sansão o leva a Timna — quatro milhas atrás das linhas inimigas. Ele sabia que se encontrava na terra dos filisteus? Seu desvio do caminho foi intencional? Estava cansado e deixara se seduzir pelo caminho mais fácil? Não sabemos. Mas sabemos que ele depende daquilo que vê para chegar a algum lugar. Sua decisão é precipitada. Ele ainda nem conversou com a mulher que pretende desposar. Simplesmente a vê, volta para casa e convence seus pais a organizar o casamento.

Seria esse o significado da confiança cega?

Você ouve a pergunta que se esconde por trás das perguntas que os pais lhe fazem (Juízes 14:3): "Será que não há mulher entre os seus parentes ou entre todo o seu povo? Você tem que ir aos filisteus incircuncisos para conseguir esposa?" Há dor em suas vozes. A garota é filisteia. Sua família faz parte dos opressores de Israel.

A resposta de Sansão se parece tanto com a nossa quando tentamos traçar nosso próprio caminho e fazer nossos próprios planos: "Consiga-a para mim. É ela que me agrada" (versículo 3). Você nunca reagiu assim? Não conhece alguém que reagiu assim?

Você está tentando chegar a algum lugar e, ao longo do caminho, vê coisas que lhe agradam. Talvez peça um cartão de crédito, apesar de ter prometido que não faria isso. Pretende comprar apenas essa única coisa e pagará por ela imediatamente, mas uma coisa leva à outra e depois a muitas outras.

Ou talvez esteja enfrentando dificuldades no casamento, e há no seu trabalho um colega tão gentil e divertido. "Que mal pode fazer um almoço com ele?" Antes que perceba, já está compartilhando sua alma e seu coração, talvez até seu corpo com outra pessoa. "Enquanto isso não se transformar em um relacionamento sexual, ainda estou do lado seguro." Mas Jesus disse que devemos confiar no caminho de Deus, e este caminho exige mais (Mateus 5:28): "Não pense que você preservou sua virtude por ter se mantido longe da cama. Seu *coração* pode ser corrompido pelo prazer bem mais rápido do que seu *corpo*. Aqueles olhares lascivos que acha que ninguém vê — eles também corrompem."

É fácil procurar nosso caminho em tudo quanto é lugar errado. Queremos provas e sinais, trilhas asfaltadas. O caminho da confiança não é plano nem fácil. De vez em quando, desviamos do caminho; vagueamos pela vida sem perceber que já invadimos o território inimigo.

Coração doído

Não importa como Sansão chegou aonde está agora, mas está disposto a se acomodar na terra dos filisteus. Seus pais tentam convencê-lo a desistir do casamento, que é proibido pela lei de Moisés. Mas não conseguem resistir às exigências de seu obstinado filho.

Certamente, eles se perguntaram o que seria deles e de seu filho Sansão, que tinham consagrado ao serviço do Senhor, prometendo não só mantê-lo afastado da influência dos filisteus, mas também a derrotar seus inimigos. "Certamente Deus não concorda com isso", devem ter pensado, angustiados.

Mesmo assim, Deus continua operando (Juízes 14:4). Ele está agindo mesmo quando Sansão chega a Timna pela primeira vez e também quando retorna com seus pais e acaba numa vinha.

Imagine só. Sansão não só retornou para o território inimigo, mas arrastou consigo seus pais e então os deixou para seguir um caminho proibido não só pela Lei de Moisés, mas também por seus votos nazireus. Ele está passando por uma vinha, rodeado pelo forte cheiro das uvas; e invadiu o centro de tudo aquilo do qual sua vida deveria se abster... E é justamente nesse momento que um rugido o faz parar.

Só que ele não cai no chão.

Dá meia-volta e se vê diante de um jovem leão prestes a atacar. Com as mãos, mata o animal, pois "o Espírito do SENHOR apossou-se de Sansão" (versículo 6). Essa é a primeira experiência de Sansão com a força sobrenatural que possui quando Deus está com ele.

"Mas não contou nem ao pai nem à mãe o que fizera" (versículo 6).

Você não acha isso estranho?

Penso em meu Christian, filho único como Sansão, e não consigo imaginar nem por um momento como qualquer garoto que acaba de realizar uma proeza de tamanha força conseguiria manter isso em segredo. Quando Christian mata um inseto, me conta — em todos os detalhes.

Será que Sansão manteve isso em segredo para poder usar sua força como bem entendia? Ou será que não queria que seus pais soubessem que ele acabara de violar mais um dos votos nazireus ao tocar um corpo morto?

A Bíblia não nos diz, mas há aqui mais um aspecto sobre aquilo que acontece quando Deus pede que confiemos nele. Nem sempre ele nos explica tudo. Algumas coisas são o que são, sem justificativa.

Mistérios e enigmas não significam que Deus esteja ausente ou que não possamos confiar nele.

Sansão nos mostra isso. Ele invade o território inimigo, envolve os pais em sua desobediência, busca um casamento que viola a essência do serviço e dos votos de sua vida, desobedece aos votos restantes ao passar por uma vinha, não só causando, mas manuseando a morte ao rasgar um leão ao meio, e então se dedica ao planejamento de um casamento num dia que deveria ser de guerra.

E não é apenas Deus que está com ele; o Espírito do Senhor ainda se apossa dele.

O grande dia

Várias semanas passam, e chega a hora do casamento. Mais uma vez, Sansão volta a Timna. Mais uma vez, toma o caminho mais longo pela vinha, dessa vez, para ver o que aconteceu com o cadáver do leão.

Ele se depara com uma cena curiosa. Um enxame de abelhas construiu uma colmeia entre os ossos do leão. As abelhas trabalharam duro e fizeram mel dentro do cadáver. Sansão retira um pouco do mel para comer e separa o resto para dar aos pais — sem dizer de onde o tirou, já que comer qualquer coisa do cadáver de um animal morto representa uma violação deliberada de seus votos.

Enquanto isso, "seu pai desceu à casa da mulher, e Sansão deu ali uma festa" (Juízes 14:10). "Festa" significa aqui uma bebedeira que durou uma semana, e parece-me muito improvável que o noivo não tenha participado. Na verdade, nada no caráter de Sansão nos dá a entender que ele era o tipo de homem que se negaria qualquer coisa. E visto que não trouxe nenhum padrinho, os filisteus destacam trinta homens para servir-lhe de companheiros. É bem provável que não fizeram isso apenas por amizade, mas para descobrir que tipo de homem ele é, que prontamente confia em seus inimigos.

No início, a atmosfera é um pouco tensa, então Sansão decide animar a festa com uma charada. Ele parece se orgulhar de sua experiência com o leão e o mel, apesar de ter sido um ato de desobediência, e agora passa ainda mais dos limites e transforma tudo isso numa piada:

> Do que come saiu comida; do que é forte saiu doçura (Juízes 14:14).

Sansão diz aos homens que se, dentro dos sete dias da festa, conseguirem resolver a charada, ele dará uma veste de linho e uma muda de roupas a cada um. Se não encontrarem a resposta correta, devem dar o mesmo a ele. Era uma aposta cara, por isso, após tentarem encontrar a resposta correta durante três dias, os homens chamam a nova esposa de Sansão e lhe ordenam que descubra a solução da charada; caso contrário, incendiarão a casa de seu pai — com ela dentro.

Com esse incentivo, ela pede a Sansão que lhe conte a resposta. Ele se recusa, pois está se divertindo muito. Durante os próximos três dias, ela chora, se queixa e o acusa de não a amar; por fim, no sétimo dia, ele cede e lhe diz a resposta. Esquece até que, segundo os costumes, o casamento deverá ser consumado naquela noite. Sansão, confiando em seus próprios caminhos, não se preocupou muito com as consequências antes e tampouco o faz agora.

Quando os filisteus lhe dão a resposta correta, Sansão de repente se dá conta de que sua esposa o traiu, pois ela era a única que sabia. Fiel ao seu caráter, ele se enfurece tanto que corre até a cidade mais próxima, que fica a vinte milhas dali, mata trinta homens com as próprias mãos, pega as roupas deles e as entrega aos vencedores da aposta.

Ele se enoja tanto de sua esposa que sai de casa sem consumar o casamento.

E agora?

Você percebeu para onde a autoconfiança de Sansão o levou? Para lugar nenhum, mas ele não está disposto a admitir. A essa altura da vida, poderia ter se rendido e começado a confiar em Deus; poderia ter se arrependido, e Deus o teria perdoado e restaurado. Deus esperou por isso o tempo todo, desejando com todo coração conceder-lhe misericórdia e restaurá-lo.

No entanto, mais uma vez Sansão tem seus próprios planos. Assim que se acalma, decide visitar a esposa.

A palavra que as Escrituras hebraicas usam para "visitar" é um termo acádio, que indica um casamento estranho do ponto de vista cultural. (É mesmo?) Em vez de passar a viver com seus sogros em outra cultura, a noiva de Sansão permaneceu na casa de sua família, onde o marido podia "visitá-la". Assim, quando ele aparece na casa do sogro, suas mãos manchadas com o sangue de filisteus, as coisas ficam constrangedoras. Sansão anuncia que veio fazer sua primeira visita conjugal e é informado de que veio tarde demais.

> O pai dela não quis deixá-lo entrar. "Eu estava tão certo de que você a odiava", disse ele, "que a dei ao seu amigo. A sua irmã mais nova não é mais bonita? Fique com esta no lugar da irmã" (Juízes 15:1-2).

Sansão fica furioso. Ele captura trezentos chacais (uma proeza talvez nem tão sobrenatural assim, já que chacais vivem em bandos) e os amarra em pares pelos rabos. Então, incendeia os rabos e solta os pobres animais no meio das plantações dos filisteus.

Tudo é queimado, incluindo os filisteus. Os que sobrevivem se enfurecem. Querem vingança. Mas, com medo de enfrentar Sansão diretamente, prendem a esposa e o sogro dele e os matam.

Então Sansão perde o controle. Não sabemos quantas pessoas ele mata naquele dia nem com que armas; mas sabemos que ele causa um terrível massacre e depois foge para as montanhas, onde se esconde.

Reflexão

Você já notou que violência sempre gera mais violência? Um lado faz algo para acabar com ela, e o outro revida com mais força ainda. O mesmo vale para os relacionamentos. Alguém diz uma palavra dura, o outro revida, o sangue começa a ferver, e um abismo se abre entre os dois.

"A resposta calma desvia a fúria, mas a palavra ríspida desperta a ira" (Provérbios 15:1).

Será que Sansão estava começando a entender isso? Pergunto-me no que ele estava pensando escondido na caverna. Suas mãos estão vermelhas de sangue, e sua esposa e seu sogro, mortos. Ele desencadeou uma série de eventos, e tudo está prestes a piorar.

Quando o resto dos filisteus ouve o que aconteceu em Timna, um grande grupo parte para encontrá-lo e executá-lo. Os filisteus acampam em Judá, e, quando os israelitas veem o grande exército, ficam aterrorizados. "Por quê vieram lutar justamente agora?", perguntam-se.

Ficam sabendo que os homens estão à procura de Sansão. Os israelitas prometem aos filisteus que o entregarão.

Não é irônico que a única vez, durante o juizado de Sansão, que os israelitas reúnem um exército é para capturá-lo?

E é assim que três mil israelitas se juntam na entrada da caverna para confrontá-lo. "Você não sabe que os filisteus dominam sobre nós? Você viu o que nos fez?" (Juízes 15:11)

Sansão não deseja brigar com seu próprio povo, assim lhes diz que podem amarrá-lo e entregá-lo aos filisteus, basta prometerem que não o machucarão.

O povo de Sansão tem medo dele, por isso, amarram-no com cordas novas e o levam ao acampamento dos filisteus.

É triste o que acontece quando se trai a confiança. Sansão foi chamado para libertar seu povo do domínio dos filisteus. Mas agora vemos seu próprio povo entregando-o a eles.

Uma vitória incrível

Mas até isso Deus usa para o bem, para seu plano. Assim que o exército filisteu vê que Sansão está sendo levado até eles, os soldados correm em sua direção aos gritos. E o Espírito de Deus se apodera novamente de Sansão. Ele rompe as cordas como se fossem simples barbantes. Então encontra o osso do queixo de um burro, fresco o bastante para ainda ser flexível, e sozinho mata mil homens.

Nenhum israelita pega em armas para ajudá-lo; ficam parados, maravilhados, enquanto seu tolo juiz massacra as tropas dos filisteus.

É incrível que Deus ainda esteja com Sansão. Apesar de ter traído a confiança dele e violado dois de seus três juramentos, Deus não o abandonou.

Talvez Deus tenha reconhecido no coração de Sansão o fraco desejo de proteger o povo que fora chamado a servir, soubesse que, lá no fundo, Sansão não queria que seu povo sofresse mais. Afinal, esse jovem e poderoso permitiu que o amarrassem, quando poderia ter escapado da caverna com facilidade, mas sabia que deixar seu povo para trás teria significado transformá-lo em presa fácil.

Talvez houvesse uma centelha de confiança não só no olho do arrogante Sansão, mas também em seu coração. Mas será que é tarde demais? Existe um ponto em que vamos longe demais, repetimos demais o mesmo pecado, de forma que nossa confiança evapora e seu amor por nós se desgasta?

A vida de Sansão suscita todas essas perguntas para as pessoas à sua volta e também para ele. Parece que ele passou dos limites jogando roleta-russa com seus votos. Até agora, teve sorte. O único juramento que ele não quebrou ainda é aquele que o anjo contou à sua mãe antes de seu casamento... Mas isso está prestes a mudar.

Dalila

Muitos dos problemas de Sansão resultam de seu desejo por mulheres, e é justamente uma mulher que causará sua queda. Ele se apaixona por Dalila. Os generais dos exércitos filisteus queriam desesperadamente acabar com ele, que zombara deles de tantas maneiras, então disseram à Dalila que, se ela fosse capaz de descobrir o segredo por trás de suas forças sobrenaturais, lhe pagariam grandes quantias. Não queriam simplesmente matá-lo — isso seria fácil demais. Queriam apenas neutralizar seu poder, para então capturá-lo e torturá-lo. Sentiam-se humilhados porque um único homem havia sido capaz de matar mil soldados.

Sansão nunca correu tanto perigo quanto agora, não por causa daqueles que queriam destruí-lo, mas por causa de sua própria natureza pecaminosa. Ao contrário de José, que fugiu de uma mulher que estava tentando seduzi-lo, ele continuava nesse caminho. Ele ainda não entendeu que ninguém podia tirar o que Deus lhe dera. Não, teria de entregá-lo a eles pessoalmente, e foi o que fez.

Durante três noites seguidas, soldados se escondem no quarto de Dalila, enquanto ela tenta convencer Sansão a lhe revelar o segredo de sua força. E toda vez ele lhe conta uma mentira. Mas na quarta noite Sansão comete o maior pecado de todos: revela a fonte de sua força a uma infiel.

Porém, os soldados filisteus já tinham saído frustrados da casa de Dalila. Mas, ao saber do segredo dos cabelos dele, ela sabe que é a verdade e chama os soldados de volta.

Ela faz Sansão cair no sono em seu colo, e eu a imagino alisando sua sobrancelha, brincando com os cachos de seu cabelo. Sansão adormece em todos os sentidos, tanto física quanto espiritualmente, e durante o sono, raspam sua cabeça.

Agora, chegou a vez de Dalila de se divertir. Na quarta noite, ela acorda Sansão: "Os filisteus o estão atacando!"

Sansão pula da cama, pronto para lutar — mas está tudo acabado.

O que as Escrituras nos contam agora é uma das passagens mais tristes que encontramos na Palavra de Deus: Sansão "não sabia que o SENHOR o tinha deixado" (Juízes 16:20).

Sua força se foi.

Os soldados o prendem e perfuram seus olhos. Não basta que Sansão tenha perdido sua força, é preciso cegá-lo, e então o forçam a trabalhar numa grande roda na prisão, moendo trigo como um animal de carga. Pois é assim que Sansão por fim se sente: como um animal, que carrega a vida como um peso.

Finalmente, indisposto a cair de joelhos por vontade própria, ele é derrubado e preso como um animal.

Mas ainda é um filho de Deus.

O segredo de Deus

No entanto, o que os filisteus não esperavam é a mesma coisa que pode enganar você e eu: enquanto houver um suspiro em seu corpo, não é tarde demais para recomeçar. O plano de Deus reserva um caminho para que nós voltemos para ele, e até mesmo Sansão, cego e andando em círculos, começa a reconhecer essa verdade.

Acontece outra coisa curiosa. Conforme Sansão adquire uma clareza maior, seu cabelo volta a crescer. Evidentemente, a força verdadeira de

Sansão nunca esteve em seu cabelo, mas em Deus. No entanto, o cabelo é um símbolo de sua dedicação, uma consagração. Então, ao empurrar a roda dia após dia, preso em sua escuridão, e enquanto os filisteus zombam dele e cospem nele, Sansão começa a falar com Deus Pai e lhe pede mais uma chance para confiar. Para dar a Deus toda a glória.

Sansão, por fim, entende o conceito de confiar em Deus e deseja nada mais do que derrubar seus inimigos. Não só os filisteus, mas também os inimigos do isolamento e da separação, do orgulho e do prazer, do desespero e da zombaria.

Então, os filisteus se reúnem para oferecer um sacrifício a seu deus Dagão, que supostamente lhes entregou Sansão. E o que poderia ser a pior humilhação para Sansão começa a se mostrar como parte do plano de Deus. Quando os filisteus já estão bêbados, mandam trazer Sansão da prisão para entretê-los.

Sansão, cego e guiado por um jovem, pede permissão para se apoiar nos pilares que sustentam o prédio.

O lugar onde será humilhado é seu solo sagrado, pois é aqui que ele clama uma última vez: "Ó Soberano SENHOR, lembra-te de mim! Ó Deus, eu te suplico, dá-me forças, mais uma vez, e faze com que eu me vingue dos filisteus por causa dos meus dois olhos!" (Juízes 16:28).

Ele pede que Deus o deixe morrer com os filisteus para que cumprisse na morte o que não fez em vida — e Deus, em sua grande misericórdia, responde à oração. Deus devolve a força a ele, que, enfim, confiando com toda a força dos braços e das costas, do coração e da alma, faz a construção desabar sobre todos.

A confiança última

Na hora de seu maior fracasso, só restou a Sansão confiar em Deus. Essa foi a única coisa que deveria ter feito em toda sua vida, mas ele criou empecilhos.

Nós também fazemos isso.

Fazer uma escolha ruim pode ser muito fácil, e brincar com fogo pode ser muito tentador. Talvez você esteja entediada com a vida e pense: "Que mal pode fazer me aventurar um pouco pelo meu lado sombrio?"

O problema do primeiro passo é que ele, invariavelmente, leva ao segundo e terceiro passo. Onde quer que você esteja agora, este é o seu solo sagrado, e a graça está à sua disposição exatamente aqui. Tudo que precisa fazer é confiar em Deus.

Para algumas pessoas, confiar em Deus no mundo em que se encontram pode custar muito caro. Enquanto escrevo estas linhas, amigos meus estão na prisão por causa de sua fé — seu modo de vida e suas crenças são considerados uma ofensa na cultura para a qual foram chamados. Para outros, uma confissão pública da fé em Cristo pode custar-lhes a carreira ou uma promoção.

A pergunta, então, é se é possível nutrir uma confiança particular em Deus — se é possível ser um discípulo secreto.

Os dois homens que estamos prestes a conhecer se perguntaram a mesma coisa e buscaram a resposta na escuridão da noite.

CAPÍTULO 11

Confiar em Deus quando se tem muito a perder

A beleza de dar tudo que se tem

"Aqui estou; não tenho escolha. Que Deus me ajude.
Amém!"
—*Martinho Lutero, discurso da "Dieta de Worms", 18 de abril de 1521*

"Havia um fariseu chamado Nicodemos, uma autoridade entre
os judeus. Ele veio a Jesus, à noite, e disse: 'Mestre, sabemos
que ensinas da parte de Deus, pois ninguém pode realizar
os sinais miraculosos que estás fazendo,
se Deus não estiver com ele.'"
—*João 3:1-2*

Alguns anos atrás, tive a honra de fazer parte de uma equipe de cantores e palestrantes que participaria de um fim de semana muito especial em Talin, na Estônia — um pequeno país na região báltica no norte da Europa, que faz fronteira com a Suécia, a Finlândia e a Rússia.

Durante a Segunda Guerra Mundial, a Estônia foi ocupada e anexada pela União Soviética e, depois, pelo Terceiro Reich até 1944, quando foi reconquistada pela União Soviética. Permaneceu sob domínio soviético até conquistar a independência em 20 de agosto de 1991 — naquele outono eu participaria do primeiro concerto de Natal realizado no país. Ironicamente, o evento deveria acontecer na sede do Partido Comunista.

Então, em agosto, peguei um avião de Los Angeles para Moscou, onde passei a noite na primeira escala da viagem. No dia seguinte, iria até Talin, na Estônia.

Passeando pelas ruas de Moscou, tudo me parecia muito cinzento, tanto os prédios quanto as pessoas. Ninguém olhou para mim. A única pessoa que falou comigo foi uma jovem russa. Ela queria comprar uma calça jeans americana, mas, visto que era o que eu estava usando naquele momento, teria sido difícil vendê-la para ela.

Uma das coisas mais bizarras que um turista ou cidadão russo pode fazer é passar horas na fila para ver o corpo do revolucionário russo Vladimir Lenin, que morreu em 1924. Lenin queria ser sepultado no túmulo de sua família, mas Joseph Stalin insistiu em expor seu corpo ao público na Praça Vermelha. Assim, o corpo de Lenin se encontra ainda hoje num sarcófago de vidro, assistido por cientistas do governo — um pouco como Branca de Neve, mas não tão bonito.

Duas vezes por semana tiram o pó do sarcófago, e duas vezes por ano o corpo é retirado e mergulhado numa mistura de 11 ervas e substâncias químicas.

Curiosa com toda essa história, fiquei na fila durante algum tempo, mas ela andava pouco, e os guardas tinham uma aparência extremamente hostil. Um amigo que já havia viajado à Rússia me dera o conselho de que, no mausoléu, eu precisaria ostentar uma postura sóbria apropriada, caso contrário, poderia ser retirada da fila e multada. Eu não tinha certeza se conseguiria fazer isso após uma espera de três horas, então saí da fila e voltei ao hotel para jantar.

O cardápio era em russo, então pedi algo que parecia ter um nome legal, sem fazer ideia do que seria. Quando meu pedido veio, parecia um bife, mas era bastante duro. Mais tarde, descobri que havia pedido urso assado, que — como supus — havia morrido de velhice.

Na manhã seguinte, um táxi me levou ao aeroporto de Moscou, onde embarquei em um avião da Aeroflot para Talin.

Jamais, nem antes nem desde então, fiz um voo como aquele da Aeroflot, a companhia aérea nacional da Rússia. Para começar, não havia qualquer restrição quanto ao que os passageiros podiam levar a bordo. Os assentos eram agrupados de tal forma que ficávamos uns de frente para os outros. O homem sentado diante de mim tinha um grande cachorro preto, que babava em minhas botas de camurça. Do meu lado, um soldado bêbado dormia com a cabeça encostada em meu ombro. Alguns assentos não tinham cinto de segurança, mas ninguém parecia se importar. (Acho que os outros passageiros estavam tranquilos com a ideia de não sobreviver ao voo.) E, quando as comissárias de bordo apareceram com as bebidas, traziam um jarro de ponche de cor laranja e quatro copos. Você tinha de beber e então devolver o copo para que fosse usado pela próxima fileira de passageiros. Decidi que não estava com sede — nem com fome. Dei o pão preto ao cachorro.

"Aeroflot, é?", pensei. "Um nome mais apropriado seria Aerofiasco."

Todas essas pequenas inconveniências de viajar para o exterior desapareceram assim que o avião pousou em Talin. Um grande grupo de cristãos estava me esperando no portão, cantando hinos e com muitas flores nos braços. E isso era apenas um prelúdio do tempo maravilhoso que passamos quando nos encontramos com o restante das equipes dos Estados Unidos e da Estônia para um momento de oração antes do evento na noite seguinte.

Liberdade!

Nunca me esquecerei de ter desfrutado a companhia desses cristãos, que oravam numa língua que eu não entendia, mas com uma grande e inconfundível paixão. Chorei quando clamaram a Deus orando pelo povo de seu país. Isso era um novo começo para eles, uma oportunidade de proclamar em público a liberdade que encontramos apenas em Jesus Cristo.

Fiquei pensando nisso durante o dia seguinte, enquanto nos reuníamos para fazer a checagem de som no grande auditório da sede do Partido Comunista. Sentei-me na borda do palco, imaginando o tipo de mensagens que foram proclamadas ali nos anos anteriores.

Às sete da noite, o local estava lotado. Percebi que havia guardas armados vestindo longos mantos cinzentos no fundo da arena. Asseguraram-nos de que estavam ali apenas para observar e que não precisávamos temer nada.

No fim do concerto, um jovem evangelista americano compartilhou a mensagem da liberdade em Cristo com a ajuda de um intérprete.

Foi inesquecível observar tantos jovens responderem ao chamado de virem até o palco, orarem e receberem uma Bíblia. Para muitas dessas pessoas, essa foi a primeira Bíblia que viram na vida. Fiquei maravilhada com sua demonstração de confiança e com as transformações que estavam ocorrendo no interior e no exterior de suas vidas.

Então, quando estava saindo da arena e caminhando em direção do carro do meu anfitrião, percebi que um dos guardas vinha diretamente em minha direção. Por um instante, perguntei-me o que eu poderia ter feito para despertar sua atenção. O guarda parou na minha frente, olhou diretamente para mim e disse: "Eu creio... há muito tempo, eu creio."

Tão rápido quanto havia se aproximado, ele se virou e foi embora.

"Por quanto tempo", perguntei-me enquanto orava por ele, "ele tem se sentido obrigado a manter sua fé em segredo? Qual é o preço de confiar em Deus neste país?"

Uma questão pessoal

Sei muito bem que seguir Cristo pode ser muito perigoso e até uma questão de vida e morte — não só na Estônia, mas em muitos lugares desse mundo. Fato é que participo de um grupo de oração que está intercedendo por uma jovem britânica que está presa sob condições terríveis simplesmente por ter compartilhado sua fé com outra mulher num país islâmico. Alguns de seus amigos e familiares a criticaram, alegando que a fé é uma questão pessoal e deveria permanecer assim. Mas essa jovem não concorda. Confiou em Deus compartilhando sua fé e agora está pagando um preço alto.

Talvez tenha sido mais fácil manter a fé em segredo antes da morte e ressurreição de Cristo. Você podia ser um judeu devoto que observava todas as restrições alimentares e ter uma fé profunda, mas particular.

Após a vinda de Jesus à terra, porém — suas curas, seus ensinamentos sobre a Palavra de Deus e os mortos que ressuscitou —, tudo mudou. Ele virou o mundo de ponta-cabeça, derrubou os muros que as pessoas construíram para manter um pé em um mundo e o outro pé em outro mundo. Separou todos aqueles que acreditavam nele daqueles que não acreditavam. Exigiu uma resposta: decida que ele é um louco ou decida acreditar que ele é quem alega ser — o Filho de Deus, o Cristo, o Messias. Crer nisso, confiar nele, segui-lo, obedecê-lo, mudaria tudo.

Escolher em quem confiar

É fácil sentar aqui em meu escritório em Frisco, Texas, e escrever sobre escolhas radicais. Mas quão difícil deve ter sido para aqueles que caminharam com Cristo quando ele começou a ensinar?

No tempo de Jesus, as pessoas que aguardavam a chegada do Messias tinham uma noção muito concreta sobre como ele seria. Para alguns, essa ideia era tão concreta que simplesmente não o reconheceram. Outros achavam que Jesus poderia ser ele, mas se estivessem enganados perderiam tudo, e será que confiavam tanto nele a ponto de desistir de *tudo*?

Essa era a pergunta que atormentava os dois homens que estavam com Jesus pouco antes de sua crucificação. Esses dois homens, Nicodemos e José de Arimateia, eram membros do Sinédrio, o importante conselho dos judeus, e ambos eram ricos. Cada um precisou decidir se ele era, ou não, o Messias, e sua decisão podia custar-lhe o que confiar em Jesus custa a todos nós, mesmo hoje: poder, posição, dinheiro, influência.

Para entendermos suas histórias, precisamos primeiro entender o que as pessoas daquele tempo sabiam sobre o Messias vindouro.

Para começar, sabiam que a palavra *Messias* significava "ungido", o homem ungido por Deus e pelo Espírito de Deus para libertar seu povo e estabelecer seu reino. (A palavra grega é *Christos*, que originou a nossa palavra *Cristo*.) Segundo o pensamento judeu, o Messias seria o rei dos judeus, um líder político que derrotaria seus inimigos e iniciaria uma era de ouro, paz e prosperidade.

No Antigo Testamento, a palavra *Messias* é usada mais de trinta vezes para designar reis ungidos e escolhidos por Deus; e vários livros do Antigo Testamento prepararam o povo de Deus para aquilo que o Messias faria:

> — estabelecer uma nova aliança: "'Estão chegando os dias', declara o SENHOR, 'quando farei uma nova aliança com a comunidade de Israel e com a comunidade de Judá'" (Jeremias 31:31).
>
> — pregar o evangelho: "O Espírito do Soberano, o SENHOR, está sobre mim, porque o SENHOR ungiu-me para levar boas notícias aos pobres. Enviou-me para cuidar dos que estão com o coração quebrantado, anunciar liberdade aos cativos e libertação das trevas aos prisioneiros" (Isaías 61:1).
>
> — trazer paz: "Porque um menino nos nasceu, um filho nos foi dado, e o governo está sobre os seus ombros. E ele

> será chamado Maravilhoso Conselheiro, Deus Poderoso, Pai Eterno, Príncipe da Paz" (Isaías 9:6).
>
> — ser um sacerdote: "Diga-lhe que assim diz o SENHOR dos Exércitos: 'Aqui está o homem cujo nome é Renovo, e ele sairá do seu lugar e construirá o templo do SENHOR. Ele construirá o templo do SENHOR, será revestido de majestade e se assentará em seu trono para governar. E ele será sacerdote no trono'" (Zacarias 6:12-13).
>
> — trazer justiça eterna: "Setenta semanas estão decretadas para o seu povo e sua santa cidade para acabar com a transgressão, para dar fim ao pecado, para expiar as culpas, para trazer justiça eterna, para cumprir a visão e a profecia, e para ungir o santíssimo" (Daniel 9:24).

Por isso, para judeus e convertidos que sofreram tanto tempo sob o domínio do Império Romano, o Messias finalmente acertaria as contas:

> Não julgará pela aparência, nem decidirá com base no que ouviu; mas com retidão julgará os necessitados, com justiça tomará decisões em favor dos pobres. Com suas palavras, como se fossem um cajado, ferirá a terra; com o sopro de sua boca matará os ímpios. A retidão será a faixa de seu peito, e a fidelidade o seu cinturão (Isaías 11:3-5).

Para os judeus, isso significava que o Messias seria um rei terreno, e haveria um novo reino terreno restaurado. Eles aprenderam que, por meio dos descendentes de Davi, o trono do Messias dominaria toda a terra para sempre. Homens como Nicodemos e José de Arimateia pensavam: "Israel retomará seu lugar na terra, e todos os seus inimigos serão destruídos."

Não surpreende, portanto, que eles não reconheceram Jesus de imediato.

Jesus iniciou seu ministério apenas aos trinta anos, e ele era uma figura curiosa. Preferia usar como púlpito as montanhas e as praias, e não o Tabernáculo. Contava histórias e falava em metáforas, e não ensinava como os fariseus, condenando os pecadores e jogando pedras. Parecia mais um poeta do que um pregador, cheio de fervor, riso e amor. Chorava e festejava, juntava-se aos criminosos, caminhava pelo deserto, muitas vezes em fuga. Ele era um charlatão? Ou um mágico? Como explicar alguns de seus "truques", como a ressuscitação de Lázaro, por exemplo? Ele era um homem de mistério, diferente de outros reis que ganhavam batalhas, matavam inimigos e traziam escravos e espólios dos campos de batalha.

Então, enquanto algumas pessoas largaram imediatamente tudo que possuíam para segui-lo, outros, como Nicodemos, em especial, precisavam pensar e repensar tudo; precisavam aprender a não confiar em suas próprias ideias e a ouvir aquilo que aquele nazareno incomum tinha a dizer.

José de Arimateia

Cada um dos quatro evangelistas nos apresenta José de uma maneira.

Mateus dá a entender que José de Arimateia era um discípulo improvável:

> Ao cair da tarde chegou um homem rico, de Arimateia, chamado José, que se tornara discípulo de Jesus. Dirigindo-se a Pilatos, pediu o corpo de Jesus, e Pilatos ordenou que lhe fosse entregue. José tomou o corpo, envolveu-o num limpo lençol de linho e o colocou num sepulcro novo, que ele havia mandado cavar na rocha. E, fazendo rolar uma grande pedra sobre a entrada do sepulcro, retirou-se (Mateus 27:57-60).

O fato de José ser rico é algo que Mateus, um ex-coletor de impostos, percebeu imediatamente, e é algo notável.

Afinal, Jesus havia dito que era mais fácil um camelo passar pelo furo de uma agulha do que um homem rico entrar no reino do céu (Mateus 19:24). Poucos judeus conseguiram enriquecer de forma honesta sob o domínio romano. Na verdade, os judeus ricos eram muitas vezes financiados por Roma e enganavam o próprio povo, fazendo-o pagar mais do que devia, e então desviavam determinada porcentagem para seus bolsos.

José, porém, não era esse tipo de homem. Ele não usou seu dinheiro para se isolar do perigo. Na verdade, usou sua riqueza para fazer o que Pedro e os outros discípulos deveriam ter feito: pedir o corpo de Jesus. Fez o que o jovem rico da parábola de Cristo em Mateus 19:22 não quis fazer: expor-se e arriscar sua vida como seguidor de Cristo.

Lucas nos apresenta uma imagem um pouco diferente de José; nos informa que ele era um homem bom, mas o identifica como membro do Sinédrio, o conselho que condenou Jesus à morte. Lucas o separa do resto do Sinédrio, dizendo que ele aguardava o reino de Deus (Lucas 23:50-54), mas o que o impedia de professar sua fé? Tinha dificuldades de confiar em virtude de tudo que poderia perder? Em um capítulo anterior de seu evangelho, Lucas escreve:

> Ao romper do dia, reuniu-se o Sinédrio, tanto os chefes dos sacerdotes quanto os mestres da lei, e Jesus foi levado perante eles. "Se você é o Cristo, diga-nos", disseram eles. Jesus respondeu: "Se eu vos disser, não crereis em mim e, se eu vos perguntar, não me respondereis. Mas de agora em diante o Filho do homem estará assentado à direita do Deus Todo-poderoso." Perguntaram-lhe todos: "Então, você é o Filho de Deus?" "Vós estais dizendo que eu sou", respondeu ele. Eles disseram: "Por que precisamos de mais testemunhas? Acabamos de ouvir dos próprios lábios dele" (Lucas 22:66-71).

Tanto José quanto Nicodemos participaram dessa reunião. Mas Lucas não menciona qualquer objeção de sua parte, nem de qualquer outro membro do Sinédrio. No final daquela reunião, Cristo foi levado para Pilatos.

Não ouso imaginar nem por um instante como deve ter sido participar dessa reunião. A tensão e o ódio pairando naquela sala devem ter sido intensos. Tudo estava em jogo.

Em seu livro *Becoming Children of God: John's Gospel and Radical Discipleship* [Tornando-se filhos de Deus: o discipulado radical de João], Wes Howard-Brook observa que qualquer um que professasse Jesus como Messias teria sido expulso da sinagoga e precisaria renunciar à sua posição como fariseu.[17]

O evangelho de João é ainda mais claro, como se quisesse dizer: "Vou contar-lhes como foi de verdade." João escreve: "Ainda assim, muitos líderes dos judeus creram nele. Mas, por causa dos fariseus, não confessavam a sua fé, com medo de serem expulsos da sinagoga; pois preferiam a aprovação dos homens do que a aprovação de Deus" (João 12:42-43).

Acrescente a tudo isso o relato de Marcos. Embora a descrição de José seja muito parecida com a dos evangelhos de Mateus e Lucas, Marcos acrescenta duas palavras (15:43): "de destaque" e "corajosamente". Cada palavra remete a pontos importantes no discipulado de José, e você verá como sua história se desenrolará.

O fato de ele não ser um participante qualquer do Sinédrio, mas um membro de destaque, é significativo. Era um dos homens para quem os outros olhavam quando precisavam de liderança.

Por que, então, José não se pronunciou na noite em que Jesus foi acusado de heresia? Temia ser prejudicado pelo Sinédrio furioso e reacionário? Ou será que estava apostando seu último restinho de esperança — sua confiança — em Pilatos que ainda podia se recusar a executar Jesus?

Hora de assumir sua posição

Já esteve numa situação em que sabia que algo estava errado, mas orou pedindo que outra pessoa se pronunciasse para que você não tivesse de fazê-lo? Pode ser algo tão prosaico quanto uma criança amedrontando outras crianças numa festa de aniversário. Sabe que as outras mães também percebem o que está ocorrendo, mas não quer se expor e dizer algo porque sabe que suas palavras serão recebidas como ofensa. Ou, talvez, em seu trabalho esteja acontecendo algo que sabe ser errado, e os outros também, mas ninguém diz nada; por que, então, não ficar calada também?

Somos confrontadas com situações assim todos os dias. Devemos dizer algo ou ficar caladas? Confiamos que Deus está no controle? Ou acreditamos que, se não nos envolvermos, as coisas ficarão sob controle, até porque isso não nos custa nada?

Os evangelistas que testemunharam o ministério, a crucificação e a ressurreição de Jesus nos mostram que José de Arimateia poderia ter assumido a postura de "ficar quieto e não se meter em encrenca".

Mas o evangelho de Marcos, ao usar a palavra *corajosamente* para descrevê-lo, nos mostra também outro lado. Marcos nos conta que ele foi pedir o corpo do Jesus assassinado — e isso implicava a tarefa humilhante e aterrorizante de se apresentar a Pilatos. Lembre-se: o último judeu a ficar diante de Pilatos estava agora pendurado numa cruz.

O que levou José a quebrar o silêncio? Ele testemunhou a crucificação? Esteve presente quando Jesus pediu que Deus perdoasse seus assassinos? Ouviu Jesus gritar que sua obra estava consumada?

As Escrituras não nos fornecem detalhes sobre o que ocorreu com José entre os eventos do Sinédrio e a morte de Cristo, mas Marcos registra algo notável. Quando Jesus deu o último suspiro, o centurião que exercera a tarefa de carrasco anunciou: "Realmente este homem era o Filho de Deus" (15:39). E depois disso José vai até Pilatos para pedir o corpo de Cristo.

Percebe a misericórdia inconfundível que se manifesta aqui?

No momento de sua mais profunda dor e vergonha, Jesus permite que um carrasco romano professe sua confiança a seus pés, e um homem que não levantou a voz quando podia agora tem a oportunidade de arriscar a própria reputação e sua vida para pedir o corpo castigado de Cristo.

Este é um dos efeitos mais poderosos da vida de Cristo: ele nos mostra o que há dentro de nós. Jesus traz à tona tudo que é bom e ruim, todo medo e toda coragem. Então, sua graça permite que sejamos transformados, que confiemos. Ele nunca revela nossa fraqueza para nos envergonhar, mas para nos remir.

Percebe a graça nisso tudo? Percebe que, a despeito das muitas vezes que falhamos, nunca é tarde demais para assumir seu lugar ao lado de Jesus, nunca é tarde demais para confiar nele? Reconhece que o amor de Deus por nós se manifesta da forma mais poderosa em nossos fracassos do que no momento do nosso maior sucesso?

A companhia do fracasso

E é aqui que encontramos Nicodemos e José de Arimateia juntos, e o evangelho de João nos fornece dois detalhes que os outros evangelistas não mencionam:

> [José de Arimateia] veio e levou embora o corpo. Ele estava acompanhado de Nicodemos, aquele que antes tinha visitado Jesus à noite. Nicodemos levou cerca de trinta e quatro quilos de uma mistura de mirra e aloés. Tomando o corpo de Jesus, os dois o envolveram em faixas de linho, juntamente com as especiarias, de acordo com os costumes judaicos de sepultamento (João 19:38-40).

Você lembra que Maria foi criticada por ter ungido os pés de Jesus com um frasco de nardo puro (João 12:3-5)? Aqui Nicodemos traz 34 quilos de perfumes para ungir o corpo de Jesus. Por que tanto? Será que ele se sentia culpado por ter participado da reunião no Sinédrio e não ter se pronunciado em defesa de Jesus quando este ainda estava vivo? Será que finalmente se convencera a abrir mão de suas riquezas e de sua posição para ajudar a sepultar Jesus?

Não sabemos por que ele fez isso, mas a quantia indica que nem José nem Nicodemos esperavam que Jesus ressuscitasse. Pelo contrário, esperavam que o corpo dele permanecesse no túmulo por muito, muito tempo.

Nicodemos

O que, então, sabemos de fato sobre Nicodemos? A melhor forma de compreendê-lo é ver quem detinha o poder na Roma daquela época.

A maioria dos aristocratas romanos possuía terras. Controlavam o resto da população por meio do exército, dos coletores de impostos e daqueles que recebiam propinas do governo. O centurião cujo servo Jesus curou fazia parte do primeiro grupo; Mateus e Zaqueu, do segundo; e Caifás e Nicodemos, do terceiro.

Sim, Nicodemos fazia parte da elite do poder e da riqueza, e havia um acordo entre pessoas do seu tipo no Sinédrio e as autoridades romanas: "Vocês nos dão certas liberdades, e nós garantimos que o povo não saia da linha, pague seus impostos nem pense em se revoltar."

Mas Nicodemos era curioso e queria saber quem era esse Jesus: "E se ele for mesmo o Messias, que aguardamos há tanto tempo?" E, então, o jovem líder vai falar com Jesus no meio da noite, por medo de ser visto ou para deixar claro que não se trata de uma visita "oficial". É interessante notar que Nicodemos chama Jesus de "mestre", o que demonstra uma disposição a seguir o carpinteiro de Nazaré:

> Havia um fariseu chamado Nicodemos, uma autoridade entre os judeus. Ele veio a Jesus, à noite, e disse: "Mestre,

> sabemos que ensinas da parte de Deus, pois ninguém pode realizar os sinais miraculosos que estás fazendo, se Deus não estiver com ele." Em resposta, Jesus declarou: "Digo-lhe a verdade: Ninguém pode ver o Reino de Deus, se não nascer de novo" (João 3:1-3).

Jesus vai direto ao ponto, ao que está em jogo — a vida. Basicamente, o que ele diz é: "Estamos falando aqui de sua vida, Nicodemos, não trocando ou debatendo ideias sobre religião. Você deseja viver para sempre?"

O diálogo que se segue é fascinante.

Nicodemos pergunta: "'Como alguém pode nascer, sendo velho? É claro que não pode entrar pela segunda vez no ventre de sua mãe e renascer!' Respondeu Jesus: 'Digo-lhe a verdade: Ninguém pode entrar no Reino de Deus, se não nascer da água e do Espírito'" (João 3:4-5).

Água e Espírito

O nascimento da água é um ato público; o nascimento do Espírito, um ato privado. Aqui, Jesus deixa claro que ambos os nascimentos são públicos para qualquer pessoa que o seguir até o reino de Deus. Nicodemos não pode seguir Cristo em segredo, pois segui-lo significa que seu mundo é transformado, que tudo é virado de ponta-cabeça.

Nicodemos ouve isso e se despede de Jesus com tristeza. Fica remoendo sobre essa coisa pública e pelo avesso.

Pulamos alguns capítulos e nos encontramos de novo na Festa dos Tabernáculos. Uma das festas mais antigas e alegres dos judeus, ela é a celebração do fim da colheita. Durante a festa, Jesus se levanta no templo e diz: "Se alguém tem sede, venha a mim e beba. Quem crer em mim, como diz a Escritura, do seu interior fluirão rios de água viva" (João 7:37-38).

Os fariseus fervem de raiva, pois acreditam que Jesus os está insultando. Eles enviam um grupo de guardas do templo para prender Jesus, mas os guardas voltam de mãos vazias. Quando interrogados, se defendem dizendo que jamais ouviram alguém falar daquela forma. Isso enfurece os fariseus, que acusam os guardas de terem se deixado enganar por Jesus.

Um dos guardas faz uma observação interessante: "Por acaso alguém das autoridades ou algum dos fariseus creu nele?" (7:48). Apesar de formulada como pergunta, esta era puramente retórica, pois a resposta evidente era: "É claro que não!"

E Nicodemos está presente. Ele estava lá quando os fariseus enviaram os guardas para prender Jesus, e ficou calado. Dessa vez, ele se pronuncia. "A nossa lei condena alguém", ele pergunta, "sem primeiro ouvi-lo para saber o que ele está fazendo?" (7:51).

Nicodemos espera e ora para que o amor e o respeito dos fariseus pela lei sejam suficientes para salvar Jesus, sem que ele seja obrigado a revelar seu coração. Mas descobre que reverência e lei nada têm a ver com justiça para aqueles que não creem ou confiam em Jesus.

O momento de levantar a voz

Pense na crucificação. Não sabemos se os dois homens estiveram presentes. Mas após Jesus dar o último suspiro, José está diante do regente romano.

Pilatos não acredita quando ele pede pelo corpo morto de Jesus.

"Jesus está morto?", pergunta Pilatos, incrédulo. "Ele foi crucificado há apenas seis horas. O sofrimento de um homem saudável na cruz pode durar até dois ou três dias."

A princípio, portanto, Pilatos não está disposto a acatar o pedido de José.

Mas José insiste e talvez comece a se desesperar. O dia seguinte é sábado, o sol já está quase se pondo, e o corpo de Jesus precisa ser sepultado antes do fim do dia de sua morte, segundo a tradição judaica.

Pilatos chama o centurião para perguntar se ele está realmente morto. "Talvez", ele pode ter pensado, "Jesus esteja em coma, e esses judeus estão tentando roubar seu corpo para reavivá-lo."

O centurião garante a Pilatos que Jesus está mesmo morto. Então, Pilatos entrega o corpo de Jesus aos cuidados de José.

Não era uma tarefa fácil retirar o corpo de um adulto da cruz. José estendeu um lençol de linho no chão, mais longo do que a altura de um homem e duas vezes mais largo. Esse é o pano fúnebre que cobrirá Jesus. Depois, apoiou uma escada na parte traseira da cruz e subiu. Imagine a visão que se apresenta: o rosto ensanguentado de Jesus, a coroa de espinhos cravada em sua testa.

José amarra cordas em volta do peito de Jesus e joga a ponta da corda para o centurião. Em seguida, precisa retirar os pregos das mãos de Jesus. Enquanto o centurião sustenta o peso do corpo de Cristo, José desce da escada e retira os pregos dos pés de Jesus.

Só então o corpo castigado é deitado sobre o lençol de linho.

José e Nicodemos carregam o corpo de Jesus até o túmulo e ungem seu corpo com uma mistura real de mirra e aloé. Imagine como eles devem ter hesitado, o que deve ter passado pela cabeça deles. "Trinta e três anos. Morto. Nunca o veremos novamente. Nunca mais ouviremos uma de suas histórias. Nunca mais ele nos explicará as Escrituras. Por que não conseguimos salvá-lo?"

Por fim, precisam sair dali. Deixá-lo deve ter sido a pior parte de toda essa tarefa, a parte que não sabiam ser tão dolorosa. Arrependidos, saem do túmulo e cobrem a entrada com uma pedra.

E essa é a última coisa que ouvimos sobre Nicodemos no Novo Testamento.

O início da confiança

A tradição cristã nos conta que Nicodemos foi batizado por Pedro e João, perseguido por forças judaicas hostis e que perdeu seu lugar no Sinédrio.[18]

O que aconteceu com ele depois disso? Ele seguiu as instruções de Jesus, deixando tudo para trás? Isso teria significado a perda de seu poder e de seu status. Mas será que isso era mesmo uma perda, levando em consideração que Jesus salvou sua vida? Nicodemos viu e ouviu diretamente de Jesus o que significava nascer de novo e viver e confiar em Deus na vida pública e privada.

E quanto a José de Arimateia? O *Comentário bíblico expositivo* o descreve como "o agente secreto de Deus no Sinédrio". Além disso, pouco sabemos sobre sua história.

Pergunto-me, no entanto, onde ele estava quando recebeu a notícia de que o túmulo que havia doado a Jesus estava novamente disponível. Será que, enfim, acreditou, confiou que Jesus era o Filho ressurreto de Deus? Ou será que já havia começado a acreditar nisso havia muito tempo, tendo sido apenas incapaz de afastar seus medos para confiar nele e proclamá-lo?

Não sei responder, pois parece estranho José possuir um túmulo tão próximo ao lugar da execução de Jesus. A maioria dos judeus devotos queria ser sepultada na Cidade Sagrada, e um homem rico como José poderia ter se dado o luxo de comprar um túmulo longe dos gritos dos criminosos moribundos. Talvez Deus o tenha instruído a preparar um túmulo, assim como havia instruído Noé a construir a arca; talvez José tenha simplesmente obedecido à voz de Deus. Talvez a sua única missão na terra tenha sido servir "em um momento como este", e ele, sem dúvida, não mediu esforços e custos ao cuidar do corpo do Jesus assassinado.

Como é lindo esse tipo de confiança de Deus: permitir que um homem amedrontado e cheio de dúvidas segure em seus braços o Cristo castigado, morto por mim e por você.

A misericórdia e a graça de Deus brilham nas feridas daqueles que caem e se erguem novamente. Estes são o mistério e a majestade do nosso Senhor; mesmo que se atrase um pouco, você é igualmente bem-vinda.

Talvez você se arrependa dos anos em que confiar em Deus parecia arriscado demais. O que isso lhe custaria? E à sua família? O que Deus pediria de você?

Nunca é tarde demais para confiar. Você é convidada a voltar àquele balanço e voar nos braços de Deus até as alturas.

Nicodemos e José tiveram de deixar tudo para trás e recomeçar do zero numa cidade nova, mas recomeçaram com a experiência de terem visto Jesus com os próprios olhos e o conhecido como o Filho ressurreto de Deus. Imagine-se sendo chamada a seguir a Deus, a deixar tudo para trás — mas imagine também tal chamado como seu primeiro contato com a verdade de que Deus é real e pessoal. Você começaria a confiar mesmo sem ter uma história comum com ele?

Isso seria uma jornada e tanto, e conheço alguém que pode descrevê-la para você.

CAPÍTULO 12

Confiando a Deus sua jornada

A beleza de um peregrino

"Quando resistimos à perda e mudança ou nos agarramos às bênçãos e alegrias que pertencem ao passado e que precisam ficar para trás, adiamos todas as novas bênçãos que nos esperam num nível superior e permanecemos no inverno árido e sombrio da tristeza e da solidão."

— *Hannah Hurnard*

"Então o SENHOR disse a Abrão: 'Saia da sua terra, do meio dos seus parentes e da casa de seu pai, e vá para a terra que eu lhe mostrarei.'"

— *Gênesis 12:1*

Barry, Christian e eu amávamos nossa vida em Nashville. Vivíamos numa casa ao lado de um campo de golfe, o que praticamente garantia que eu visse minha irmã todo verão. Seu marido, Ian, era um ávido jogador de golfe, e, já que ambos são professores, têm longas férias de verão — circunstâncias perfeitas para sair da Escócia para me visitar.

Nashville nos proporcionava um maravilhoso ponto de encontro, e Christian frequentava uma boa escola e estava se desenvolvendo bem. Nós nos sentíamos em casa — com a exceção de duas coisas que, de vez em quando, nos incomodavam.

A primeira era que todas as mulheres com as quais trabalho na organização Women of Faith vivem em Frisco, no Texas, alguns quilômetros ao norte de Dallas — e elas se tornaram uma família para nós. A equipe da organização é uma comunidade itinerante muito unida. Além disso, Barry é filho único e perdeu a mãe e o pai num curto período de tempo, e toda a minha família ainda vive no Reino Unido. Por isso, ansiamos pelo tempo que passamos juntos, mas é difícil porque vivemos muito longe de Frisco.

E esta era a segunda questão: as viagens. Quando você passa trinta fins de semana por ano viajando, é muito útil viver nas proximidades de um aeroporto que serve também como sede de uma linha aérea. Dallas é a sede da American Airlines, portanto, quase todas as cidades que visitamos está a um voo de distância de Dallas, mas a dois voos de distância de Nashville. Quando se sente cansada após um maravilhoso, mas exaustivo, fim de semana, é chato ter de fazer escala em Dallas e aguardar o voo para Nashville.

Poderias nos dar um sinal, Senhor?

Sempre que Barry e eu discutíamos sobre a possibilidade de nos mudarmos para Frisco, nos deparávamos com duas questões importantes: precisávamos vender nossa casa e encontrar uma boa escola para Christian.

Oramos sobre isso, conversamos com nossos amigos mais próximos e sentimos que poderia ser algo bom. Colocamos nossa casa à venda e começamos a pesquisar escolas no Texas.

Ney Bailey, uma das nossas amigas mais queridas que vive em Frisco, nos contou sobre uma escola sobre a qual ouvira apenas coisas boas. Visitei o site e gostei do que vi. Outro amigo, Josh McDowell, também elogiou muito a escola, então liguei para lá e conversei com uma senhora muito prestativa do departamento de admissões. Christian estava no segundo ano, e ainda havia três vagas disponíveis. Pedi que ela me mandasse todos os formulários, mas ainda precisávamos vender a nossa casa.

Várias pessoas vieram ver a casa, mas nenhuma fez uma oferta. As semanas iam passando, e começamos a perceber que Deus estava fechando a porta para essa mudança. A escola havia me dado um prazo até maio, mas a data chegou — e nenhum sinal de que conseguiríamos vender a casa. Liguei para a escola e agradeci pela paciência e generosidade. Talvez Deus abriria uma porta no ano seguinte. Decidimos que continuaríamos tentando vendê-la, pois queríamos diminuir nossos gastos de qualquer forma.

Então, em junho, recebemos uma oferta e vendemos a casa. Por mera curiosidade, liguei para a escola no Texas para ver se as três vagas tinham sido preenchidas. A resposta foi que sim. Então, nos mudamos para um apartamento em Nashville até decidirmos em que parte da cidade iríamos comprar uma casa. Barry e eu sabíamos que, à medida que Christian crescia, seria importante vivermos perto de alguns de seus amigos e da escola, pois ele amava praticar esportes. Não importaria onde fôssemos viver: levar e trazer Christian de jogos definitivamente faria parte do nosso futuro.

Abraão não tinha um filho no segundo ano!

A vida continuou. Na primeira semana de julho, estávamos em Dallas para tratar de negócios. Barry tinha algumas reuniões, e eu estava trabalhando para cumprir o prazo de entrega de um livro (um de meus passatempos!). Barry levou Christian consigo, e eu estava em meu café favorito lendo o devocional do dia antes de começar a escrever.

O texto dizia: "Então o SENHOR disse a Abrão [que mais tarde seria chamado de Abraão]: 'Saia da sua terra, do meio dos seus parentes e da casa de seu pai, e vá para a terra que eu lhe mostrarei'" (Gênesis 12:1).

Quando li aquele versículo, tive a forte sensação de que Deus estava dizendo: "Saia de Nashville e venha para Dallas." Mas, para mim, isso não fazia sentido algum.

Orei: "Abraão não tinha um filho em idade escolar, Senhor, por isso, era mais fácil para ele sair de sua terra, pegar seus camelos e jumentos e armar sua barraca em outro lugar. Ele nem teve de vender sua casa — ele simplesmente a levou com ele."

A sensação não queria ir embora.

"Senhor, sabes que tudo que quero fazer é te seguir, mas não há mais vagas na escola para este ano."

Naquele instante, meu celular tocou. Era um número do Texas, e deduzi que Barry estava me ligando dos escritórios da Women of Faith. Mas quando atendi não ouvi a voz dele — era a senhora da escola que nos interessou. Disse que uma vaga foi aberta na turma do segundo ano — ainda estaríamos interessados?

Meu coração tremeu.

— Quanto tempo temos para tomar uma decisão? — perguntei.

Ela disse que precisava de uma resposta até as cinco da tarde daquele dia. Larguei meu computador e meu café na mesa e saí.

"O que devemos fazer, Senhor?"

"Vão!"

Você está sentado?

Liguei para Barry e perguntei se estava sentado. Ele percebeu algo no tom da minha voz que lhe disse que seria uma boa ideia se sentar. Contei-lhe sobre meu devocional e a ligação que recebi e perguntei o que ele achava.

— O que você acha? — perguntou ele.

— Acho que devemos ir — respondi —, mas queria que todos nós concordemos com isso. É um assunto importante.

— Sinceramente, não tenho motivo nem para ficar nem para ir. Por isso, acho que devemos confiar em seu pressentimento.

—Tudo bem, então. Acha que consegue comprar uma casa ainda hoje?

Que bom que ele estava sentado.

—Você está brincando, não está?

— Não, de forma alguma. Leve Mary, Ney e Luci com você. Se vocês gostarem da casa, também gostarei. Não me importa que tipo for, a única coisa importante para mim é quem vive nela.

Então liguei para a escola e aceitei a vaga para Christian, enquanto ele e seu pai passeavam pela cidade à procura de um lar. Eles acharam uma casa de seu agrado, que também recebeu o aval de minhas amigas. O corretor me mandou algumas fotos por e-mail, e eu a amei, e então a compramos.

A mudança aconteceu mais rápido ainda. Foi fácil arrumar tudo, pois grande parte das nossas coisas ainda estava encaixotada. Assim, dentro de quatro semanas, após a transportadora ter levado todas as nossas coisas, fomos até o aeroporto para ir a Dallas. Em três dias, começariam as aulas de Christian em sua nova escola, e nossa família se juntaria à população de Dallas!

Não sabia que meu cachorro sabia voar

Essa mudança ainda me parece um tanto surreal, e nunca me esquecerei de uma coisa em particular. Tínhamos apenas um cachorro na época: Belle, a nossa *bichon*. Levei-a ao veterinário porque precisávamos de um atestado para o voo. Ela nunca voou antes, e eu não sabia como ela se sentiria. O veterinário sugeriu que lhe déssemos um tranquilizante canino. Perguntei se havia algum efeito colateral, mas ele me disse que menos de um por cento dos cães apresentava reações adversas.

— Então, seria possível reação adversa? — perguntei.

— Bem, em vez de acalmar seu cachorro, o remédio pode causar grande agitação. — respondeu ele.

Você já deve ter adivinhado que nossa querida Belle era a campeã de todos os cachorros que pertenciam a esse um por cento. No início, começou a ficar agitada na caixinha sob meu assento. Tentei cantar em voz baixa para ela, mas isso parecia aborrecê-la. As pessoas começaram a se irritar, então Barry sugeriu que eu a tirasse de sua caixa e a segurasse em meu colo. Naquele instante, Christian se levantou para ir ao banheiro. Entreguei a Belle a Barry e fui com Christian até o banheiro na parte da frente do avião.

Eu estava esperando do lado de fora, quando percebi um ruído estranho. Olhei para nossos assentos e vi que Belle estava voando! Barry a segurava pelas patas traseiras, enquanto ela pulava para o alto como se fosse a Supercadela.

Não pude fazer nada, apenas ri. De volta em nossos assentos, tentei acalmar nossa cachorra, e finalmente pousamos em Dallas para dar início à próxima fase de nossa aventura.

O chamado

Já teve uma experiência assim? Não estou falando de cachorros voadores, mas da sensação de saber que Deus estava pedindo que você abrisse mão daquilo que lhe era familiar e partisse para um lugar ou uma situação nova, que exigisse talvez não um salto de fé, mas um pequeno pulo de confiança? Há muitas perguntas envolvidas:

- Será que é Deus quem está me dizendo isso, ou estou apenas imaginando isso por causa dos meus próprios desejos?
- O que acontecerá se eu estiver errada?

- Se eu não entender o que Deus está dizendo, arruinarei seu plano para minha vida?
- Se for Deus quem está falando comigo e eu não fizer o que estou ouvindo, perderei o que ele preparou de melhor para mim?

A Bíblia está repleta de histórias de homens e mulheres que acertaram e erraram, alguns que deram esse passo de confiança e outros que decidiram confiar na própria vontade. E todas essas histórias têm algo em comum: o amor leal de Deus.

Entre todas elas, não há nenhuma igual à de Abraão (eu o chamarei de *Abraão*, pois ficaria confuso se eu o chamasse ora de *Abrão* ora de *Abraão*). Apesar de ser chamado de "pai da fé", ele não iniciou sua jornada com tanta fé assim. Resistiu ao impulso de confiar em si mesmo, errou e quase arruinou o plano de Deus para sua vida mais de uma vez. Mesmo assim, Deus permaneceu fiel para guiar seus passos.

Um modelo a seguir

Muitos acham que o momento em que Deus disse a Abraão "Saia!" e Abraão obedeceu marca o início da sua jornada pela fé. Mas as Escrituras nos mostram que Deus o preparou para esse momento já muito antes de ele ouvir o chamado:

> Terá tomou seu filho Abrão, seu neto Ló, filho de Harã, e sua nora Sarai, mulher de seu filho Abrão, e juntos partiram de Ur dos caldeus para Canaã. Mas, ao chegarem a Harã, estabeleceram-se ali (Gênesis 11:31).

Terá, o pai de Abraão, iniciou a jornada até a Terra Prometida, mas parou antes de chegar a Canaã e se estabeleceu em Harã. Era um período da história em que houve grande movimentação de povos no Oriente Médio; caravanas de grandes famílias com seus servos e rebanhos eram uma vista comum no deserto. Então, quando Deus apareceu e lhe ordenou que saísse do lugar onde estava e fosse para um lugar que lhe revelaria, Abraão sabia o que isso significava. Seu pai já havia mostrado para ele.

No entanto, o fato de Deus o ter escolhido para essa viagem não foi uma decisão aleatória, mas parte do plano redentor que prometera gerações antes, começando por Adão e Eva no jardim do Éden.

Mesmo quando o primeiro homem e a primeira mulher decidem não obedecer a Deus, ele cria um caminho que leva o homem de volta: dá filhos a Adão e Eva, e seu descendente direto, o décimo patriarca na linha de Adão, é Noé, que foi o único a confiar em Deus e lhe obedecer. O restante da humanidade havia se corrompido tanto em um período tão curto que Deus decidiu limpar a terra por meio de um dilúvio. Você conhece o resto da história: Noé e sua família, justos e confiando em Deus, são as únicas pessoas salvas — pois Deus tem um plano: Sem, o filho de Noé, terá filhos e netos e bisnetos, trinetos e tetranetos (etc.). E o décimo patriarca na linha de Sem é Abraão. Deus promete a ele em três ocasiões distintas (Gênesis 13:16; 15:5 e 15:15) uma vida plena, uma morte em paz, uma herança duradoura e tantos descendentes quanto há grãos de areia no deserto e estrelas no céu.

Confiar que Deus tem um caminho traçado para você

O plano que Deus tem para Abraão é maravilhoso, desde o início de sua jornada, em Gênesis 12, ao longo dela e mesmo após alguns tropeços de Abraão e dúvidas de Sara. Tanto Abraão quanto Sara devem ter se perguntado se estavam malucos — ou se Deus é que estava louco —, pois, quando Deus promete fazer de Abraão uma grande nação, Sara já é uma mulher idosa — e eles ainda não têm filhos.

Você lembra quão devastadora a infertilidade era para uma mulher naqueles tempos? Todos que conviviam com Abraão e Sara interpretavam sua infertilidade como um sinal da desaprovação de Deus; teria sido fácil acreditar nisso.

Essa, porém, é a questão. Podemos não reconhecer isto sempre, podemos ser tentados a não confiar nele, mas o fato é que Deus sempre encontra um jeito de realizar seu grande plano.

Pense bem: Sara é infértil e já idosa, portanto, todos teriam certeza absoluta de que esse filho só poderia vir de Deus. Esse presente era uma intervenção direta, sem dúvida alguma.

Já se viu sem ânimo em sua jornada? Esperou, paciente, por aquilo que acredita que Deus lhe prometera, e agora, parece humanamente impossível que isso ainda aconteça. Isso é importante para mim e para você, pois é exatamente nesse tipo de circunstância que Deus age com mais maestria.

Moisés, outro grande patriarca, demonstra isso. Após matar o egípcio que estava maltratando um escravo, ele fugiu e passou quarenta anos trabalhando com ovelhas. Quarenta anos é um muito tempo. Se isso acontecesse comigo hoje, eu estaria com 92 anos no final desse período! (Falando nisso: não parece ser o treinamento perfeito para Moisés? Passar quarenta anos com ovelhas teimosas e ignorantes, e mais quarenta anos com os filhos de Israel?)

As vidas de Moisés, Abraão e Sara mostram que viver em confiança não engloba apenas as coisas do dia a dia, mas também nossos maiores sonhos.

Você pode experimentar isso hoje ao passear pelo shopping ou presa no congestionamento. Talvez acredite que esteja se enganando a crer — a confiar! — que Deus tem um plano especial para você. Lembre-se apenas de que até mesmo um observador casual poderia ter olhado para Abraão e sua família durante sua jornada até Canaã e pensado: "Eles não me parecem tão diferentes dos outros viajantes." Tendemos a ver esse grupo de pessoas atravessando o deserto como que guiado por um anjo, mas havia muitos outros viajantes que cruzavam seu caminho. O que distinguiu Abraão e sua família dos outros era o chamado de Deus para suas vidas, que eles ouviram e ao qual obedeceram em confiança.

Seguir, é claro, significa caminhar por uma trilha que muitas vezes apresenta espinhos. Deus não explica a razão da dor. Não explicou para Sara, nem para Abraão. Mas, assim como fez com eles, também nos dá uma promessa e um propósito, e os traça de modo tão perfeito e complexo que nem sempre conseguimos reconhecê-los. Pede apenas que confiemos nele. Devemos nos maravilhar diante do fato de que cada grão de areia no deserto e cada estrela no céu estão lá por sua vontade.

Nada é em vão

Nesta vida, você será tentada o tempo todo a não acreditar nisso. Recentemente, liguei a televisão para assistir ao noticiário quando ouvi uma voz dizer: "Tudo parece tão sem sentido."

A reportagem dizia que tempestades violentas destruíram uma cidadezinha no estado de Oklahoma. "Todas essas lágrimas, toda essa dor — para quê? Nada!"

Senti pena da senhora idosa que estava sendo entrevistada em frente aos escombros de sua casa. Apesar de compreender sua dor e frustração, lembrei-me de que, para aqueles que amam Deus, nada é em vão. Nosso Deus é redentor, e não há uma única lágrima que saia do nosso olho que ele não vê. O livro de Apocalipse nos diz: "O Cordeiro que está no centro do trono será o seu Pastor; ele os guiará às fontes de água viva. E Deus enxugará dos seus olhos toda lágrima" (Apocalipse 7:17). Que promessa maravilhosa!

Mas talvez você pergunte: "Mas quanto à situação atual? Onde estão minhas respostas nesse momento? Por que Deus não age? O que devo fazer quando já tiver passado vinte anos com as ovelhas?"

Você se agarra às promessas de Deus. Foi o que Abraão teve de fazer. Imagine o que isso significava para ele. Deus o mandou reunir sua família, sair da terra onde tinha se estabelecido e partir... para algum outro lugar. Abraão havia vivido em Ur durante quase toda a vida, e então seu pai o levou para Harã. Ambas as cidades ficavam na Mesopotâmia. Mas Deus disse "Saia!" — e eles partiram.

Um bom começo

Abraão fez o que Deus lhe pediu e viajou quilômetros em direção a Canaã, ao sul do deserto de Neguev. E em cada lugar pelo qual passa, Deus lhe diz: "Isso será seu e de seus descendentes." Em cada lugar, Abraão para e constrói um altar como símbolo da promessa de Deus.

Então, ele se depara com o primeiro obstáculo: a fome. Em vez de pedir a Deus que providencie o necessário enquanto estão cumprindo a promessa, Abraão decide levar a família para o Egito. Quase sempre que é mencionado no Antigo Testamento, o Egito se apresenta como lugar do fracasso e da autoconfiança humana — um símbolo de que a confiança em si mesmo e não em Deus leva a problemas, ao desespero, à "perdição".

E é isso que acontece com Abraão e sua decisão. Está colocando em risco o plano redentor de Deus. Está afastando sua família do lugar que Deus indicou e instrui Sara (na época, ainda chamada de Sarai), que é muito bonita, a mentir e dizer que é sua irmã.

Assim que chegam ao Egito, o faraó fica sabendo que há uma nova mulher muito bela na cidade. Manda que a tragam até ele para que a acrescente a seu harém.

O que Abraão estava pensado? E quanto ao filho que Deus lhe prometera?

Isso não está funcionando

A tentação de ajudar Deus um pouquinho nos espera em cada esquina. O que pode acontecer, por exemplo é: você acredita que Deus lhe prometeu um marido devoto, mas está ficando mais velha, e seu colega de trabalho gosta muito de você. Então, você pensa: "Tudo bem, ele não é cristão, mas é um bom sujeito. Talvez se converta por meio do meu exemplo."

Mas, mesmo sabendo que isso pode prejudicar e até mesmo destruir sua fé, você cogita se casar com esse cara.

Eu estava ouvindo o programa *New Life Live* na rádio, e um ouvinte descreveu essa mesma situação. Ele a chamou de "namoro evangelístico". O único problema era que a garota que estava namorando ainda não se convertera e agora estava grávida.

Confiança e obediência comprometidas sempre geram problemas e trazem consequências. Abraão está prestes a descobrir não só sobre isso, mas também sobre a graça de Deus em meio às nossas confusões.

Ele está bastante satisfeito no Egito. Por ser o "irmão" da nova favorita do faraó, ele recebe muitas regalias. Já percebeu como coisas materiais são usadas para nos manter caladas quando comprometemos nossa fé? Graças a Deus, ele nos ama a despeito de nossos patéticos desejos pecaminosos.

Então, Deus manda uma doença misteriosa que acomete o faraó e toda sua família. O faraó acaba descobrindo que Sarai é, na verdade, a esposa de Abraão. Eles podem ficar com toda a riqueza que Abraão acumulou no Egito, mas são expulsos de lá.

Você consegue imaginar como deve ter sido humilhante?

Certa vez, eu estava num restaurante muito chique em Los Angeles com uma amiga, quando uma mulher se aproximou de uma mesa onde estava um casal. A mulher agitada que havia entrado no restaurante disse à mulher sentada à mesa:

— Acha que eu sou estúpida a ponto de não reconhecer o perfume barato que você está usando? Largue meu marido! — Jogou um copo de água no marido e lhe disse que estava na hora de sair dali naquele momento.

Ele se levantou e a seguiu cabisbaixo. A outra mulher ficou sentada por um tempo até receber o que eu acredito ter sido uma conta bastante alta. Não sei se ela se sentiu envergonhada ou não, mas eu teria me escondido debaixo da mesa no lugar dela.

Pergunto-me se Abraão se sentiu um pouco assim enquanto juntava suas coisas e reunia sua família para sair correndo do Egito e retomar o caminho até Canaã.

O caminho da sabedoria é sempre assim quando caímos: voltar para o lugar onde sabemos que Deus quer que estejamos. O fracasso pode nos afastar ainda mais de nosso lar ou pode nos levar de volta para seu seio, onde ele sempre nos espera de braços abertos.

Um novo dia

Uma das marcas da vida de Abraão é que, toda vez que comete um erro e é resgatado pela misericórdia de Deus, ele se torna um homem diferente. Sua fé na bondade e soberania de Deus cresce de modo exponencial.

Quando sai do Egito, Abraão é um homem muito rico, assim como Ló, mas a terra em que se encontram não suporta os dois. Por isso, decidem se separar.

Abraão pede que Ló escolha primeiro.

Ao longo dos anos, algumas pessoas têm criticado essa decisão, como se, mais uma vez, Abraão tivesse arriscado a terra que Deus lhe prometera.

Não leio Gênesis 13 dessa forma. Creio que Abraão está firmando o pé na rocha, confiando a Deus seu futuro, por isso, concede o direito da primeira escolha a Ló. Para mim, Abraão aprende que seus erros lhe ensinam muito sobre o quanto Deus é confiável.

Vejo aqui uma linda lição de confiança, pois um de nossos maiores desafios ao confiar é o medo de arruinar tudo. Esquecemos, ou talvez nunca aprendemos, que Deus não exige que acertemos tudo de cara. Em vez disso, quer que lhe confiemos tudo que temos e somos — como um lindo presente para ele.

Ló não entende isso:

> Olhou então Ló e viu todo o vale do Jordão, todo ele bem-irrigado, até Zoar; era como o jardim do SENHOR,

> como a terra do Egito. Isto se deu antes do Senhor destruir Sodoma e Gomorra. Ló escolheu todo o vale do Jordão (Gênesis 13:10-11).

Novamente, o texto alude à confiança: o Egito é uma terra rica e bem-irrigada — parece boa. Poderíamos dizer até que é maravilhosa. Quantas vezes fazemos uma escolha como Ló, pela aparência, por aquilo que julgamos bonito, abundante e bom?

Ló se estabelece no Egito, primeiro, próximo de Sodoma, bem na fronteira com a Terra Prometida. Mas já no capítulo 14 ele passa a viver na própria cidade de Sodoma. Ele não parece se preocupar com o fato de ter escolhido viver fora da terra que Deus prometera a Abraão, a terra que seria abençoada nem com o fato de que o povo de Sodoma ignorava Deus e seus caminhos. Ló decide se afastar da bênção e da proteção de Deus e está prestes a viver essa dura realidade.

Gênesis 14 abre com a história de uma clássica batalha militar entre duas nações rivais, uma das quais é Sodoma. Em meio a essa confusão, Ló é preso e levado embora. Quando ouve o que aconteceu ao sobrinho, Abraão reúne seus servos, todos os 318, e parte em seu resgate. Lembre-se de que Abraão já não é mais jovem. Ele tem quase oitenta anos. Mas está disposto a lutar, deixando de lado sua segurança pessoal por amor e lealdade à família. Ele divide seus homens em grupos e ataca à noite; Ló é resgatado e, juntamente com ele, todas as riquezas roubadas de Sodoma. Mas isso tem um preço. Abraão agora tem inimigos poderosos, incluindo um dos reis que organizou o assalto — Anrafael, rei da Babilônia.

Confiar além das fronteiras

Tendemos a pensar que o Antigo Testamento só fala da lei e que o Novo Testamento trata da graça, mas a graça está por toda parte, tanto no Antigo quanto no Novo Testamento, pois Jesus está em ambos.

No Antigo Testamento, podemos ver Abraão como um tipo de Cristo, um prenúncio daquele que abandona a segurança pessoal para lutar por nós.

Após a batalha por Ló, Abraão vislumbra a profundidade do amor de Deus por seu povo. Primeiro, fica desanimado. Ele é um homem rico em vários sentidos, mas não tem um herdeiro que possa assumir seus bens. Do jeito que as coisas estavam, a riqueza passaria para o administrador de sua casa, Eliezer de Damasco. Eliezer é um servo amável e confiável, mas não é seu filho de verdade.

Dando um exemplo de confiança, ele fala com Deus sobre sua dor. Questiona as suas promessas, ao longo dos anos, sobre um herdeiro, descendentes e seu legado.

Deus o ouve. Ele sabe que não deve ser a primeira vez que Abraão se perguntou como tudo isso aconteceria. Deus lhe garante que seu filho será uma criança de seu próprio sangue:

> Levando-o para fora da tenda, disse-lhe: "Olhe para o céu e conte as estrelas, se é que pode contá-las." E prosseguiu: "Assim será a sua descendência." Abrão creu no Senhor, e isso lhe foi creditado como justiça (Gênesis 15:5-6).

A forma do verbo hebraico usado aqui para "crer" não significa algo momentâneo, mas uma ação contínua. A confiança de Abraão, sua fé contínua, Deus está abençoando. Aos quase cem anos, ele toma a palavra de Deus ao pé da letra. Ele lhe pede um sinal de sua promessa não porque tem dúvidas, mas como símbolo de sua fé: Deus, cheio de amor, responde de forma surpreendente:

> Respondeu-lhe o Senhor: "Traga-me uma novilha, uma cabra e um carneiro, todos com três anos de vida, e também uma rolinha e um pombinho." Abrão trouxe todos esses animais, cortou-os ao meio e colocou cada metade em frente à outra. (Gênesis 15:9-10)

Será que Deus estava planejando um churrasco? Não, estava preparando uma aliança.

À época, uma aliança era uma forma comum de acordo, e existiam basicamente dois tipos de alianças — a aliança entre uma nação poderosa e outra mais fraca e a aliança entre um rei e um súdito leal, que recebia uma parcela de terra em troca de sua devoção. Em ambos os casos, nunca havia qualquer dúvida quanto a quem dominava nessas alianças. Se uma nação mais fraca tentasse violar os termos do pacto, ela seria destruída. O mesmo aconteceria com o súdito que se afastasse da proteção de seu rei. Uma vez que o acordo era fechado, ambas as partes caminhavam entre as carnes de um animal partido ao meio. Era uma imagem concreta de uma realidade física, um modo de dizer: se violar essa aliança, você será dividido ao meio como esses animais.

Graça maravilhosa!

Abraão reúne os animais exigidos por Deus, os abate e os corta ao meio, deitando as partes com cuidado ao longo de uma trilha pela qual pretende caminhar, segundo o costume. Aves de rapina, sentindo o cheiro da carne, se reúnem no céu. Logo descem para comer as carcaças. Talvez Abraão tenha se preocupado com isso, pensando que as aves de rapina arruinariam o que preparou para Deus. Ele deve ter pensado: "Tudo precisa estar perfeito."

Quem sabe por quanto tempo ele tentou afugentar os urubus! Quem sabe dizer quantas vezes os golpeou para que se afastassem daquilo que preparou com tanto cuidado, mas o sol começou a cair e ele, de repente, sentiu um forte cansaço.

Abraão cai num sono profundo e "vieram sobre ele trevas densas e apavorantes" (Gênesis 15:12).

Deus lhe explica esse pavor numa visão: é o pavor de viver fora da sua confiança; é um lugar inferior, solitário e sombrio. É um lugar da escravidão que Deus sabe que seu povo escolherá, assim como Ló escolheu o Egito. É um lugar para o qual seu povo irá e do qual será libertado, mas para o qual retornará sempre — um lugar de solidão, separado da bondade de Deus, um lugar da prisão do eu.

Então, Deus prepara um caminho para seu povo, muito antes deste ter qualquer ideia em relação a isso e muito antes de ser concebido por seus pais. Na escuridão, na noite profunda, em vez de Abraão caminhar pelos animais partidos, Deus e apenas Deus o faz. Ele passa pelos animais na forma de uma coluna de fumaça e de uma tocha ardente. A noite é iluminada pela tocha viva de Deus. E o terror, a solidão longe dele, a prisão do eu? Tudo é devorado pelas chamas.

O amigo de Deus

Reconhece a maravilha disso tudo? Em seu livro *Living in the Gap Between Promise and Reality* [Vivendo entre a promessa e a realidade], Iain M. Duguid explica: "Aquele que daria a lei demonstrou que a graça vem em primeiro lugar, pois essa aliança era completamente unilateral. Ela dependia completamente de Deus. Deus, o Eterno, estava dizendo: 'Prefiro ser partido ao meio a perder meu relacionamento com a humanidade, o relacionamento que prometi estabelecer por meio dos descendentes de Abraão.'"[20]

As alianças normalmente se baseiam em dois partidos que cumprem o acordo. Mas Deus diz a Abraão — e a você e a mim: "Apenas eu farei esse juramento. Você fracassará, mas jamais o abandonarei! Você cairá e se levantará e cairá novamente, mas eu o amarei e estou preparando um caminho para sua redenção."

Nada em relação a Deus depende de que façamos tudo certo. Sua aliança cuida disso. Nós precisamos apenas amar, confiar e segui-lo até chegarmos em segurança — e vale a pena se lembrar disso. Anote em algum lugar — num cartão, por exemplo — e leve-o consigo até se familiarizar com a mensagem como se fosse o ar que respira.

Abraão, ao testemunhar a glória de Deus na noite, deve ter gravado isso em seu coração. Então, espera, confia e obedece. Durante anos.

Esperou tanto tempo por um filho que sua visão talvez não esteja mais tão clara quanto no passado. Talvez seus olhos demorem a focar algo. Pois numa tarde quente, sentado na entrada de sua tenda, Abraão vê três figuras se aproximando. Ele recebe os visitantes e lhes oferece o que tem de melhor em termos de comida e bebida. Mas não percebe que está entretendo dois anjos a caminho de seu julgamento de Sodoma — nem que o terceiro é o próprio Cristo, o nosso Senhor.

Esse momento é importante. É o único registro no Antigo Testamento que apresenta o Senhor sentando-se e comendo com um homem ou uma mulher — e ele o faz em espírito de amizade. As Escrituras afirmam que Davi, o pastor que se tornou rei, tinha um coração segundo o de Deus (1Samuel 13:14; Atos 13:22), mas apenas Abraão é chamado de amigo de Deus (2Crônicas 20:7).

Agora, Cristo diz a seu amigo Abraão que voltará àquela região em um ano, quando Sara já terá um filho.

Ao ouvir essa conversa, Sara ri.

O Senhor a ouve e pergunta por que estava rindo.

No início, Sara nega sua ação porque, como afirmam as Escrituras, está com medo (Gênesis 18:15). Pergunto-me, porém, se não pode ter sido também porque, após todos esses anos de espera, a notícia é boa demais para ser verdade.

Seja como for, Cristo conhece nossas dificuldades de confiar, sabe que nossos corações podem vacilar, que ficamos inseguros quando não conseguimos reconhecer as complexidades de seu grande plano. Ele sabe e espera com ansiedade o momento em que nossa visão se tornará mais clara. Vemos apenas o deserto, apenas o céu noturno. Mas há também tanta areia, tantas estrelas. "Não negue, você riu", ele diz a Sara (Gênesis 18:15).

Estava dizendo também: "Confie em mim."

Confiar em Deus durante todo o caminho

Para alguns de nós, *confiança* é uma palavra difícil. Pesquisas revelam que, cada vez mais, estamos perdendo a confiança em nossos líderes políticos e no sistema financeiro. Não confiamos mais em muitos líderes religiosos. Muitas pessoas deixam de confiar em seu esposo ou seus amigos.

Abraão aprendeu que Deus é o amigo em que pode confiar sempre e completamente. Você pode confiar nele com tudo que é e tem, pois ele nunca falhou e jamais falhará com você. Achou que Abraão tinha aprendido a lição após atravessar tantos desertos, mas o amigo de Deus precisa escalar ainda mais uma montanha — para nos mostrar, com absoluta clareza, o que significa confiar em Deus. A montanha se chamava Moriá, e Deus pediu que Abraão levasse para lá seu filho, pelo qual havia esperado tanto tempo. Sim, por fim, havia nascido Isaque, quando Abraão tinha cem anos.

E quando Deus o chamou, Abraão disse: "Aqui estou."

E Deus disse:

> "Tome seu filho, seu único filho, Isaque, a quem você ama, e vá para a região de Moriá. Sacrifique-o ali como holocausto num dos montes que lhe indicarei." Na manhã seguinte, Abraão levantou-se e preparou o seu jumento. Levou consigo dois de seus servos e Isaque seu filho. Depois de cortar lenha para o holocausto, partiu em direção ao lugar que Deus lhe havia indicado. No terceiro dia de viagem, Abraão olhou e viu o lugar ao longe. Disse ele a seus servos: "Fiquem aqui com o jumento enquanto eu e o rapaz vamos até lá. Depois de adorarmos, voltaremos" (Gênesis 22:2-5).

Observe duas coisas significativas nessa passagem:

1. *Abraão levantou-se de manhã.* Abraão obedeceu, ansiava obedecer.
2. *Abraão disse: "Voltaremos."* A essa altura de seu relacionamento com Deus, Abraão sabia que, mesmo se tivesse de enfiar uma faca no coração do filho, ele o traria de volta dos mortos porque Isaque lhe foi prometido, e Deus jamais quebra uma promessa. Não duvidou por um único instante que ambos voltariam.

Assim, Abraão faz a viagem. Ao longo do caminho faz sacrifícios a Deus, e Isaque e os dois jovens servos devem ter pensado que se tratava de uma bela excursão para as montanhas.

No terceiro dia de viagem, Deus diz onde quer que Abraão faça o sacrifício, e Abraão pede aos servos que fiquem onde estão — que ele e Isaque irão oferecer um holocausto a Deus e adorá-lo.

Então, pai e filho pegam lenha para o fogo do sacrifício e começam a escalar a montanha.

A montanha que Abraão escala naquele dia é a mais difícil de sua vida. É a montanha do medo e da dúvida, do "e se" e do "porquê". Ele precisa chegar ao topo da montanha do questionamento.

Ele chega lá, um passo por vez, confiando e pensando que, no topo da montanha, estará mais perto das estrelas que Deus lhe mostrou muitos anos atrás.

Lá no alto, ele prepara o sacrifício para Deus, e Isaque o ajuda e se pergunta em voz alta onde está o animal. As Escrituras não nos contam se Abraão responde, se chora ou o que pensa.

Sabemos apenas o que faz: ele obedece. Com uma das mãos, ele ergue a faca para abater o sacrifício; na outra, segura o fogo a fim de queimar para o senhor a promessa que mais ama.

Apenas então, quando a mão de Abraão está pronta para matar seu único filho, é que Deus, que conhece cada emoção, cada dor e cada mágoa do amigo, aparece.

— Abraão — Ele chama, enquanto um anjo que enviou segura a mão de seu amigo.

— Aqui estou! — responde Abraão, como se Deus não soubesse. Momentos de profunda dor e luto podem ter afetado seu raciocínio.

— Pare! — ordenou Deus.

Abraão levanta os olhos e lá, preso num arbusto, está um carneiro.

Deus providenciou um carneiro para ser sacrificado no lugar de Isaque!

Não é o último carneiro que Deus enviará.

Haverá outro Cordeiro, outro dia, no topo de outra montanha. Como Deus gostaria de chamar de "amigos" todos aqueles pelos quais fez aquele sacrifício!

Não sei em que ponto da jornada de fé você se encontra. Talvez esteja apenas começando e imaginando o que a espera. Talvez já tenha atravessado desertos, caído em armadilhas em seu próprio Egito ou chegado ao maravilhoso lugar onde sabe que Deus é um amigo fiel em quem pode confiar. Não importa onde esteja, saiba que você é amada e que muita graça a espera nos dias que estão por vir. Há tantos grãos de areia, tantas estrelas.

Em qualquer um desses lugares, leve a história de Abraão consigo. Você se mudará de uma casa para outra, encontrará lugares de descanso, descobrirá como sair de lugares escuros e terá a oportunidade de ser uma nova mulher que caminha sob a luz — mesmo se for apenas a luz das estrelas — e avança em seu caminho.

Isso vale para todas as vidas que contemplamos neste livro. Como homens e mulheres, tendemos a nos concentrar onde estivemos ou para onde estamos indo, mas Deus foca em quem nós nos transformamos ao longo desse processo. É fácil apontar os erros na vida de Abraão, mas até mesmo as escolhas erradas viram um pano de polimento nas mãos de Deus. Se o objetivo da jornada é aprender a nos tornarmos semelhantes a Jesus, o que significa confiar totalmente em Deus, então os lugares em que estivemos ou para onde estamos indo são insignificantes.

Passei tanto tempo de minha vida tentando ser uma "boa" cristã. Agora, isso me parece tão ridículo. Jamais vi uma ovelha sequer — e fui criada no meio delas — que tenha tentado ser boa. As várias ovelhas que vi simplesmente vão para onde seu pastor as leva. Quando caem num riacho, esperam até que ele as tire dali. Quando têm medo de um lobo, sabem que seu pastor tem um cajado forte o bastante para vencer qualquer luta. Não se preocupam com a próxima refeição — comem a grama à frente, e, quando esta acabar, o pastor as leva para outro pasto.

É assim que nosso Pai quer que vivamos.

Ele escalou a montanha mais alta para chegar ao lugar onde preparou um lar para nós; em algum dia, o novo pasto será também o nosso lar.

Conclusão

Estamos indo para casa, para os braços de Deus

Certo dia, ele se levantou e eu me levantei com ele. Ele começou a sair dos escombros em direção à luz do dia. Eu não queria sair dali e implorei que ficasse comigo, mas ele continuou andando. Eu o segui. Jamais queria me separar dele. À plena luz do dia, a vista me aterrorizou.

"Não consigo fazer isso", disse eu.

"Eu sei", respondeu Deus.

"Não quero fazer isso."

"Eu sei."

"O que devo fazer?"

"Apenas me siga."

"Para onde vamos?"

"Estamos indo para casa."

Uma das vantagens de voar tanto durante o ano todo é que acabo acumulando muitas milhas. Normalmente, Barry, Christian e eu as usamos nas férias, mas em 2009 gastei minhas milhas para ir à Escócia visitar minha mãe que estava completando oitenta anos. Eu queria celebrar com ela pessoalmente.

Já que Christian passaria uma semana num acampamento em maio, aquele período parecia ser perfeito. Fiz a reserva do voo saindo de Dallas, com escalas em Miami e Londres, para finalmente chegar em Glasgow, na Escócia. Reservei até um carro, que me permitiria visitar alguns dos lugares prediletos de minha mãe.

Então, numa linda manhã de maio, nos despedimos de Christian, que ia para o acampamento. Dei um beijo de despedida em Barry, que estava pronto para voltar a ser solteiro durante uma semana, e fui para o aeroporto.

O voo até Miami transcorreu sem incidentes, mas quando pousamos vi uma tempestade se aproximando e me perguntei se meu voo a Londres sofreria algum atraso. Quando partimos, já estávamos duas horas atrasados, mas o piloto nos garantiu que recuperaríamos boa parte do tempo durante a viagem.

Passei algumas das nove horas de voo dormindo e me senti muito bem quando pousamos em Londres às sete horas da manhã seguinte. Encontrei o terminal onde já esperava o avião da British Airways, e logo voei para o norte, em direção a Glasgow.

Adoro pousar nessa cidade, pois numa manhã clara, como naquele dia, você pode ver os campos verdes e cada ovelha branca. Vi muitos carneiros, nascidos na primavera, pulando e brincando no ar fresco da manhã.

Peguei minhas malas, alegre por estar em minha pátria, e fui até o balcão do aluguel de carros. Eu especifiquei em minha reserva que precisava de um carro com marcha automática e que ele precisava estar disponível às 11 da manhã. Tudo isso foi confirmado. Havia apenas um homem na minha frente. Quando lhe entregaram as chaves, aproximei-me do balcão e dei à funcionária o meu voucher.

Ah, não!

— Bom dia — cumprimentei a mulher atrás do balcão.

— Ah, oi — respondeu ela. Ela olhou o voucher, depois olhou para mim — Ah, não!

— Algum problema? — perguntei.

— Você quer um automático?

— Sim, foi isso que reservei.

— Ah, não! — era tudo que ela conseguiu dizer.

— Algum problema? — repeti.

— Estou sem no momento.

— Mas foi isso que reservei.

— É, eu sei.

— Mas você está sem carros automáticos? — Eu estava começando a ficar frustrada.

— Sim... Você quer um carro com câmbio manual?

— Não sei dirigir esse tipo de carro.

— Não lhe ensinaram? Por que não? — perguntou, aparentemente surpresa com minha falta de habilidade.

— Na verdade, não sei.

Vi que ela não tinha o que dizer.

— Diga-me uma coisa: qual o sentido de confirmar algo se, quando o cliente chega, o carro não está disponível? — disse eu.

— Pois é, não sei, boa observação — concordou ela. Parecíamos ter entrado num beco sem saída.

— Você tem alguma sugestão quanto ao que eu posso fazer agora? — perguntei.

— Sim, tenho. Está vendo aquela pequena loja ali do outro lado? — perguntou. — Vá até lá, sente-se e tome um cafezinho.

Como uma ovelha abandonada por seu rebanho, fui até lá, sentei-me e pedi uma grande xícara de café. Trinta minutos depois, voltei ao balcão.

— Tenho ótimas notícias. Consegui seu carro! — disse a funcionária, extremamente feliz.

Foi uma experiência incomum ver uma funcionária de uma companhia de aluguel de carros tão feliz por ter conseguido resolver um problema. Alegrei-me com ela e peguei as chaves do carro em profunda gratidão.

Em casa!

A viagem de Glasgow a Ayr leva apenas quarenta minutos. Quando alcança o topo da última colina, você vê o oceano. Amo essa vista. Seja no verão ou no inverno, ela me diz que estou em casa.

É claro que lar é onde está seu coração, como diz o provérbio, e assim, seguindo a praia, procurei a casa de minha mãe. Ela vive numa adorável casinha de pedra na mesma rua em que passou a infância. É difícil acreditar que já esteja com oitenta anos. Mas quando a vi esperando na porta reconheci minha avó em sua postura e em seu doce sorriso. Parecia que as duas últimas décadas tinham passado voando.

Estou naquele momento especial em que vejo minha mãe ficar mais frágil a cada mês, ao mesmo tempo que vejo meu filho crescer e ficar mais forte. Em muitos aspectos, um está chegando ao fim de sua jornada, enquanto o outro está apenas iniciando a caminhada.

Quero me alegrar com ambos.

Passei uma semana maravilhosa com minha mãe. Vimos fotos antigas e conversamos, conversamos e conversamos. Fizemos um passeio pelo campo, almoçamos em fazendas e centros de jardinagem, e conversamos mais um pouco.

No sábado, meu irmão Stephen veio de Cambridge, na Inglaterra, para passar o dia conosco, o que foi ótimo, pois fazia mais de cinco anos que não o via. Ele é mais novo do que eu três anos, muito alto e inteligente, e tem um senso de humor negro. Adoro meu irmão.

Eu estava curtindo me reunir com minha família e adorei a manhã do domingo em especial, quando minha mãe, Stephen e eu nos sentamos na igreja Ayr Baptist. Nossa família é membro dessa igreja há gerações, e olhei em volta para ver se reconhecia algum rosto. Apesar de reconhecer muitos, alguns rostos significativos estavam ausentes.

Senti muito a perda de três homens: Jim Martin, Peter Douglas e Albert Clark — pilares da igreja desde minha infância —, que agora haviam terminado sua jornada e voltado para casa. Pensei em como cada um desses homens havia vivido, como se sacrificaram e trabalharam incansavelmente nos bastidores servindo a Deus e a seu povo. Eles são meus heróis. Mas muitas vezes ninguém viu o que eles fizeram. Bem, isso não é verdade — Deus viu absolutamente tudo.

O dia virá!

Virá um dia sobre o qual não falaremos muito na igreja, mas, para mim, a consciência dele muda tudo no nosso cotidiano. Trata-se do dia que revelará como foi nossa jornada — e por que confiar em Deus é tão importante.

Deus sempre nos conheceu, por dentro e por fora; e nesse dia, nós também nos conheceremos. Toda verdade sobre nós será revelada à luz de Cristo. Paulo escreve sobre isso em sua segunda carta aos Coríntios. É uma passagem tão central que a cito aqui em duas traduções diferentes:

> Por isso que vivemos alegres. Vocês não ficarão vendo as coisas de cabeça baixa! As circunstâncias desfavoráveis não irão nos abater. Ao contrário, elas apenas nos fazem lembrar do glorioso futuro que nos aguarda mais adiante. É por isso que confiamos naquele que nos mantém caminhando, mesmo que não o vejamos. Acham que uns buracos na estrada ou algumas pedras no caminho irão nos parar? Quando chegar a hora, estaremos prontos para trocar o exílio pelo nosso verdadeiro lar. Mas nem o exílio nem o nosso verdadeiro lar são o que mais importam. Servir a Deus com alegria é o principal e o que desejamos fazer, a despeito das circunstâncias. Cedo ou tarde, todos teremos de ficar frente a frente com Deus, independentemente das nossas condições. Compareceremos à presença de Cristo e receberemos o que plantamos por meio da nossa conduta, boa ou má (2Coríntios 5:6-10 – *A Mensagem*).

> Portanto, temos sempre confiança e sabemos que, enquanto estamos no corpo, estamos longe do Senhor. Porque vivemos por fé, e não pelo que vemos. Temos, pois, confiança e preferimos estar ausentes do corpo e habitar com o Senhor. Por isso, temos o propósito de lhe agradar, quer estejamos no corpo, quer o deixemos. Pois todos nós devemos comparecer perante o tribunal de Cristo, para que cada um receba de acordo com as obras praticadas por meio do corpo, quer sejam boas quer sejam más (2Coríntios 5:6-10).

O dia ao qual Paulo se refere em 2Coríntios não é o juízo que acontecerá diante do Grande Trono Branco. Esse dia é descrito em Apocalipse 20:11-12:

> Depois vi um grande trono branco e aquele que nele estava assentado. A terra e o céu fugiram da sua presença, e não se encontrou lugar para eles. Vi também os mortos, grandes e pequenos, de pé diante do trono, e livros foram abertos. Outro livro foi aberto, o livro da vida. Os mortos foram julgados de acordo com o que tinham feito, segundo o que estava registrado nos livros.

Nesse dia, o Livro da Vida será aberto e todos que confiaram em Cristo e tiveram seu nome registrado no livro viverão para sempre, e aqueles que forem rejeitados por ele serão condenados e separados dele para sempre.

Esse dia é o Dia do Juízo. Não é o dia do qual Paulo fala em 2Coríntios. O dia ao qual Paulo faz menção é aquele em que todos os cristãos estarão diante de Cristo e em que o conteúdo de nossos corações e nossas almas será revelado. Nesse dia, não teremos de responder por nossos pecados — estes já foram apagados no Calvário. Teremos de prestar contas a Jesus sobre nossas vidas, por que fizemos as escolhas que fizemos e o que guardamos em nossos corações que apenas ele pôde ver.

Imagine!

Essa verdade me acertou em cheio apenas recentemente. Frequento a igreja desde que era bebê e no momento estou terminando o mestrado em teologia, mas nunca compreendi de fato que um dia me encontrarei diante do Cordeiro de Deus em pessoa e que minha vida será revelada.

Isso me deixa maravilhada. Se pratiquei coisas boas, mas por razões terríveis, essas coisas queimarão e desaparecerão numa nuvem de fumaça. Quando, pela graça de Deus, escolhi amar, servir e confiar, independentemente de quão sombria era a noite naquele momento, essas coisas se revelarão como ouro e joias:

> Porque ninguém pode colocar outro alicerce além do que já está posto, que é Jesus Cristo. Se alguém constrói sobre esse alicerce, usando ouro, prata, pedras preciosas, madeira, feno ou palha, sua obra será mostrada, porque o Dia a trará à luz; pois será revelada pelo fogo, que provará a qualidade da obra de cada um. Se o que alguém construiu permanecer, esse receberá recompensa. Se o que alguém construiu se queimar, esse sofrerá prejuízo; contudo, será salvo como alguém que escapa através do fogo (1Coríntios 3:11-15).

Por mais sóbria que essa passagem seja, ela me dá força e coragem para viver minha vida à luz desse dia. Eu costumava interpretar mal essa passagem, acreditando que o Dia do Juízo seria um daqueles dias terríveis em que Jesus nos confrontaria com nossos segredos e pecados ocultos. Afinal, a obra de cada um será revelada pelo fogo.

Mas essa passagem não é sobre isso. O Dia do Juízo será um grande nivelamento da igreja. Alguns de nós, e me incluo nesse grupo, têm recebido oportunidades maravilhosas de servir a Cristo para o grande público. Outros, como os homens que mencionei, servem em silêncio e recebem poucos aplausos. No Dia do Juízo, Cristo revelará a cada um a verdade sobre nós, e no tribunal do Cordeiro de Deus nossas vidas serão examinadas, peneiradas e pesadas na balança.

Para alguns de nós, que confiaram em Cristo como Salvador, mas viveram para si mesmos, isso significará que a obra de sua vida se dissolverá e que nada restará. Entrarão no céu, mas não terão nada para entregar às mãos feridas de Cristo. Outros, cujos nomes talvez apenas Jesus conheça, verão o fogo revelar ouro, prata e pedras preciosas. Estas serão cravadas numa coroa, e aqueles que receberem essa coroa terão o prazer imensurável de depositá-la aos pés de Jesus.

Não importa qual é o chamado que recebemos nesta terra, o que importa é nosso coração e sua resposta ao chamado.

Percebe como isso muda tudo?

Talvez você não tenha conseguido o emprego dos sonhos, ou seu casamento seja uma decepção ou você sinta que ninguém reconhece o valor do que faz — nada disso importa. Tudo que importa é como você decide viver este dia, e a forma como decidiu será revelada no Dia do Juízo.

Quando eu estiver diante do Cordeiro de Deus e, enfim, estiver olhando nos olhos de Jesus, quero que minha vida tenha se tornado uma coisa linda — não porque acertei em tudo, mas porque confiei em Deus de todo coração.

O balanço

Quando escrevi estas linhas, tinha 52 anos. Se pudesse me sentar ao lado daquela garota de dez anos no balanço no parquinho, o que eu lhe diria?

Que ela é linda.

Que é amada.

Que não precisa ter medo quando aparecerem buracos na estrada, pois ela nunca estará sozinha.

Que, quando fosse parar num hospital psiquiátrico, encare-o apenas como mais uma escala em sua viagem, um lugar onde poderá aprender a não ter medo de perder o que parece importar, porque ela encontrará o que realmente importa.

Que cairá e se levantará novamente, que cairá e se levantará novamente...

Que pode confiar plenamente em Deus com todas as suas esperanças e seus sonhos, seus medos e seus fracassos.

Então, eu lhe diria: balance o mais alto que puder.

> Então vi um novo céu e uma nova terra, pois o primeiro céu e a primeira terra tinham passado; e o mar já não existia. Vi a cidade santa, a nova Jerusalém, que descia do céu, da parte de Deus, preparada como uma noiva adornada para o seu marido. Ouvi uma forte voz que vinha do trono e dizia: "Agora o tabernáculo de Deus está com os homens, com os quais ele viverá. Eles serão os seus povos; o próprio Deus estará com eles e será o seu Deus. Ele enxugará dos seus olhos toda lágrima. Não haverá mais morte, nem tristeza, nem choro, nem dor, pois a antiga ordem já passou." Aquele que estava assentado no trono disse: "Estou fazendo novas todas as coisas!" (Apocalipse 21:1-5)

Notas

Introdução: Balançando-se nos braços de Deus

1. WALSH, Sheila. *Honestly*. Grand Rapids: Zondervan, 1997.

Capítulo 3: O desejo de fazer parte

2. WALSH, Sheila. *Let Go*. Nashville: Thomas Nelson, 2009.
3. HYATT, Gail, 4 de junho de 2009, disponível em: <http://www.twitter.com/gailhyatt>.

Capítulo 4: Um sonho destruído se transforma em uma vida linda

4. Citado em EKEREN, Glenn Van. *Speaker's Sourcebook II*. New Jersey: Prentice Hall, 1994, p. 279.

Capítulo 5: Por que a dor?

5. BEASLEY-MURRAY, George R. *Word Biblical Commentary*. Nashville: Thomas Nelson, 1999, p. 188.
6. General. Rabbinical Writings. 100, p. 64a.
7. SCHNACKENBURG, Rudolph. *The Gospel According to St. John*. Grand Rapids: Eerdmans, 1990.
8. WALSH, Sheila. *Levante-se e ore*. Rio de Janeiro: Thomas Nelson Brasil, 2013.
9. FULLER, R. H., citada em BEASLEY-MURRAY, George R. *Word Biblical Commentary*. Nashville: Thomas Nelson, 1999, p. 194.
10. YOUNG, Sarah. *O chamado de Jesus: encontrando a paz em sua presença*. Rio de Janeiro: Sextante, 2012.

Capítulo 6: Entrar na escuridão para encontrar a luz

11. "O Love That Will Not Let Me Go", texto de George Matheson, escrito em 1882. Citado em: <http://www.cyberhymnal.com>

Capítulo 7: A vida de Cristo em nós

12. WATSON, David, *Fear No Evil.* Londres: Hodder and Stoughton, 1984, p. 8.
13. Ibid., p. 171.
14. Id.

Capítulo 9: Confiando seus sonhos a Deus

15. KENDALL, R. T. *God Meant It for Good.* Charlotte, N.C.: Morningstar, 1986, p. 71.
16. NORTON, John. *The Life and Death of John Cotton,* 1659.
17. KENDALL, R. T. *God Meant It for Good,* p. 71.

Capítulo 11: Confiar em Deus quando se tem muito a perder

18. HOWARD-BROOK, Wes. *Becoming Children of God: John's Gospel and Radical Discipleship.* Eugene, OR: Wipf and Stock, 2003, p. 29.
19. *Nelson's New Illustrated Bible Dictionary.* Nashville: Thomas Nelson, 1995.

Capítulo 12: Confiando a Deus sua jornada

20. DUGUID, Iain M. *Living in the Gap Between Promise and Reality.* Phillipsburg, New Jersey: P&R Publishing, 1999, p. 59.

Guia de discussão

1. "Jesus não veio para tirá-la da dor da vida, ele veio para viver *em você* por meio dela" [capítulo 1]. Cite alguns lugares ou momentos em que se sentiu desafiada ou aterrorizada pela vida, em que a confiança de que Deus tem um plano e um propósito para você foi abalada.
2. Como você viu e percebeu — ou não — a presença de Jesus nesses lugares atribulados? O que o cuidado e a providência dele significam para você? Como definiria o cuidado de Cristo?
3. Imagine, de três maneiras, como as coisas poderiam ser diferentes nesses lugares difíceis se você não estivesse esperando que o inevitável acontecesse.
4. Como reagiria a uma carta anônima como a que recebi, com promessas maravilhosas, apesar de misteriosas?
5. Provérbios 3:5 diz que devemos confiar no Senhor e abrir mão do nosso próprio entendimento. Qual foi o significado disso quando os médicos me confirmaram que meu filho nasceria com uma deficiência grave? O que essa passagem significa?
6. Luta com o medo de ser reconhecida por outros? Como? Ou por que não?
7. Que feridas, velhas ou novas, se encontram nas raízes de qualquer medo que a impeça de querer ser conhecida? Se essa dor for forte demais para ser encarada nesse momento, anote as sensações que ela provoca. Peça a alguém que você ame que ore sobre esse bilhete, ou guarde-o em sua Bíblia.
8. Na luta para confiar quando parece não haver encorajamento algum, você se sente tentada a suspender as atividades de sua vida? Como evitar isso? O que acontece se você o fizer — ou não?

9. O que a impede de se tornar amargurada e incapaz de confiar quando Deus parece estar calado, ou quando um sonho ou desejo de seu coração parece estar desmoronando, demorando ou desaparecendo?
10. No capítulo 5, recontei como Jesus trouxe Lázaro de volta para a vida e como isso tornou Jesus uma pessoa perigosa e ameaçadora para os fariseus. Isso se parece com o jeito como muitas pessoas veem uma pessoa confiante? Descreva.
11. Digamos, então, que você praticou a confiança numa situação e compartilhou essas novas maravilhosas com seus amigos, mas eles não querem ouvi-la. Como isso a faz se sentir? O que você diz ou faz?
12. "Às vezes, preciso me esforçar muito para lembrar-me das coisas que sei serem verdadeiras" [capítulo 6]. O que você faz em momentos assim a fim de encontrar razões para confiar?
13. Saulo acreditava ter dedicado a vida ao serviço de Deus. No entanto, certo dia em seu caminho para Damasco, ele foi repreendido por Deus. Como ele pode ter tido tanta certeza de que estava certo mas ter errado tanto?
14. Dedicar-se a uma vida tão quieta quanto a de Tabita, de justiça, misericórdia e serviço a Deus, pode ser muito solitário. Como você pode saber que sua confiança é certa, apreciada e valorizada? Esse saber torna sua confiança nesses serviços mais valiosa ou não?
15. Como você pode ajudar outra pessoa, mesmo que isso a faça se sentir desconfortável, como no capítulo 7?
16. No capítulo 8, falei sobre caminhar ao longo das margens enquanto se reflete sobre uma virada inesperada em sua carreira. Que tipo de escolhas você teve de fazer diante de algo? Espera Deus acabar com seu medo antes de avançar para uma região desconhecida, ou você ultrapassa o medo para ver o que ele fará?
17. Onde você encontra a força para dar esse salto de fé? Acredita que coragem é um dom ou que as habilidades da confiança podem ser adquiridas (e que tipo de habilidades seria)?

18. Acredita que momentos catastróficos fazem parte do plano de Deus para você?
19. O que a história de José no capítulo 9 lhe diz sobre a confiança exigir também perdão?
20. Existe um ponto além do qual não existe mais a possibilidade de confiar?
21. A falta de confiança em Deus custou a Sansão seu cabelo, sua visão e sua liberdade. Que preço ele pagou quando, por fim, confiou em Deus? Essa confiança vale o preço?
22. Os homens influentes, como José de Arimateia, que testemunharam a acusação de Jesus diante de Pilatos, poderiam ter feito algo contra o mal que presenciaram. Onde você encontra coragem e confiança para defender a justiça quando vê o mal sendo cometido?
23. Quando manter sua fé em segredo pode ser um ato de confiança?
24. Como você pode usar o fracasso para aumentar sua confiança, a exemplo de Abraão?
25. Em quem você pode confiar absolutamente? Por quê?
26. O que você pode dizer a si mesma em futuros momentos de dúvida e medo para evocar confiança?

Estudo bíblico

Bem-vinda! Sinto-me honrada por você ter escolhido este livro. Confiança tem sido um dos temas-chave da minha vida, especialmente em meu relacionamento com o Pai. Creio que, se aprendermos a descansar em sua confiança, muitas das coisas que nos atormentam a cada dia deixarão de ser tempestades e se transformarão em uma simples garoa. Não estou dizendo que se tornarão mais fáceis, mas que o amor inesgotável de Deus e sua preocupação por nós iluminarão as pressões do dia a dia — ou até mesmo os conflitos em que nos encontramos durante toda a vida.

O propósito deste estudo bíblico é ajudá-la a se aprofundar na mensagem de *Coisas extraordinárias acontecem quando uma mulher confia em Deus*. Mas também pretende aproximá-la mais de sua necessidade específica de confiar. E, é claro, espero poder ajudá-la a se aprofundar na Bíblia e naquilo que ela nos diz sobre esse assunto. Minha grande oração e esperança é que você se ocupe intensamente da Palavra de Deus enquanto permanece atenta às suas próprias reações internas.

Este estudo pode ser usado individualmente ou em pequenos grupos. Se for igual a mim, compartilhar uma jornada com amigos próximos pode ser uma experiência enriquecedora e, às vezes, mais fácil, porque você terá apoio. Se possível, incentivo-a a fazer este estudo com pessoas que conheça, compartilhando suas reações e aprendendo a confiar uns nos outros conforme você aprende a confiar no Pai.

Enfim, você perceberá que cada capítulo de estudo apresenta a mesma estrutura. As seções "Encontre", "Sinta" e "Siga" a ajudarão a percorrer três fases importantes.

"Encontre", a primeira fase, pretende envolvê-la com mais passagens bíblicas e pedirá que você leia uma ou duas passagens da Palavra de Deus.

(Não se preocupe! São breves e escolhidas a dedo para aprofundar a mensagem do livro. Jamais exigirei que leia todo o livro de Levítico em uma única noite!)

A segunda fase, "Sinta", a acompanhará em suas reações ao livro e à Palavra de Deus. Essa seção pretende ajudá-la a descobrir onde você se encontra na ampla gama da confiança.

A terceira, "Siga", a ajudará a transformar as lições em nova confiança e obediência.

Ah, mais uma coisa antes de você começar. Eu não incluí linhas em branco para anotações, por isso, é preciso ter um caderno ou diário à mão. Eu queria que você se concentrasse num estudo aprofundado, e não no espaço disponível para suas respostas. Espero que concorde com minha decisão.

Tudo bem, então, vamos começar. Que Deus esteja ao seu lado enquanto você faz este estudo e continua o processo vitalício de confiar nele.

— *Sheila Walsh*

CAPÍTULO 1

Por que você tem tanto medo?

O que vem à sua mente quando você ouve a palavra *coragem*? Como seguidora de Cristo, meu coração é primeiro atraído por ele e então permanece com ele durante um tempo. Mateus documenta em seu evangelho as seguintes palavras de Jesus: "Tomem sobre vocês o meu jugo e aprendam de mim, pois sou manso e humilde de coração, e vocês encontrarão descanso para as suas almas. Pois o meu jugo é suave e o meu fardo é leve" (11:29-30). Cristo nos convida a observarmos como viveu na terra e a aprendermos com ele. Talvez não haja nenhum momento mais instrutivo do que o diálogo com seu Pai em Getsêmani: "Indo um pouco mais adiante, prostrou-se com o rosto em terra e orou: 'Meu Pai, se for possível, afasta de mim este cálice; contudo, não seja como eu quero, mas sim como tu queres'" (26:39).

Nesse momento, Cristo deixa bem claro que a coragem começa com a verdade. Ao clamar para seu Pai, ele nos mostrou que estava com medo. Deste lado da eternidade, nunca compreenderemos o que significou para Cristo tomar sobre si todo o pecado de um planeta caído. Mas, assim como nossa devastação começou no jardim do Éden com Adão e Eva, a nossa restauração começou em Getsêmani. Tendo derramado seu coração diante do Pai, Cristo se voltou para encarar o que o esperava. Isso é coragem.

Encontre

> "Deus faz dessas coisas ao homem, duas ou três vezes, para recuperar sua alma da cova, a fim de que refulja sobre ele a luz da vida." (Jó 33:29-30)

- O que esse versículo lhe diz sobre a coragem?

Leia Josué 1:1-9

- Para que Josué precisou de coragem?
- Quantas vezes ele ouviu que precisava ser corajoso? Por que recebeu essa instrução repetidas vezes?
- Reflita sobre sua situação atual e reescreva Josué I:I-9 como se Deus estivesse falando com você. Quais são as instruções que ele lhe daria e quantas vezes ele as repetiria?
- Descreva um momento em que você demonstrou grande coragem ou um momento em que precisava de mais coragem.
- "Jesus não veio para tirá-la da dor da vida; ele veio para viver *em você* por meio dela." Como você experimentou essa verdade em sua vida?

Sinta

- Talvez você tenha vivido tempos difíceis em sua vida. Anote alguns sentimentos que teve nesses momentos.
- Descreva o papel de sua fé ao lidar com seus conflitos. Como descreveria sua coragem?
- Cite uma situação atual que a aterroriza e a faz perder o controle sobre suas emoções.

Siga

- O que acredita que Deus quer que você faça em relação à situação descrita na última pergunta?
- Como Deus pode usar seus amigos, os membros de sua família e a igreja para encorajá-la e apoiá-la nessa situação?

- O que deseja que Deus faça em sua vida por meio deste estudo?
- O que precisa mudar em sua vida a fim de focar melhor em Deus e focar menos na situação que está enfrentando?
- Resuma as instruções de Josué I:I-9 completando as seguintes afirmações:
  Porque Deus disse ________________________________
  ________________, eu ____________________________
  ____.
- Escreva em seu caderno ou diário uma oração que expresse seus desejos. Durante toda a semana, use essa oração como parte de suas conversas com Deus.

CAPÍTULO 2

Uma porta aberta

Uma das coisas que considero importante ao estudar a Bíblia é ler os versículos no contexto daquilo que estava acontecendo no momento em que foram escritos. É tentador tirar um versículo da Bíblia como um mágico tira o coelho da cartola e aplicá-lo à nossa situação; mas se o lermos em seu contexto, creio que a mensagem será muito mais profunda.

Em Isaías 43:18-19, lemos: "Esqueçam o que se foi; não vivam no passado. Vejam, estou fazendo uma coisa nova! Ela já está surgindo! Vocês não o percebem?"

Essas palavras foram escritas para o povo de Deus que se encontrava no cativeiro da Babilônia. Era um dos momentos mais tristes de sua história. Isaías profetiza sobre o cativeiro e exílio vindouros, mas lembra a seu povo que Deus é um Deus de amor e que ele o trará de volta para casa. É mais uma imagem do Antigo Testamento que prenuncia a chegada de Cristo, que nos libertará dos nossos pecados. Nesses dois versículos, Deus está dizendo: *Não olhe para trás, para o tempo em que libertei seus ancestrais do Egito; eu sou um Deus que liberta de novo sempre.*

Talvez você se encontre numa situação de desespero, e mesmo que Deus a tenha libertado no passado, não consegue imaginar como Deus o fará agora, já que a situação é bem diferente. Tire seus olhos do passado e volte-os para Cristo, cuja misericórdia se renova a cada manhã.

Encontre

> Esqueçam o que se foi; não vivam no passado. Vejam, estou fazendo uma coisa nova! Ela já está surgindo! Vocês não o percebem? (Isaías 43:18-19)

- O que esse versículo lhe diz sobre a capacidade de Deus de curar suas feridas?

Leia Lucas 4:18-21

- Jesus citou o livro de Isaías e fez uma declaração sobre as pessoas que têm o coração partido. Leia a passagem substituindo "pobres", "presos", "cegos" e "oprimidos" por seu nome. O que, nessa passagem, se aplica à sua vida?
- Descreva um momento em sua vida no qual houve um recomeço. Como essa experiência a fez se sentir? Quais foram as emoções positivas? E as negativas?
- "Céus!", exclamei. "Senhor, isso não é engraçado. Não faço ideia do que estou fazendo aqui!" Alguma vez já se viu numa situação em que disse algo assim? Descreva.

Sinta

- Qual é a diferença entre experimentar uma opressão e se sentir oprimida?
- Como pode encontrar esperança em meio à sua opressão? Como se sente em relação a si mesma quando está quebrada diante de Deus? Como ele se sente em relação a você?
- Anote algumas passagens da Bíblia que têm lhe servido de encorajamento.

Siga

Leia a carta de Sheila na página 37

- O que essa carta lhe diz? O que Deus está lhe dizendo neste momento?

- Descreva um momento em que você ouviu o Senhor dizer: "*Apenas me siga.*"
- Como encorajar alguém que está lutando com as consequências de uma escolha errada feita no passado?
- Como seguir melhor a Deus nos próximos dias?
- Faça um resumo das instruções em Lucas 4:18-21 completando a seguinte afirmação:
- Porque Jesus disse ______________________________ ____________________, eu ________________________ ____.
- Em seu diário de estudos, escreva uma oração de gratidão a Deus por ter curado suas feridas. Durante toda a semana, use essa oração como parte de suas conversas com ele.

CAPÍTULO 3

O desejo de fazer parte

> Se vocês permanecerem firmes na minha palavra, verdadeiramente serão meus discípulos. E conhecerão a verdade, e a verdade os libertará.
>
> — JOÃO 8:31-32

Jesus disse essas palavras a um grupo de judeus que ouviu seus ensinamentos e que se identificou como aqueles que acreditavam nele. Mas, como muitos outros, entenderam errado o que Jesus disse. Quando pensavam em liberdade, imaginavam uma liberdade política, situacional. Entendo isso. Durante muitos anos, pensei: "Se conseguisse me livrar dessa pessoa ou situação, eu seria livre." O único problema era que, não importava para onde fosse, eu "me" levava junto. A liberdade que Cristo oferece é muito maior do que uma oferta de mudança geográfica, é uma revolução interna. Quando, pela graça de Deus, você vir toda a verdade sobre si mesma, sobre quem você é e não é, e, no mesmo momento, perceber que é totalmente amada por Deus, encontrará uma liberdade que não pode ser encontrada em nenhum outro lugar além de Cristo.

Aprendi que liberdade e transparência andam sempre juntas. Podemos ser libertadas das coisas que nos definiram fora de Cristo na mesma medida que estamos dispostas a nos conhecer e reconhecer. Isso é arriscado, mas foi para isso que fomos feitas, e tudo aquém disso não é liberdade. Você conhecerá a verdade, e ela a libertará. Isso é uma promessa.

Encontre

> Você mandou embora de mãos vazias as viúvas e quebrou a força dos órfãos. Por isso está cercado de armadilhas e o perigo repentino o apavora. (Jó 22:9-10)

- Descreva uma situação em que suas palavras foram semelhantes às palavras do versículo citado.

Leia João 8:31-36

- Por que é tão importante ser transparente no convívio com outras pessoas?
- Se Deus sabe tudo a nosso respeito, por que é tão importante sermos transparentes diante dele?
- Leia as perguntas a seguir e responda a uma ou várias delas:
    1. O que temo que as pessoas possam descobrir sobre mim?
    2. Por que mantenho as pessoas afastadas de mim?
    3. Por que acredito que, se eu permitir que as pessoas entrem em minha vida, elas se decepcionarão comigo e me abandonarão?
    4. Por que tenho tanto medo de ser rejeitada a ponto de me retirar antes de alguém ter a chance de me excluir?
- Paulo disse: "Levem os fardos pesados uns dos outros e, assim, cumpram a lei de Cristo" (Gálatas 6:2). Cite algumas pessoas que precisam de sua ajuda para carregar o peso delas e algumas pessoas que a ajudaram a carregar o seu peso. Escolha uma pessoa da lista e, se possível, escreva um cartão de agradecimento ou encorajamento.

Sinta

- "Há muitas razões pelas quais sentimos vergonha, e o mesmo parece valer para a maneira como reagimos a isso. Se acreditarmos que existe algo lá no fundo de nós que outros rejeitariam, nos refreamos ou simplesmente desistimos da vida. Isso pode gerar depressão, vícios, amargura e desespero." Por que acha que essa não é a vida que Cristo quer para você?

- O que vem à sua mente quando pensa em "pertencer"? Seja sincera com seus sentimentos.
- Lembre-se de um momento em que você ouviu uma música ou assistiu a uma cena em um filme e de repente foi tomada por emoções desproporcionais ao que estava acontecendo a sua volta. Como essa experiência a fez se sentir?
- O que acha que Deus está tentando lhe dizer por meio dessas experiências?
- Jesus convida todos que, por fim, se cansaram de fazer de conta que tudo está bem. Você está disposta a aceitar esse convite? Por quê? Ou por que não?

Siga

- Deus sabe tudo sobre você e a ama. O que a impede de confiar a ele seu passado e de segui-lo?
- Descreva uma descoberta espiritual que gostaria de fazer neste momento.
- Faça um resumo das instruções em João 8:31-36 completando a seguinte afirmação:
- Porque Jesus disse ______________________________ ________________, eu ______________________________ ____.
- Agora, escreva uma oração pedindo que Deus lhe permita fazer a descoberta que descreveu. Faça essa oração crendo que Deus lhe dará a resposta toda vez que passar algum tempo com ele nos próximos dias.

CAPÍTULO 4

Um sonho destruído se transforma em uma vida linda

A vida de Ana havia sido cheia de decepções. Perdeu seu marido muito cedo e não tinha filhos. Muito daquilo que sabemos sobre Ana é por dedução, não por conhecimento direto. O fato de ela ter recebido permissão para ocupar um dos quartos do templo nos diz muito sobre seu caráter. Seu mundo era dominado por homens, e esperava-se que as mulheres permanecessem em silêncio e discretas. Uma das palavras-chave que vejo na vida de Ana é *foco*. Ela não olhava para trás com amargura, mas sim para a frente com esperança. Isso já bastaria para mudar nossas vidas. Basta pensar em toda a energia que gastamos olhando para trás com arrependimento. Obviamente, tristeza e luto ocupam um papel muito importante em nossas vidas, mas o luto aumenta nossa tragédia quando permitimos que ele nos defina. Quando a tristeza nos define, perdemos a oportunidade de verdadeiramente voltar a viver. Apesar de ter conhecido perda e dor, Ana focou na esperança. Quando Paulo escreveu sua primeira carta ao jovem Timóteo, se identificou como "Paulo, apóstolo de Jesus Cristo, segundo o mandado de Deus, nosso Salvador, e do Senhor Jesus Cristo, esperança nossa" (1:1). Foi assim que Ana viveu a vida, aguardando pacientemente a vinda de Cristo, que é a nossa esperança.

Seu presente também era difícil, não só seu passado, pois ela vivia sob o reinado cruel de Herodes, o Grande. Sabemos também que havia muita corrupção entre os sacerdotes. Hoje lutamos com aqueles que nos decepcionam no governo e no púlpito, mas precisamos escolher onde queremos focar nossa atenção. Em que você está focando sua atenção enquanto espera que se realize a promessa de Deus para você?

Encontre

> E estava ali a profetisa Ana, filha de Fanuel, da tribo de Aser. Esta era já avançada em idade, e tinha vivido com o marido sete anos, desde a sua virgindade; E era viúva, de quase oitenta e quatro anos, e não se afastava do templo, servindo a Deus em jejuns e orações, de noite e de dia. E sobrevindo na mesma hora, ela dava graças a Deus, e falava dele a todos os que esperavam a redenção em Jerusalém. (Lucas 2:36-38)

- Como avalia a sua paciência? Coloque um "x" na seta abaixo.
- Muito paciente ←---------------→ a Muito impaciente.

Leia Isaías 40:25-31

- Qual é a consequência de esperar no Senhor?
- Leia com mais atenção o versículo 31. Em que área da sua vida precisa de força? O que Deus está lhe dizendo por meio dessa passagem?
- Qual é o sonho que Deus plantou em seu íntimo? O que a impede de realizá-lo?
- Leia a passagem. Como você teria se sentido na situação de Ana?
- Preencha as lacunas:
- Isso não está certo. Eu esperava ser ____________________ ____________________. Eu esperava ter ______________ ________________________________. Todas as regras parecem estar mudando. Eu ____________________!
- O que quer que Deus faça em relação à sua situação?
- "Ana dedicou toda a sua vida ao estudo da Palavra de

Deus e a compartilhá-la com outras mulheres que vinham ao templo." Tomando-a como exemplo, o que você deveria fazer em reação à sua situação?

Sinta

- Ana tinha muitas razões para se sentir inútil e sem esperança. No entanto, acreditou na promessa de Deus de que era valiosa para ele. Como você pode saber que é valiosa para Deus? Como isso a faz se sentir?
- Qual é o objetivo de sua oração e o que você espera que aconteça quando ela for respondida?
- O que está esperando? Como espera que Deus inunde sua vida e a deixe maravilhada?

Siga

- Qual é a função de nossa relação contínua com Deus referente às suas expectativas pessoais e espirituais?
- Como você discerne a orientação de Deus acerca de seus próprios sentimentos ou dos conselhos de outras pessoas?
- Faça um resumo das instruções de Isaías 40:25-31 completando a seguinte afirmação:
- Porque Deus disse ______________________________ ____________________, eu ____________________________ ____.
- Agora, escreva uma oração expressando seu desejo de aguardar a resposta de Deus às suas orações. Use-a como parte de seu tempo devocional diário e como uma expressão de seu desejo de viver com paciência, enquanto espera Deus revelar o plano dele para você.

CAPÍTULO 5

Por que a dor?

Jesus parece nunca aparecer quando esperamos. Basta lembrar o que sabemos sobre os encontros documentados entre Jesus e Maria, Marta e Lázaro. Uma vez, ele aparece cedo demais; outra, se atrasa demais. Lucas documenta em seu relato que Jesus e os 12 discípulos chegaram em Betânia para uma refeição, mas Marta não estava preparada para a visita (10:38-42). Trata-se da famosa passagem em que Marta se irrita com Maria por sentar-se aos pés de Jesus em vez de ajudá-la.

No encontro seguinte, Jesus não vem quando o chamam, e isso é ainda mais devastador. A lição que tiro das duas histórias é que o único propósito dele era fazer aquilo que honrasse seu Pai. Podemos achar difícil entender isso. Uma mãe ora por seu filho doente, e o filho é curado; outra mãe faz a mesma oração, e o filho morre — por quê? Tendemos a internalizar as circunstâncias e a nos perguntar o que fizemos de errado. Jesus mostrou que, quando clamamos a ele, clamamos para que sua vontade seja feita.

Encontre

> Jesus pois, quando a viu chorar, e também chorando os judeus que com ela vinham, moveu-se muito em espírito, e perturbou-se. E disse: Onde o pusestes? Disseram-lhe: Senhor, vem, e vê. (João 11:33-34)

- Como você lida com as decepções da vida ou com circunstâncias difíceis? É uma pessoa emocional ou quieta? Parte para a ação ou se retrai? Descreva uma situação recente que tem sido uma grande provação.

Leia Mateus 14:22-33

- Pedro demonstrou uma grande fé ao sair do barco. O que o fez começar a afundar?
- O que Jesus fez em relação à situação de Pedro?
- O que a faz afundar, e o que acha que Jesus fará em relação à sua situação?
- Tente encontrar algumas passagens especialmente encorajadoras para você. Faça uma lista dessas passagens e copie uma que queira decorar.
- Como o ato de clamar a Deus afeta seu relacionamento com ele? Como acha que Deus se sente quando clamamos a ele?

Sinta

- Descreva um momento em que você pediu a Deus que intervisse em uma situação. Como sabia que ele estava envolvido?
- A situação se resolveu conforme você pediu em sua oração? Como isso a fez se sentir?
- Quando percebeu que estava afundando, Pedro clamou a Jesus. Quando está afundando emocionalmente, a quem você clama e o que pede?
- Com base em nossas opções ao lidar com as grandes provações, qual a melhor forma de glorificar Deus em sua conduta?

Siga

- Qual é a diferença entre clamar a Deus e simplesmente clamar? O que você costuma fazer? Por quê?

- Reflita sobre a ressuscitação de Lázaro. Em João 11:39, Marta expressa algumas dúvidas sobre a capacidade de Jesus de ressuscitar seu irmão. Ela confiava mais em seus conhecimentos do que no Salvador. O que sua atitude diante do impossível lhe revela sobre sua fé em Jesus Cristo?
- Jesus restaurou a vida de Lázaro. Acredita que ele pode restaurar a qualidade da sua vida? Por quê? Ou por que não?
- "Quantas vezes você já relutou, vacilou ou se entregou ao desespero quando não conseguiu reconhecer o que esperava de Deus no aqui e no agora?" Cite três coisas que você pode fazer diariamente para não afundar no desespero.
- Faça um resumo das instruções de Mateus 14:22-33 completando a seguinte afirmação: Porque Jesus ________________________________, eu ____________
  ____.
- Agora escreva uma oração expressando seu desejo de esperar pela resposta de Deus às suas orações. Use-a como parte de seu tempo diário com Deus e como uma expressão de seu desejo de viver com paciência enquanto espera Deus revelar seu plano para você.

CAPÍTULO 6

Entrar na escuridão para encontrar a luz

Já se viu em uma situação em que o jogo parecia se virar contra você de repente? Essa deve ter sido a sensação de Saulo. Quando partiu em viagem de Tarso para Damasco, ele acreditava estar vivo; e Jesus, morto. Antes de alcançar seu destino, Jesus provou que estava vivo e que Saulo poderia facilmente estar morto. Por que Cristo interveio de forma tão dramática? A luz que caiu sobre Saulo foi tão forte que o derrubou de seu cavalo. Depois foi tomado por uma escuridão absoluta. É como se Cristo estivesse dizendo: "Este sou eu e é aí que você está. Sou uma luz feroz, e você está rastejando na escuridão."

Agora, lembro-me com um sorriso das imagens de Jesus que nos eram apresentadas na escola dominical. Representavam um homem muito manso, quase bonito. O amor de Cristo é feroz. Quando encontra alguém que ama vivendo em crença cega, ele fará o que for preciso para trazer essa pessoa até a luz. Uma vez que você foi retirada da escuridão e levada para a luz, nunca mais será a mesma. Quanto mais vê, mais você confia e ama.

Encontre

> E, indo no caminho, aconteceu que, chegando perto de Damasco, subitamente o cercou um resplendor de luz do céu. E, caindo em terra, ouviu uma voz que lhe dizia: Saulo, Saulo, por que me persegues? E ele disse: Quem és, Senhor? (Atos 9:3-5)

- Antes de sua conversão e mudança de nome, Saulo (Paulo) era passional. Após sua conversão, continuou passional. Deus usou a paixão de Paulo e a focou em seus propósitos. Quais são suas características que Deus pode focar nos propósitos dele?

Leia 1João 3:1-3

- Descreva a profundeza do amor de Deus por seus filhos.
- Qual é o resultado da nossa esperança (versículo 3)?
- Como você pode se purificar? Que mudanças é preciso fazer em seu dia a dia para permitir que seja purificada em seus atos e pensamentos?
- Reflita sobre a vida de Paulo após sua conversão. Como seu passado dificultou seu ministério? Como o preparou para atuar nele?
- Agora, pense em sua própria vida. Como o passado dificulta sua vida no presente? Como a preparou para cuidar e encorajar as pessoas ao seu redor?

Sinta

- Como se sente quando se vê da perspectiva de Deus?
- O que Deus ama em você?
- Releia *O que foi que eu fiz?* (há duas seções com o mesmo título. Aqui, referimo-nos à primeira). Deus estava usando Estêvão de maneiras incríveis, mas os religiosos da época não gostaram disso. Por que as pessoas religiosas reagem de forma negativa à obra de Deus por meio de pessoas como Estêvão?
- Se estivesse nessa situação, teria tomado o partido das pessoas religiosas ou o de Estêvão? Por quê?
- A posição de Estêvão em defesa de Deus custou-lhe a

vida. O que você está disposta a sacrificar para que sua vida glorifique Deus ainda mais?

- Quando teve a oportunidade de se defender em público, Estêvão falou sobre Jesus Cristo e sobre sua fé no Filho de Deus. Sobre o que você fala quando tem a oportunidade?

Siga

- Quanto mais os primeiros cristãos eram perseguidos, mais fortaleciam sua fé. Tempos difíceis nos levam para os braços de Cristo ou nos obrigam a depender de nós mesmos. O primeiro é uma fonte de força; o segundo, de desespero. Como sua fé é afetada pelas dificuldades?
- "Jesus está dizendo: abra mão das coisas às quais você está tentando se agarrar. Se estiver se agarrando à vida, ao ministério, a uma posição ou a uma carreira que não agrada a Deus, deixe aquilo morrer. Confie nele, não em si mesma, para fazer sua vontade. Se estiver envolvido, ele — em seu tempo — fará florescer novamente aquilo que você soltou." O que acha dessa afirmação?
- Paulo recebeu um nome e um propósito novos e uma paixão focada. Você também recebeu um nome novo — filha de Deus —, um novo propósito e uma paixão focada. O que acha que Deus está fazendo em sua vida neste momento?
- O que ele quer fazer por meio de sua vida?
- Faça um resumo das instruções de 1João 3:1-3 completando a seguinte afirmação:
- Porque a Bíblia diz ______________________________ ______________, eu ______________________________ ____.

- Agora escreva uma oração pedindo que Deus lhe permita ver o caminho que ele vê para você. Use essa oração como parte de seu tempo devocional com Deus e como expressão de seu desejo de ser usada para seus propósitos.

CAPÍTULO 7

A vida de Cristo em nós

O fato de Tabita ser a única mulher à qual o Novo Testamento dá o título de "discípula" me deixa maravilhada. Quando pensa na palavra "discípulo", o que lhe vem à mente? Quando penso nos 12 homens que Cristo escolheu para compartilhar os três anos de seu ministério na terra, é evidente que eles testemunharam muita coisa. Viram milagre após milagre. Ouviram Jesus compartilhar coisas que as multidões nunca chegaram a saber. Estavam presentes quando Lázaro voltou para seu corpo e para a luz do dia. Compartilharam a última refeição com Cristo na terra e tiveram de assistir quando ele foi arrastado para um julgamento manipulado. Choraram e esperaram durante sua execução. Viram o Cristo ressurreto, ouviram novamente sua voz. Voltaram a olhar naqueles olhos de amor radiante.

Pedro, que chegara a negar que conhecia Cristo, declarou por ocasião de sua própria execução que era indigno de morrer como Cristo morrera. Pediu que fosse crucificado de cabeça para baixo. Mas quanto à Tabita? Ela não testemunhou nada disso e, mesmo assim, foi chamada de "discípula". Foi chamada assim porque entendeu que, não importa se você faz parte da multidão que testemunha um espetáculo ou se está em seu quarto fazendo roupas para os necessitados, tudo que faz importa quando a motivação é o amor por Cristo.

Encontre

> E havia em Jope uma discípula chamada Tabita, que traduzido se diz Dorcas. Esta estava cheia de boas obras e esmolas que fazia. E aconteceu naqueles dias que, enfermando ela, morreu; e, tendo-a lavado, a depositaram num quarto alto.

> E, como Lida era perto de Jope, ouvindo os discípulos que Pedro estava ali, lhe mandaram dois homens, rogando-lhe que não se demorasse em vir ter com eles. E, levantando-se Pedro, foi com eles; e quando chegou o levaram ao quarto alto, e todas as viúvas o rodearam, chorando e mostrando as túnicas e roupas que Dorcas fizera quando estava com elas. Mas Pedro, fazendo sair a todos, pôs-se de joelhos e orou: e, voltando-se para o corpo, disse: Tabita, levanta-te. E ela abriu os olhos, e, vendo a Pedro, assentou-se. E ele, dando--lhe a mão, a levantou e, chamando os santos e as viúvas, apresentou-lha viva. (Atos 9:36-37; 39-41)

- Tabita era uma seguidora de Cristo, e sua morte entristeceu quem a conhecia. Era conhecida por sua fidelidade. Se sua vida terminasse neste instante, como as pessoas se lembrariam de você?

Leia Salmos 16

- Como você descreveria o estado de espírito do salmista quando escreveu essas palavras?
- Numa escala de um a dez, dez sendo o máximo, dê uma nota à confiança do salmista em Deus.
- Na mesma escala, dê uma nota à sua confiança pessoal em Deus.
- Explique a diferença entre as duas notas.
- Releia os versículos 9-11 e reescreva-os como expressão de sua confiança em Deus. Seja totalmente sincera ao descrevê-la.

Sinta

- Pense na última vez que um ente querido ou uma amiga sua morreu. O que você sentiu?
- Como essa experiência afetou sua confiança em Deus? Explique.
- Tabita era muito amada, e aqueles que a amavam não estavam dispostos a se despedir dela. No entanto, ela morreu. Por que acha que as pessoas mandaram chamar Pedro?
- Pedro acreditava na capacidade de Deus de ressuscitar Tabita porque vira Jesus ressuscitar a filha de Jairo. O que você viu Jesus fazer que lhe dá a confiança de que ele é capaz de intervir em sua vida no futuro?

Siga

- A ressuscitação de Tabita levou muitas pessoas a depositar sua fé em Jesus. O que ele está fazendo em e por meio de sua vida que atrai outras pessoas?
- "Quando temos um encontro com o Cristo ressurreto, e ele transforma nossas vidas, e ele transforma também os nossos corações. *Queremos* servir, amar e demonstrar misericórdia — essas coisas são evidência de uma fé amadurecida, especialmente quando as coisas que comovem o Filho de Deus nos comoverem também." A que ponto seu estilo de vida reflete o poder transformador de Cristo? Deseja servir, amar e demonstrar misericórdia? Por quê? Ou por que não?
- Faça um resumo das instruções de 1João 3:1-3 completando a seguinte afirmação: Porque o salmista disse ______________________________, eu ____________________ ____.

- Escreva uma oração expressando seu desejo de confiar em Deus mesmo quando as circunstâncias parecerem impossíveis. Use-a como parte de seu tempo devocional com Deus e como uma expressão de seu desejo de segui-lo mesmo quando o caminho parecer incerto.

CAPÍTULO 8

Confiando o seu medo a Deus

Uma das verdades mais transformadoras que descobri em minha jornada até hoje é que, não importa o que Deus me chame para fazer, ele já me preparou para a tarefa. Isso parece tão óbvio e tão simples, mas acredito que temos dificuldades de aceitar essa verdade. Vivemos numa cultura que quantifica talentos, beleza e liderança conforme suas próprias regras. Nossas regras não se aplicam ao reino de Deus. Nossa cultura vê o que aparenta ser a verdade, mas Deus é quem vê a verdade. Quando olha para nós, ele vê em quem estamos nos transformando nele. Foi assim que olhou para Gideão na prensa de vinho ao chamá-lo de "poderoso guerreiro". Jesus olhou para Pedro e disse: "Pois também eu te digo que tu és Pedro, e sobre esta pedra edificarei a minha igreja, e as portas do inferno não prevalecerão contra ela" (Mateus 16:18). Isso foi antes de Pedro negar que conhecia Cristo. Isso foi antes de ele fugir na escuridão da noite e abandonar Cristo no momento de sua morte. Quando Jesus olha para nossos corações, vê tudo que somos e tudo que seremos quando confiarmos nele e darmos o próximo passo. Por isso, quando Deus diz: "Mexa-se", me levanto. Confio mais no que ele vê em mim do que em como eu mesma me vejo.

Encontre

> Então o Anjo do SENHOR veio e sentou-se sob a grande árvore de Ofra, que pertencia ao abiezrita Joás. Gideão, filho de Joás, estava malhando o trigo num tanque de prensar uvas, para escondê-lo dos midianitas. Então o Anjo do SENHOR apareceu a Gideão e lhe disse: "O SENHOR está com você,

> poderoso guerreiro." "Ah, Senhor", Gideão respondeu, "se o SENHOR está conosco, por que aconteceu tudo isso?" (Juízes 6:11-13)

Leia Juízes 6:7-10

- Deus lembrou os israelitas de sua bondade. Imagine que essa passagem foi escrita para você e cite algumas das coisas que Deus fez e que agora lhe pediria que lembrasse.
- Os israelitas viram Deus fazer coisas incríveis, mesmo assim se revoltaram e deixaram de confiar nele. Descreva um momento em que você se rebelou contra Deus ou se recusou a confiar nele. Por que reagiu dessa forma?

Leia Provérbios 3:5-7

- Reformule esses versículos em suas próprias palavras e depois as decore.

Sinta

- Você está cuidando de sua vida e, de repente, é cumprimentada por um anjo, que lhe diz: "Deus está com você, poderosa guerreira." Como se sentiria?
- Não vivenciamos esse tipo de coisa muitas vezes. Como sabe que Deus está com você?
- Gideão disse: "Se o Senhor está conosco, por que aconteceu tudo isso?" Como a visão de Gideão se distingue da perspectiva de Deus?
- Como a perspectiva de Deus sobre sua vida se distingue da forma como você vê as coisas pelas quais está passando?

Siga

Em Juízes 6:14, Deus pergunta a Gideão: "Não sou eu quem o está enviando?" O chamado de Deus sempre inclui seu poder, pois ele nunca pede que façamos algo sem nos equipar para isso. Em que área de sua vida precisa aceitar a comissão de Deus e confiar em seu poder?

- O que a impede de confiar que Deus lhe dará o poder para fazer aquilo que ele a chamou para fazer?
- Gideão reconheceu que Deus é paz. Essa verdade é evidente em sua vida? Explique.
- Deus usa circunstâncias externas para chamar sua atenção. O que ele está usando neste momento?
- Encontramos a chave para essa transformação em Juízes 6:34: "O Espírito do SENHOR apoderou-se de Gideão." O que acontecerá em sua vida quando o Espírito de Deus se apoderar de você?
- Gideão foi vitorioso porque fez o que Deus mandou. Se você quiser ser vitoriosa, quais são algumas das coisas que precisa fazer?
- Faça um resumo das instruções de Provérbios 3:5-7 completando a seguinte afirmação: Porque a Bíblia diz ____________________________, eu __________________ ____.
- Agora escreva uma oração expressando seu desejo de confiar mais em Deus a cada dia. Use-a como parte de seu tempo devocional com ele e como uma expressão de seu desejo de dar-lhe a honra e a confiança que ele merece.

CAPÍTULO 9

Confiando seus sonhos a Deus

O maior dilema com o qual tive de me confrontar nos últimos anos foi este: realmente acredito que Deus está no controle? Ou ele é soberano o tempo todo, ou não é soberano. Se é soberano, isso significa que nada aleatório pode acontecer comigo, nada que não tenha recebido seu aval de graça e misericórdia. Isso não significa que Deus administra o mal para ver como reagirei. Deus é amor, e não existe qualquer maldade nele. Vivemos, porém, num mundo caído, onde o mal existe. Mas Deus prometeu que, não importa o que vivenciamos, ele age para nosso bem no meio de tudo isso.

José viu isso. Era evidente que seus irmãos o odiavam no início e o temiam no fim. Ódio e medo são armas poderosas de um inimigo, mas nosso Deus é maior do que o inimigo. Acredito que o maior presente que podemos dar ao Pai é manter nosso foco nele, mesmo quando a estrada se torna incerta. Se você é filha de Deus, não é uma vítima indefesa. Como José, você pode ser traída. Mas no tempo perfeito de Deus seu sonho será levado à luz.

Encontre

> Certa vez, José teve um sonho e, quando o contou a seus irmãos, eles passaram a odiá-lo ainda mais. (Gênesis 37:5)

- "Deus está mais interessado no que está fazendo em você do que por meio de você." Por que isso é verdade?
- Há algum sonho do tamanho de Deus vivo em seu íntimo?

Leia Gênesis 37:2-8

- Quais teriam sido seus sentimentos em relação a José se você tivesse sido um de seus irmãos?
- Depois que José interpretou seu sonho, por que os irmãos reagiram com tanta dureza?
- É fácil duvidar de um sonho e até pensar que ele não significa nada. Como você sabe que o sonho em seu coração foi plantado por Deus?

Sinta

- José foi jogado num poço por seus irmãos. Você já passou por algo parecido? Por quê?
- Como você se sentiu no fundo do poço?
- A quem você pediu ajuda para ser resgatada?
- José chegou ao Egito e experimentou uma série de altos e baixos que o levou à posição de responsável por todo o trigo no país. Seus irmãos, ao sofrerem os efeitos da fome, se aproximaram dele pedindo-lhe comida. Se você tivesse sido José nessa situação, como teria respondido a seus irmãos? Por quê?
- Responda às seguintes perguntas com sinceridade:

1. Alego confiar em Deus, mas será que isso é verdade?
2. Afirmo que Deus está no controle, mas estou disposta a abrir mão?
3. Digo que Deus é meu libertador, mas permito que ele me vingue?
4. Professo que Deus é meu defensor, mas continuo a defender a mim mesma?
5. José tinha todo o direito de se vingar, mas ofereceu perdão aos seus irmãos. O que os atos de José nos revelam sobre a atitude de Deus para conosco?

Siga

- "Talvez você tenha começado como em um sonho sobre aquilo que acreditava que Deus faria com sua vida. Depois, a própria vida se enfiou no meio. Talvez até neste exato momento você esteja ferida, magoada, imaginando onde Deus estaria."
- "Deus está aqui. Está com você. Nunca a abandonou, mas, a cada curva do caminho, deseja lhe mostrar o que está dentro de seu coração para libertá-la. Você não é vítima dos caprichos de outras pessoas, mesmo que se sinta assim. Você é uma filha amada do Rei, que a está transformando em uma pessoa de uma beleza cada vez maior conforme aprende a confiar seus sonhos a ele." Como você pode reavivar seu sonho e voltar para o caminho a fim de se tornar a mulher que Deus criou?
- Agora escreva uma oração expressando seu desejo de que o sonho que Deus plantou em seu coração renasça em sua vida. Use-a como parte de seu tempo devocional com ele e como uma expressão de seu desejo de ir atrás do melhor que Deus preparou para sua vida.

CAPÍTULO 10

Pode ser tarde demais para recomeçar?

Creio que este capítulo tenha sido o qual a maioria das mulheres que leram o livro teve mais dificuldade de se identificar. Pense só: se você realmente transformou sua vida num caos por meio de uma série de escolhas ruins, não é muito provável que leria um livro com o título *Coisas extraordinárias acontecem quando uma mulher confia em Deus*. Mas, caso haja uma ou outra leitora assim, deixe-me lhe dizer uma coisa: se você estiver lidando com suas péssimas decisões e escolheu este livro, acredito que esteja começando a entender que, com Deus, jamais é tarde demais para voltar para um caminho saudável. Se restar um único suspiro e você clamar a Deus, ele a ouvirá e a acolherá. Pergunte ao criminoso executado na cruz ao lado de Cristo (Lucas 23:43).

E quanto àquelas que desistiram? Pode ser um filho que abandonou tudo que você ensinou e não demonstra nenhum sinal de disposição para voltar. É fácil se desesperar em momentos assim, mas a confiança quer que continuemos trazendo essa pessoa para o trono da graça. Não importa se foi uma escolha ruim ou toda uma vida de escolhas ruins — o Pastor quer nos levar para casa.

Encontre

> E Sansão orou ao SENHOR: "Ó Soberano SENHOR, lembra-te de mim! Ó Deus, eu te suplico, dá-me forças, mais uma vez!" (Juízes 16:28)

Leia 2Coríntios 5:14-17

1. Como o modo com que Deus nos avalia se distingue da maneira como o mundo nos julga?

Leia Juízes 13:1-24

- O que essa história nos ensina sobre a capacidade e a vontade de Deus de nos oferecer uma segunda chance?
- Como Manoá expressou dúvida?
- Descreva sua necessidade por um novo começo. Quais áreas de sua vida precisam de renovação?
- Se pudesse recomeçar hoje, o que faria diferente?

Sinta

- Sansão nasceu com uma promessa que o protegeria durante toda sua vida se ele cumprisse os termos do acordo. Quais são os termos do acordo que Deus faz com aqueles que o buscam?
- Como se sente quando decepciona alguém?
- Como se sente quando decepciona Deus?
- Como acha que Deus se sente quando você o decepciona?
- Sansão cometeu o erro de confiar em si mesmo em vez de confiar em Deus e isso lhe custou caro. Você já cometeu esse erro? O que ele lhe custou?

Siga

- Sansão nunca quis que as coisas terminassem do jeito que terminaram. Isso foi o resultado de uma série de escolhas erradas. Que tipo de orientação Deus nos dá para que façamos escolhas sábias?
- O quanto você deseja fazer escolhas sábias?
- Como Deus se revelou e demonstrou seu poder por meio de Sansão?
- A fonte contínua dos problemas de Sansão era a atra-

ção que sentia por mulheres. Qual é a fonte constante de pecado e tentação em sua vida?

- Deus nos oferece a oportunidade de recomeçarmos. Fale com ele sobre sua necessidade de recomeçar e peça que inunde sua vida com a presença dele. Escreva seu compromisso com Deus.
- Faça um resumo das instruções de 2Coríntios 5:17 completando a seguinte afirmação: Porque a Bíblia diz ______________________, eu ____________________ ____.
- Agora escreva uma oração pedindo que Deus renove cada um de seus dias. Use-a como parte de seu tempo devocional com Deus e como um lembrete de que você é uma nova criação com propósito e destino novos.

CAPÍTULO 11

Confiar em Deus quando se tem muito a perder

Quero que imagine um cenário em que você esteja entrevistando um grupo de mulheres que não tem nenhum envolvimento com a igreja. Você pergunta: "Quando ouvem a palavra *cristão*, que imagens lhe vêm à mente?" Que respostas acha que irá receber? Se você resumisse todas as respostas, tenho certeza que estas palavras apareceriam na lista:

- Julgador.
- Hipócrita.
- Legalista.
- Desconectado com o mundo.

Uma longa lista de posturas negativas.

É uma acusação triste sermos julgadas por aquilo a que nos opomos. E se fôssemos conhecidas pelo mesmo amor passional que levou Deus a enviar Cristo para um mundo caído, um mundo que não pode ser consertado sem ele? Às vezes, penso que perdemos o coração do evangelho, que é o amor de Deus, agarrando-nos ao que achamos ser uma conduta correta.

Eu ia a um cabeleireiro durante quase um ano antes de ele confessar que sabia quem eu era desde o primeiro dia. "Eu sabia que você aparecia na televisão cristã, e supus que não iria gostar de você. Mas você não é quem eu esperava que fosse." Perguntei o que ele havia esperado. "Alguém que me julgasse", ele respondeu rapidamente, "mas você me aceitou, me faz rir." Entendi isso como um elogio.

Quando entrou no mundo de Nicodemos, Cristo não correspondeu às suas expectativas. Cristo abalou todos os preconceitos dele. Não seria um desafio glorioso entrar em nosso mundo e *não ser* o que o mundo espera de nós?

Encontre

> Havia um fariseu chamado Nicodemos, uma autoridade entre os judeus. Ele veio a Jesus, à noite, e disse: "Mestre, sabemos que ensinas da parte de Deus, pois ninguém pode realizar os sinais miraculosos que estás fazendo, se Deus não estiver com ele." (João 3:1-2)

- Cite algumas coisas que você vê e que sabe serem o resultado da obra de Deus.

Leia João 3:1-17

- Em sua conversa com Nicodemos, Jesus proferiu o versículo mais famoso da Bíblia (versículo 16). Por que Nicodemos precisou ouvir essas palavras?
- Por que precisamos ouvir essas palavras?
- As pessoas que viviam no tempo de Nicodemos tinham concepções muito claras sobre como o Messias seria e o que faria. O que as pessoas esperam hoje em dia?
- Qual é sua responsabilidade no que diz respeito a trazer o Messias para o mundo?

Sinta

- Jesus disse a Nicodemos que uma pessoa precisa nascer de novo para ver o reino de Deus. Como você se sentiu ao nascer de novo?
- Como esse sentimento se transformou ao longo dos anos?
- Os primeiros seguidores de Jesus tiveram de abandonar tudo que tinham para segui-lo. Hoje, muitas pessoas veem sua fé como um acréscimo a uma vida já muito

corrida. Qual é a diferença entre abrir mão de tudo e ver a fé apenas como mais uma atividade entre outras? Que descrição se aplica melhor à sua situação?

- As pessoas do século I tinham expectativas específicas em relação ao Messias. O que você espera que ele faça em sua vida?
- Já esteve numa situação em que sabia que precisava levantar a voz para Jesus? Como você se sentiu? Como reagiu?
- Os primeiros seguidores de Jesus foram criticados e ameaçados por causa de sua fé. Como uma perseguição afetaria sua fé? Ela seria mais forte ou mais fraca em virtude disso?

Siga

- "Nicodemos e José tiveram de deixar tudo para trás e recomeçar do zero numa cidade nova, mas recomeçaram com a experiência de terem visto Jesus com os próprios olhos e o conhecido como o Filho ressurreto de Deus. Imagine-se sendo chamada para seguir a Deus, para deixar tudo para trás — mas imagine também tal chamado como seu primeiro contato com a verdade de que Deus é real e pessoal. Você começaria a confiar mesmo sem ter uma história comum com ele?" Por quê? Ou por que não?
- Se tivesse certeza de que sua vida atingiu todo seu potencial, se entregasse o controle absoluto a Cristo, estaria disposta a fazê-lo? Por quê? Ou por que não?
- Faça um resumo das instruções de João 3:16 completando a seguinte afirmação: Porque Jesus disse ______________________________, eu ________________ ____.

- Agora escreva uma oração pedindo que Deus continue a lembrá-la de seu compromisso com ele e da promessa de vida eterna. Use-a como parte de seu tempo devocional com ele e como um lembrete de que a vida mais significativa que você pode viver é aquela vivida para Deus e seus propósitos.

CAPÍTULO 12

Confiando a Deus sua jornada

A jornada de Abraão me ensinou muito sobre o desenvolvimento da confiança. Para mim, é de grande ajuda ver o quão paciente Deus é com nosso aprendizado. É improvável que muitas de nós recebam a ordem de fazer as malas e se mudar para o outro lado do país ou do mundo, mas há outros tipos de peregrinações. Se pudéssemos adotar a perspectiva e ver cada dia como uma peregrinação espiritual, como isso transformaria nossas vidas?

Como seria acordar toda manhã com o coração de um viajante? Entendo que você tem compromissos e responsabilidades, mas estes não precisam ser a prioridade absoluta em sua vida. Toda manhã, ao levantar, oro: "Senhor, não sei para onde estás indo hoje, mas estou indo contigo."

Num dia normal, sei que me levantarei, farei café e terei um tempo devocional com Cristo antes de acordar meu filho e levá-lo para a escola. Depois voltarei para casa, irei para a academia, voltarei para casa, tomarei um banho e farei o que estiver agendado para o dia. Mas faço isso com o coração de um peregrino que pede: "Deixa-me ver com teus olhos, ouvir com teus ouvidos, não permite que eu perca um só momento com você nessa jornada para casa." Não importa se eu estiver de jeans ou vestindo uma roupa de festa, sou um peregrino a caminho de casa.

Encontre

> O Senhor disse a Abrão: "Saia da sua terra, do meio dos seus parentes e da casa de seu pai, e vá para a terra que eu lhe mostrarei." (Gênesis 12:1)

- Como você reagiria se recebesse essa instrução?
- O que levaria alguém como Abraão a seguir essa instrução?

Leia João 1:35-51

- Quando Jesus chamou os primeiros discípulos, eles o seguiram sem demora. Por que nós hesitamos tanto em segui-lo como fizeram os primeiros discípulos?
- Jesus disse: "Siga-me." O que ele quis dizer com essa ordem?
- Como seu chamado aos cristãos se compara com esse primeiro chamado?

Sinta

- Sabemos que Deus nos criou e que tem um plano para nossa vida, como afirma Jeremias 29:11. Como se sente ao entregar a Deus a administração de sua vida?
- Os primeiros discípulos deixaram para trás casas, profissões e talvez até suas famílias para seguir Jesus. Em outras palavras, sua fé era sua prioridade absoluta. Se você fosse seguida durante uma semana, o que diriam ser sua prioridade absoluta?
- Como se sente sabendo que isso é a prioridade em sua vida?
- O que acha que Deus poderia pedir de você?
- Tendo isso em mente, responda às seguintes perguntas:
    1. Deus está me pedindo isso, ou será que estou imaginando em virtude dos meus desejos?
    2. E se eu estiver errada?
    3. Se eu não ouvir Deus corretamente, estragarei seu plano para minha vida?
    4. Se é Deus quem está falando comigo e se eu não fizer o que ouço, será que perderei o que ele tem de melhor para mim?

- Deus preparou Abraão para sua jornada. O que ele está fazendo em sua vida para prepará-la para o plano que tem para você?
- Em cada lugar por onde Abraão passou, construiu um altar como um lembrete das promessas de Deus. O que a faz lembrar das promessas de Deus para você?

Siga

- É difícil seguir um caminho desconhecido. Mas é possível se confiarmos no guia. Deus deseja nos guiar num caminho para um futuro incrível, construído em suas promessas para nós e em seu poder sobre as circunstâncias.
- Você quer esse tipo de vida?
- O que a está impedindo de aceitar a oferta de Deus?
- Faça um resumo das instruções de João 1:43 completando a seguinte afirmação: Porque Jesus disse ______________________________, eu ____________ ____.
- Agora escreva uma oração reafirmando seu compromisso com Cristo. Use-a como parte de seu tempo devocional com Deus e como um lembrete de que, pelo fato de ele tê-la criado, tem o melhor dos planos para você.

Agradecimentos

Quero agradecer às pessoas que trabalharam comigo neste projeto.

Kathie Johnson, obrigada por todo apoio editorial que tornou este livro possível.

Jennifer Stair, obrigada por sua atenção cuidadosa aos detalhes e à fluidez do texto. Você tem o dom de polir as palavras e, ao mesmo tempo, preservar a essência da mensagem.

Jeanette Thomason, quando eu e Jennifer havíamos terminado, você pegou nosso trabalho, ficou com ele durante algum tempo, e, quando o devolveu, senti uma vontade enorme de gritar: "Na mosca!" Você tirou as pedras do caminho, de forma a só restar aquilo que realmente importa.

Bryan Norman, é pura alegria trabalhar com você! Além de ser um editor excepcionalmente talentoso e perspicaz, você é também um amigo muito divertido.

Michael Hyatt e a equipe da Thomas Nelson, é um privilégio fazer parte de sua família de pensadores e escritores criativos.

Mary Graham e Women of Faith, pelos últimos 14 anos, durante os quais caminhamos juntas apresentando mulheres umas às outras e a um Deus que as ama com paixão. Eu amo todas vocês.

Este livro foi impresso pela umlivro para a Thomas Nelson Brasil. A fonte usada no miolo é Centaur corpo 12,5. O papel do miolo é pólen natural 80 g/m², e o da capa é cartão 250 g/m².